KB194921

오직 예수
Only Jesus

오직 예수
Only Jesus

지 은 이 | 이금자
펴 낸 이 | 김원중

기　　　획 | 허석기
디 자 인 | 조채숙
제　　　작 | 박준열
관　　　리 | 허선욱, 정혜진
마 케 팅 | 박혜경, 강동희

초판인쇄 | 2023년 11월 15일
초판발행 | 2023년 11월 22일

출판등록 | 제313-2007-000172(2007.08.29)

펴 낸 곳 | 도서출판 상상나무
　　　　　상상바이오(주)
주　　　소 | 경기도 고양시 덕양구 고양대로 1393 상상빌딩 7층
전　　　화 | (031) 973-5191
팩　　　스 | (031) 973-5020
홈 페 이 지 | http://smbooks.com
E - m a i l | ssyc973@hanmail.net

ISBN 979-11-86172-80-3 (03230)
값 18,000원

| 이금자 목사 사역 50주년 기념 |

오직 예수

이금자 | 지음

Only Jesus

예오수직

穌耶有惟

수많은 사모들에게 용기와 희망을 주며 50년간 응답선교회를 이끌어온
이금자 목사의 '하늘 문을 여는 기도' 이야기

상상나무

기도로 달려온 50년, 감사와 은혜의 시간들

누구나 느끼지만 정말 세월이 빠릅니다. 제가 신학교 동창생들과 신촌 단칸방에서 응답기도회를 시작한 지가 오래된 것 같지 않은데 45년이 흘렀습니다. 또 제가 첫 간증집 '기적의 마스터 키, 기도'를 펴내고 기뻐했던 때가 엊그제 같은데 24년이 지났습니다.

저는 하나님과 영적으로 소통하는 '기도'와 성경말씀을 주로 쓰는 '서예'에 거의 집중해온 지난 시간들이었습니다. 그럼에도 하나님께서는 기도의 산실인 응답기도회와 성복교회, 남편, 가족들을 통해 놀라운 축복과 은혜, 은사를 부어 주셨습니다.

그래서 이 은혜를 많은 이들과 나누고 하나님의 살아계심과 역사하심을 오랜 시간 증거할 수 있었습니다. 무엇보다 복음을 널리 펼치는 '주의 종'이 될 수 있었음에 깊이 감사드리지 않을 수 없습니다.

2023년은 제게 아주 의미 있는 해입니다. 제가 예수를 믿는다는 이유로 가족의 모진 핍박을 이겨내고 하나님 앞에 쓰임 받는 일꾼이 되고자 사역을 시작한지 정확히 50년이 되는 해이기 때문입니다. 사역의 범위를 더 넓게 열고자 하나님께서 2021년, 목사 안수를 받게 하셨고 응답선교회와 서예를 통한 전도사역이 더 확대되고 있어 감사를 드립니다.

이 가운데 응답선교회 식구들이 제 사역 50년을 기념하는 책(문집)을 내자고 응원을 해 주었고 처음엔 망설였으나 50년 사역을 정리하는 것도 문서선교의 일환이자 저희가 주도해온 '기도운동'을 확산시킬 수 있다는 생각에 승낙을 하게 되었습니다.

이번 저서는 지금까지 낸 저서들의 결산으로 전체 5부로 구성해 보았습니다.

1부 '핍박과 고통을 딛고 복음의 사역자로'는 저의 간증입니다. 이미 제 간증이 많은 곳에 알려져 있긴 하지만 최근 '신앙 저서를 읽어주는' 한 기독 유튜버가 제 간증을 낭독해 조회수가 많이 올라갔다고 합니다. 하나님이 부족한 제게 역사해 주신 내용을 초기 간증을 중심으로 담았습니다.

2부 '나의 하나님, 우리의 하나님'은 제가 응답기도회에서 또 초청 강사로 초대받은 교회나 집회에서 전한 설교(메시지)입니다. 제가 신앙생활을 하면서 느끼고 체험한 은혜와 깨닫게 된 복음의 진리를 담은 내용입니다.

3부 '거룩한 희생, 사모의 길'은 사모들은 위한 신앙칼럼을 모아 본 것입니다. 오늘도 수많은 사모들이 경제적, 환경적 어려움과 영적 갈등 속에서 남편 목사님의 사역에 헌신적으로 동참하고 있습니다. 사모들에게 용기와 힘을 주고 바람직한 사모의 역할에 대해 모색해 보았습니다.

4부 '기도만이 살 길이다. 응답기도회'는 제 기도운동의 본산이라고 할 수 있는 응답기도회에서 일어난 간증과 말씀 나눔의 지면입니다. 지금까지 제가 출판한 책들에서 강조한 내용이 언제나 기도였기에 이 역시 기도의 중요성을 강조하는 내용이 주류를 이루고 있습니다.

5부 '묵향으로 퍼지는 은혜'에는 제 서예 작품을 담았습니다. 제가 서예를 시작한 시기가 응답기도회를 시작한 때와 비슷해 50여년이 되어 갑니다. 매일 서너 시간 이상을 집중해 글씨를 썼고 이제 대한민국 서예전람회와 국제난정필회의 작가로 여러차례 개인전과 초대전을 열수 있었습니다. 그래서 제가 즐겨쓰고 좋아하는 작품 27점을 소개하고 해설까지 붙여 지면을 구성해 보았습니다.

하나님의 말씀은 생명력 있고 날선 검 같아서 보는 그 자체만으로 많은 이들에게 용기와 도전, 믿음을 주는 것을 확인하게 됩니다.

돌이켜 보니 이번 책은 제가 쓴 6번째 저서입니다. 2016년에 낸 서예 서집(書集)까지 합치면 7번째 책이기도 합니다. 50년 사역을 정리한다는 점에서 페이지수가 많이 늘었습니다.

 그리고 설교 형태의 느낌을 그대로 갖도록 간증과 서예 작품해설을 제외하고는 모두 존칭어(구어체)를 사용해 읽기에 편하도록 했습니다. 글씨 크기도 키우고 나름 정성을 다해 제작한 만큼 이 책이 하나님께 영광이 되고, 읽는 이들이 하나님을 만나고 영적으로도 성장할 수 있는 계기가 되길 간절히 기도합니다.

 이 책은 여러 사람들의 수고로 나오게 되었습니다. 그 누구보다 매주 저를 위해 기도해준 응답선교회 회원들의 사랑과 후원이 큰 힘이 되었습니다. 또 원고정리에 수고한 김미화 사모님과 교정을 보아준 기공서 목사님, 책 기획을 도와주신 김무정 장로님께도 감사드립니다.

 책 편집 디자이너가 책 표지를 기획하며 제가 쓴 글씨 '오직 예수'를 응용하면 좋겠다고 해 쾌히 승낙하면서 아예 제목도 '오직 예수'로 잡았습니다. 우리 신앙인들이 인생을 살면서 내 삶을 '오직 예수'와 함께 하겠다고 다짐한다면 우리 인생은 이 자체만으로 성공한 삶이었다고 할 수 있을 것입니다.

 끝으로 이 책이 하나님이 가장 기뻐하실 하늘나라 확장에 기여할 수 있길 바라며 모든 영광을 좋으신 하나님께 올려 드립니다. 감사합니다.

2023년 11월 1일 이금자 목사

목차

머리말

기도로 달려온 50년, 감사와 은혜의 시간들　　　4

Part 1

핍박과 고통을 딛고 복음의 사역자로　　13

엄마와 딸의 처절한 영적전쟁　　　15
계속된 고난과 핍박의 시간들　　　23
가정부로 시작한 서울살이　　　32
철야기도로 신앙이 불 붙다　　　40
주경야독의 야간 신학생　　　49
결혼으로 이어진 고난의 나날　　　56
죽으면 죽으리라　　　64
친정 가족들의 회심　　　73
목사 안수를 받기까지　　　80

Part 2

나의 하나님, 우리의 하나님   87

기독교인은 세상 사람들과 무엇이 달라야 하는가?   88

바른 신앙인의 자세   96

기도의 만능열쇠를 찾아라   103

심으면 거두리라   109

예배에 성공하면 인생도 성공한다   116

하나님과 소통하는 신앙   122

기독교인과 영적 전쟁   128

오늘도 하나님의 역사는 일어난다   136

지혜를 얻는 비결   146

Part 3

거룩한 희생, 사모의 길   159

사모의 역할과 자격   160

절망의 순간에 찾아 오신 주님   169

목차

하나님께 쓰임 받는 사모　　　　　　　　177

목회성공과 내조　　　　　　　　　　　186

사모가 걸어가는 십자가의 길　　　　　　193

기도 은사를 사역에 활용하라　　　　　　201

룻의 신앙과 인생역전　　　　　　　　　210

성령과 동업하는 지혜로운 사모　　　　　216

시련과 연단으로 거듭나는 사모　　　　　223

Part 4
기도만이 살 길이다. 응답기도회　　229

응답기도회를 시작한 7명의 동창생　　　230

내 기도의 골방, 삼각산 능력봉　　　　　239

삶 속에서 역사하시는 하나님　　　　　　247

신앙과 물질과 기도　　　　　　　　　　256

기도에 목숨을 걸어라　　　　　　　　　265

기도의 끈을 놓치지 말라　　　　　　　　273

환경을 뛰어 넘는 기도　　　　　　　　　280

기도의 열매와 축복　　　　　　　　　　287
응답선교회에서 일어난 하나님의 기적들　　297

Part 5

묵향으로 퍼지는 은혜　　　　307

붓으로 옮겨진 하나님의 말씀들　　　　308
서예를 통한 신앙성장과 복음전파　　　318

서예작품　　　　　　　　　　　329

凡事感謝

너는 복음의 근원이 될지라

예수

라십이장 일절

장세기 십이장 일절

문왔이 若자

又老翁

신하

갑십육추

성령

書家李泰熙先生
德岩書道四十周年記念

Part 1

핍박과 고통을 딛고
복음의 사역자로

예오
수직

엄마와 딸의
처절한 영적전쟁

7살에 시작된 교회 출석

1947년, 충남 홍성의 한 시골마을에서 태어났다. 내 나이 또래가 다 그러했지만 가난과 전쟁의 혹독한 아픔을 온 몸으로 맞아가며 자라나야 했던 시기였다.

우리 집은 지금은 생각할 수도 없는 대가족이었다. 어머니가 무려 16남매를 낳았던 것이다. 요즘 같으면 정부에서 표창장이라도 주었을 것이라 생각된다.

언니와 오빠, 동생들의 틈바구니에서 하루하루를 전쟁 치르듯 살던 나는 7살 때, 생전 처음 십자가가 큼지막하게 걸려 있는 집 근처 교회에 우연히 나가게 되었다.

당시 6.25 전쟁이 끝난 직후라 먹을 것과 입을 것이 귀했던 시절이었다. 그저 친구가 교회에 가면 맛있는 과자도 주고, 학용품을 공짜로 준다니 솔깃하지 않을 수 없었다.

예쁜 교회주일학교 선생님은 새로 나온 나를 반갑게 맞아 주셨는데 집으로 돌아갈 때는 머리를 쓰다듬으시면서 상냥한 목소리로 이렇게 말씀해 주셨다.

"금자야, 너는 눈이 참 예쁘고 아주 귀엽게 생겼구나. 마음씨도 착하겠지. 앞으로 하나님께 많은 영광을 돌릴 훌륭한 사람이 될 것 같구나. 다음 주일에 꼭 다시 만나자."

많은 가족들의 틈바구니에서 칭찬을 거의 들어보지 못했는데 선생님의 한 마디는 나를 하늘을 날아오를 듯 기쁘게 했다. 그리고 다음 주일에도 교회를 꼭 나가리라 다짐하고 또 다짐했다. 어린 마음에도 예쁘고 친절한 선생님이 계신 교회가 너무나 좋았다.

이 날로부터 나는 주일마다 교회에 누구보다 열심히 다니게 되었다. 그리고 그 선생님의 칭찬에 보답이라도 하듯 선생님이 가장 좋아하는 전도에 앞장섰다. 동네 친구들을 하나 둘 교회로 데려오기 시작했던 것이다.

주일예배 때 들은 설교 말씀, 선생님과 함께한 성경공부, 풍금 반주에 맞추어 부르는 찬양과 율동은 어린 내 마음에 차츰 신앙의 눈을 뜨게 했고 하나님의 존재를 서서히 알아 가게 해 주었다. 교회는 많은 식구들 사이에서 서로 눈치싸움을 하지 않아도 되는 나의 안식처이자 해방구였다.

그러나 이런 평화로운 교회출석은 얼마 지나지 않아 내게 엄청난 핍박과 고통, 시련으로 바뀌게 되었다. 꼬리가 길면 밟힌다고 했듯이 나의 교회출석이 어머니에게 알려지고 만 것이다.

사실 나로서는 밝히고 싶지 않은 이야기지만, 어머니는 고향인 충남 홍성에서 용하기로 소문난 무속인이었다.

어머니는 이 동네 저 동네로 다니면서 굿을 하고, 신을 받아(내림굿) 병든 사람을 고치기도 하고, 앞날을 예견하는 점을 쳐주었다. 때문에 어린 내가 교회에 다닌다는 사실은 어머니의 입장에선 도저히 용납할 수 없는 엄청난 사건이었다.

더군다나 어머니는 16남매 중에서 자신의 모습과 성격을 가장 많이 닮은 내가 대를 이어 무당이 되기를 은근히 바라셨다고 한다.

그런데 그 기대를 한순간에 저버린 나의 교회출석은 무속인인 어머니가 알면 놀라서 기절할 일이었던 것이다. 그저 철이 없었던 나는 친구들과 어울려 계속 교회에 나간 것이다.

어머니는 내가 교회에 나가는 것을 처음 알았을 때, 싫어하는 표정을 지으시며 '나가지 말라'고 꾸중하시는 정도였다. 내가 아직 어리니 야단을 치면 안 나갈 것이라 여기신 것이다.

핍박의 시작, 매질과 따돌림

그러나 내가 교회에 나가는 일에 계속 열심을 보이자, 어머니는 안 되겠다고 여기셨는지 점점 강하게 나를 핍박하셨다. 나는 당시 교회에서 많은 친구들을 전도하고 신앙생활에도 모범을 보여 교회주일학교 반장으로 뽑혀 봉사하고 있었다.

이 때부터 어머니와 나의 기나긴 영적 싸움이 시작되었다. 어머니에게 나는 더 이상 사랑스런 딸이 아니었고, 나에게 어머니는 더 이상 자애로운 어머니가 아니었다.

우리 모녀는 '교회출석'으로 인해 서로 원수 같은 사이가 되고 말았다. 세상을 향해 이미 예수님께서 말씀하셨던 것 그대로였다.

"내가 세상에 화평을 주러 온 줄로 생각지 말라 화평이 아니요 검을 주러 왔노라 내가 온 것은 사람이 그 아비와, 딸이 어미와, 며느리가 시어미와 불화하게 하려 함이니 사람의 원수가 자기 집 안식구리라"(마 10:34-36)

10살이 되던 해 어느 봄날이었다. 어머니가 단단히 작정을 하시고 나를 안방으로 불러 서슬퍼런 목소리로 명령하셨다. 최후통첩이었다.

"너 지금까지는 내가 참고 경고만 했는데 이젠 더 이상 아니다. 지금부터 교회 주위에 얼씬거리기라도 하면 맞아 죽을 줄 알아라. 단단히 명심해라. 그러므로 바로 지금 이 자리에서 내게 '절대 교회에 안 나가겠다'고 말로 다짐해라."

어린 나는 어머니가 너무 무서웠지만 입을 꼭 다물었다. 입 밖으로 한마디라도 흘러나오면 어머니의 기세에 밀릴 것 같아서였다. 나는 속으로 기도하기 시작했다.

"예수님, 저와 함께해 주세요. 제게 힘을 주셔서 주님을 배반하지 않도록 해주세요. 저를 도와주세요.'

그리고는 나는 어머니의 계속되는 다그침에도 한마디도 하지 않고 묵묵히 버텼다. 교회에 안 나가겠다고 해야 하는데 입을 닫고 있으니 이것은 교회에 계속 다니겠다는 일종의 침묵 시위인 셈이었다.

그러자 어머니는 미리 준비해 두었던 회초리를 꺼내 내 종아리를 때리기 시작했다. 어머니의 매질은 그칠 줄 몰랐다. 매질에는 격한 분노가 담겨 있어 엄청나게 아팠고, 나는 매를 맞다가 결국 정신을 잃고 쓰러지고 말았다. 내가 교회 안 가겠다고 싹싹 빌었으면 매질은 그쳤을텐데 나도 끝까지 대답을 안하고 버틴 것이다.

병원으로 실려 간 나는 종아리 피부가 터져나가다 못해 뼈까지 부러진 상태였다. 요즘 같으면 당장에 부모가 구속되었을 것이다.

나는 깁스를 한 채 거의 한 달 정도를 병원에 입원해야 했다. 심한 부상을 입은 것이다. 의붓어머니도 아닌 친어머니가 한참 어린 초등학생 딸을 죽을 정도로 때렸다는 사실이 슬프기도 하고 맞은 몸이 쓰리고 아파서 어린 마음에도 깊은 상처가 되었다. 내 모습이 정말 처량해 보였다.

이 소식을 들은 교회 선생님과 친구들이 병문안을 와서 위로해 주었다. 그리고 나를 위해 기도를 해주어서 그런지 병원 생활을 하는 동안 오히려 나는 더욱 깊은 신앙을 갖게 되었다. 혼자 침대에 누워서 성경을 읽고 있는데, 한 구절이 마음에 와 닿았다.

"두려워 말라 내가 너와 함께 함이니라 놀라지 말라 나는 네 하 나
님이 됨이니라"(사 41:10)

이 말씀은 어린 나의 마음속에 깊이 새겨졌다. 그리고 하나님이 주시는 크신 사랑과 위로를 느낄 수 있었다. 나는 더 이상 외로운 혼자가 아니었다. '하나님이 나와 늘 함께 하신다'는 사실이 감동의 물결이 되어 나의 가슴 속에서 흘러 넘쳤다.

그날 나는 어린 나이임에도 하늘로부터 내려오는 기쁨 때문에 얼마나 울었는지 모른다. 그리고 이 성경구절은 내가 이후 어려운 일이 생길 때마다 나를 위로하고 지켜주는 든든한 버팀목 성경구절이 되어 주었다.

계속되는 고난의 파도를 넘다

날이 갈수록 교회출석에 대한 핍박은 더욱 심해졌다. 병원에 입원한 동안은 어머니의 눈총을 피해 있었지만 어머니는 나를 핍박하는 것도 모자라 오빠들까지 동원시켜 온갖 방법으로 교회출석을 막았다.

당시 어머니가 대가족인 우리 집의 실질적인 생계를 책임지고 있었기에 집안에서는 아버지보다도 어머니가 더 무서운 존재였다. 어머니의 명령은 무속적인 카리스마까지 더해져 자녀들 중에서 어느 누구도 거역할 수 없었다.

특히 오빠들은 어머니의 말씀에 무조건 순종했는데 내가 당한 사건을 몇 가지만 이야기 하면 모두들 아마 깜짝 놀랄 것이다.

한번은 교회에 갔다 오다가 오빠들에게 현장에서 붙잡혔던 적이 있었다.

그때 오빠들은 "너 계속 교회에 가면 우물에 빠뜨린다고 경고했는데 또 갔다"고 하면서 나를 잡아 정말 우물에 빠뜨렸다. 우물이 작아 내 몸의 허리 정도만 찼지만 차디 찬 우물 속에서 나는 오돌오돌 떨면서 무려 세 시간이 넘게 있었다.

그런데 어느 누구 하나 나를 건져 주지 않았다. 어머니가 교회에 갔다 오면 나를 붙잡아 우물에 빠뜨리라고 했다고 한다. 나는 우물 속에 빠져 생명의 위협을 느끼면서도 오빠들에게 교회에 나가지 않겠다는 말은 하지 않아 결국 이렇게 된 것이다.

결국 보다 못한 동네 아저씨가 나를 우물에서 건져 주어 살아날 수 있었다. 그 아저씨가 건져 주지 않았다면 아마 나는 저체온증으로 죽었을 것이다.

그 사건이 있은 뒤 얼마 지나지 않아서였다. 이상하게도 어머니가 하는 굿이 되지 않았다. 굿의 효험이 사라진 것이다. 어머니가 굿판을 벌리면 상에서 돼지머리가 떨어지고 촛불이 꺼지는 일이 일어났고 신이 내려오지 않아 제대로 굿을 할 수가 없다고 했다.

용하다는 소문이 났던 어머니의 명성에 차츰 금이 가기 시작한 셈인데 주변에서는 "한 집에서 두 신을 믿어서 그렇다"고 수군댔다. 당연히 어머니께 굿을 청하는 사람들이 줄어 들었다.

그러자 어머니는 "이제 우리 집안은 예수쟁이 금자년 때문에 다 망했다"고 하면서 오빠들을 시켜 나를 더 심하게 핍박했다. 굿을 하면 사람들이 반지, 팔찌, 목걸이, 금비녀 등 온갖 귀금속과 보물, 많은 돈과 양식 등을 제사상에 바치는데 굿이 줄어드니 그 수입도 점점 줄어들었기 때문이다.

계속된 고난과
핍박의 시간들

인분 속에 던져진 나

어느 날, 친구들과 어울려 소꿉장난을 하던 나를 에워싸고 오빠들로부터 "너 예수 믿을래? 안 믿을래?"라는 질문에 대한 대답을 또 요구 받았다.

어머니에게 정신을 잃고 다리까지 부러지면서도 끝까지 대답을 안했던 나였다. 그러므로 오빠들의 위협은 내게 아무 것도 아니었다. 우물에 빠졌을 때도 결국 끝까지 버틴 나였다.

"아무리 오빠들이 그래도 나는 하나님 믿고 좋은 사람 될래"

잠시 후 나는 오빠들한테 잡혀서 뒷간(화장실)에 던져졌다. 인분 속에 한 시간 정도 들어가 있으면 죽는다는 얘기를 동네 사람들에게 듣고 오신 어머니가 나를 뒷간에 빠뜨리라고 오빠들에게 시켰기 때문이다.

나는 인분 속에 파묻혀 허우적거리며 오빠들에게 살려달라고 애원했지만 소용없었다. 똥과 오줌, 그 속에 살고 있던 구더기가 옷 사이로 기어 들어왔다. 죽을 것만 같은 무서움과 고통의 시간이 흘렀다.

한 시간이 훨씬 지난 뒤에 아버지가 소식을 듣고 나를 구하러 달려오셨다. 그리고는 내 모습이 너무 안됐는지 울면서 말씀하셨다.

"세상에 친 딸과 친 동생한테 어떻게 이럴 수 있니? 참 너무들 한다."

나는 인분 독이 몸에 스며들고 구더기가 귓속을 통해 머리로 들어가서 죽을 것이라는 모든 이들의 예상을 뒤엎고 살아났다.

이처럼 어머니와 오빠들이 아무리 나를 힘들게 하고 어려움에 빠뜨려도, 나는 오직 하나님밖에 모르고 살았다. 어린 내가 왜 그렇게까지 지독했는지 이것은 하나님의 특별한 은혜로밖에 이해될 수 없는 부분이다.

하지만 당시 신앙생활을 열심히 하면 할수록 이에 비례해 내가 겪어야 하는 핍박도 커져만 갔다. 이런 적도 있었다. 초등학교 6학년이 된지 얼마 되지 않았던 때였는데 큰 오빠가 학교를 마치고 집에 돌아온 내게 커다란 삽을 들고 말했다.

"너 때문에 우리 집안이 하루도 편한 날이 없어. 그러니 이제부터는 교회 가지 말고 예수를 믿지 마. 물론 교회 문턱에 얼씬도 하지 말고. 지금 이 자리에서 대답하지 않으면 너는 오늘 나한테 맞아 죽을 줄 알아."

그날도 결국 나는 삽으로 허리를 맞아 세 곳이나 부러졌고 오랫동 안 병원 신세를 져야 했다. 나는 당시 정신을 잃어 기억에 없는데 나중 에 동네 할머니의 말에 의하면 오빠가 휘두른 삽에 맞아 세 번이나 붕 떠서 밭이랑에 나동그러졌다고 한다.

하루는 어머니가 쌀을 굿하는 상에 올려 놓고 손을 비비며 비는 모 습을 보게 되었다. 그때 문득 주일날 예배드릴 때 목사님이 하신 말씀 이 생각났다.

"하나님께 십일조를 바치는 사람은 복을 받아 창고가 넘쳐 흐릅 니다."

고사리 손으로 마련한 성미

나도 어머니처럼 하나님께 쌀을 드리고 싶었다. 그러면 나 때문에 우리 집도 하나님께 복을 받을 것이라는 생각이 들었다. 그 날부터 나는 아무도 모르게 쌀통에서 쌀을 꺼내 화장실이나 볏짚 속에 숨기거나 땅속에 파묻어 두었다. 그리고는 주일날 교회에 쌀을 가져가 성미를 드리곤 했다.

당시 어머니는 일 년 중에서 가장 큰 굿판이 벌어지는 산신제를 준비하고 계셨다. 산신제는 한 해를 시작하며 풍년과 마을 사람들의 건강과 안녕을 기원하는 전통적인 제사였다.

어머니는 한겨울이었지만 산신제 드리기 한 달 전부터 매일 밤마다 찬물로 목욕하고 깨끗한 옷으로 갈아 입으셨다. 그리고 치성을 드리기 위해 신당(神堂)으로 가셨다. 그런데 치성을 드리려고 촛불을 켜면 불이 잘 붙지 않거나 촛불이 붙어도 금세 꺼져서 치성을 잘 드릴 수 없었다. 분명히 이유가 있을 것이라고 생각한 어머니는 다른 무당들에게 이유를 물어 보았다고 한다.

"큰 신이 먼저 제물을 잡수셨어. 당신 집안에 다른 큰 신을 모시는 사람이 있는데, 그 사람이 치성드릴 제물을 큰 신에게 먼저 드시게 하기 때문이야. 계속 이런 식으로 치성이 드려지면 집 안이 망하고 말거야."

이 말을 듣고 오신 어머니는 오빠들을 불러 놓고 "금자가 죽든지 내가 죽든지 둘 중에 한 사람은 죽어야 된다. 16남매나 되는 우리 집

안에 금자 하나 없어져도 나는 상관없다. 그러니 내가 하는 대로 너희들은 보고만 있으라"고 하셨다.

어머니는 나를 부르시더니 회충약이라며 10알 정도의 알약을 먹으라고 하셨다. 나는 안 먹겠다고 떼를 썼다. 하지만 나의 의사와는 상관없이 억지로 먹을 수밖에 없었다.

약을 삼킨 즉시 나는 정신을 잃고 말았다. 입에서 거품이 나오며 몸이 축 늘어졌다. 나중에 안 일이지만 내가 먹은 알약은 군복무를 하고 계시던 큰 형부께서 부대에서 가져오신 '금계랍'이란 약이었다. 키니네로도 불리며 엄청나게 쓴 금계랍은 힘센 장정도 10알 정도 먹으면 사망할 정도로 독했다. 말라리아 약으로도 썼는데 1~2알 이상 먹으면 절대 안되는 약이었다.

그 무렵, 큰 언니는 결혼해 첫 아들을 막 출산하고 산후조리를 하고 있었다. 당시는 가난한 시절이라서 아기를 낳아도 어머니는 아기를 돌볼 겨를도 없이 들과 밭으로 나가 농사를 지으며 살아야 했고, 살림 밑천인 큰 딸이 어머니처럼 동생들을 업어 키웠다. 그렇기에 큰 언니에게 나는 딸과 같고 나에게 큰 언니는 어머니 같은 존재였다.

그런데 내가 집에서 쓰러져 갑자기 죽었다는 소식을 전해 들은 큰 언니는 '건강했던 금자가 왜 죽었느냐'며 도저히 믿을 수 없다며 우리 식구들에게 신신당부를 했다고 한다.

"금자가 죽었다는게 믿을 수 없어. 금자는 내가 갓난아기 때부터 업어 키운 아이야. 그러니 금자가 정말 죽었다면 내가 마지막으로 얼굴이라도 한번 보고 난 다음에 땅에 묻어. 그렇지 않으면 평생 내게 한으로 남을 것 같으니 내가 빨리 갈께."

3일 동안 방치돼 있다 일어나

죽은 시체와 같이 문간방에 뉘여져 있던 나를 오빠들은 3일 동안 그대로 방치해 두었다. 숨은 가늘게 남아 있었지만 의식이 없으니 이미 죽었다고 본 것이다. 그나마 나를 그대로 둔 것은 내 얼굴을 꼭 봐야겠다고 한 큰 언니의 요청 때문이었다.

죽음을 확인하러 달려온 큰 언니는 내가 숨이 남아 있자 "금자야, 일어나. 어서 일어나…."라고 나를 막 흔들어 깨웠다. 그 때 놀랍게도 나는 정신을 차리고 벌떡 일어났다. 놀라운 일이었다.

결국 나는 큰 언니의 출산 덕분에 다시 이 세상 사람이 될 수 있었다. 곧 죽을 것이라고 생각했던 어머니와 오빠들은 3일 만에 정신을 차리고 일어난 내 모습에 놀라서 어쩔줄 몰라 했다.

예수를 믿는다는 이유로 딸이 죽기를 바랐던 어머니의 박해는 거기서 끝나지 않았다. 다시 살아난 어린 딸을 없애기 위해 엄청난 계획을 꾸미고 있었다. 문중 어른들과 산신제에 관한 일을 의논할 때 어머니는 조금도 주저하지 않고 나를 산제로 드리자고 제의했다고 한다.

사람들은 이해하지 못한다. 아무리 반대하는 종교를 믿는다고 해서 어떻게 어머니가 친 딸을 죽이려고까지 할 수 있겠느냐고 할 것이다. 하지만 이 일은 단순히 모녀지간의 감정 대립이 아니었다. 보이지 않는 영적 세력의 큰 싸움이었기 때문에 그토록 무섭고 잔인한 것이었다.

"우리의 씨름은 혈과 육에 대한 것이 아니요 정사와 권세와 이 어두움의 세상 주관자들과 하늘에 있는 악의 영들에게 대함이라"(엡 6:12)는 말씀처럼 어머니와 나 사이의 싸움은 악신과 거룩한 하나님간의 영적 전투였다.

그 당시 어머니와 아버지는 나를 놓고 많이 다투셨다. 성품이 착하신 아버지는 나를 핍박하는 어머니의 행동을 여러모로 말리셨기 때문이다. 그런데 어머니가 나를 제사에 바치려고 한다는 엄청난 소식까지 들은 아버지는 더 이상은 안 되겠다고 느끼셨던지 나를 불러 놓고 서울로 갈 것을 권했다.

"금자야. 네가 꼭 예수를 믿겠다면 집에서는 믿을 생각을 하지 말아라. 너를 죽이든 내쫓든지 해야겠다는 네 어머니 고집이나 그 성질을 꺾을 사람은 없다. 그러니 너는 예수 믿으려면 먼 곳으로 떠나거라. 며칠 뒤 네 이종 오빠가 서울에 가니 함께 가도록 해라."

아버지는 나에게 서울 홍제동에 사는 이모 댁으로 가서 당분간 지내라고 하셨다. 그리고 나를 불쌍한 눈으로 물끄러미 바라보며 눈물을 흘리셨다. 나도 난생 처음 집을 떠나는 것이 두려웠지만 이 상황에서 어쩔 수 없이 가겠노라고 했다.

나는 며칠 후 약간의 돈과 쌀 한 말 정도를 받아 서울로 떠났다. 서울로 출발하는 기차 안에서 창밖으로 사라지는 아버지의 모습을 조금이라도 더 보기 위해서 목을 길게 뺐다. 그리고 처음 타보는 기차 안에서 아주 서럽게 울며 고향 땅을 떠나왔다. 이 때가 내 나이 12살, 초등학교 6학년 겨울방학 중이었다.

이종사촌 오빠와 함께 서울역에서 내려 홍제동 이모 댁으로 버스를 타고 갔다. 막상 올라와 보니 이모도 철저한 불교신자였고 그간 내 이야기를 들어서인지 어린 조카의 방문을 당연히 달가와 하지 않았다. 그리고 이모댁도 형편이 넉넉하지 않아 입 하나가 더 는다는 것도 부담인 듯 했다.

이모는 내게 "양키 귀신이 들었다"며 나를 은근히 박대했는데 낯선 곳에서 더구나 어린 나이에 어찌할 바를 몰랐던 나는 그저 하나님께 매달려 기도했다.

밤마다 성경을 펴놓고 읽으면서 하나님께 울며 기도할 수밖에 없었다. 이 때 나를 위로한 성경구절이 있었다.

"목숨을 위하여 무엇을 먹을까 무엇을 마실까 몸을 위하여 무엇을 입을까 염려하지 말라~~공중의 새를 보라 심지도 않고 거두지도

않고 창고에 모아들이지도 아니하되 너희 천부께서 기르시나니 너희
는 이것들보다 귀하지 아니하냐"(마 6:25-26)

가정부로 시작한
서울살이

가사와 사업을 돕는 도우미로

서울에서 일주일 정도 지냈을 때였다. 이모 친구 한 분이 놀러 오셨는데, 나에게 자기 집에 가서 같이 살자고 했다. 아주머니 첫 인상이 좋아 보였고 이모댁 생활도 편치 않았기에 주일날 교회에만 보내 주면 따라가겠다고 했다.

그런데 불교신자였던 그 아주머니는 교회 다니는 것을 흔쾌히 승낙했다. "네가 하고 싶은 것은 다 해주겠다"고 했다. 그날로 나는 이모댁을 떠나 아주머니 댁에서 지내게 되었다.

아주머니 댁에서 나는 집안 일도 하고, 사업하는 아주머니를 따라다니며 돈 계산도 도와드렸다. 그런데 하나님의 은혜인지 내가 아주머니 댁으로 들어가 살게 된 때부터 그 집에 좋은 일이 계속 생겼다.

특별히 나는 셈을 잘하는 능력이 없었음에도 다른 사람이 돈 계산을 하면 문제가 생겨도 내가 계산하면 정확했고 사업이 점점 번창했다. 요셉이 보디발의 집에 종으로 팔려 들어가자 하나님께서 그로 인해 보디발의 집을 축복하셨듯 좋은 일이 많이 일어났던 것이다. 그러니 아주머니의 이쁨을 많이 받았다.

돈 계산은 자꾸 해보니 요령이 생겨 점점 더 빨리 처리를 잘 할 수 있었다. 이런 나를 아주머니는 기특하게 여기고 공부할 수 있는 기회를 만들어 주었다. "배움은 때를 놓쳐서는 안 된다"면서 낮에는 집안일과 사업을 돕고 야간 중학교에서 공부할 수 있도록 배려해 주셨다.

그리고 이후에도 나를 수양딸로 삼아 친 딸같이 사랑해 주셨다. 아마도 하나님은 내가 어머니에게 받지 못한 사랑을 아주머니를 통해 대신 받도록 해주신 것 같다.

낮에는 일하고, 밤에는 학교에 다니며 열심히 공부하면서 미래의 꿈을 키워 나갔다. 그리고 야간 고등학교에 들어가자 아주머니는 내 이름으로 통장을 개설하고 월급을 차곡차곡 넣어 주셨다.

인간은 참으로 환경의 지배를 받는다. 신앙은 고통과 어려움 가운데 더 크게 자라고 안락과 평안함이 이어지면 자동적으로 나태해지고 매너리즘에 빠지는 것 같다.

안정된 생활이 신앙의 나태함으로

점차 서울 생활도 익숙해지고 돈도 모으면서 생활환경도 나아지고 모든 일들이 잘 되어 가니 믿음 때문에 그렇게 핍박을 받았던 나도 어느새 신앙에 대한 열정이 조금씩 식고 있었다.

이 무렵 나는 야간 고등학교까지 졸업하고, 내가 일하던 아주머니의 소개로 자그마한 회사에 취직을 하게 되었다. 내가 근무하기 시작한 이 회사는 사장님이 여성이었고 서대문에 있던 순복음교회 집사이셨다. 여사장님은 당시 남편과 이혼하고 세 자녀와 살면서 열심히 신앙생활을 하는 분이었다.

지금 생각하면 하나님께서는 서울 생활을 하다가 신앙을 잃어버린 나를 위해 믿음의 사람을 붙여 주신 것인데 신앙심이 약해진 나는 오히려 사장님의 열정적인 신앙생활을 보며 탐탁치 않게 여기고 비아냥거리기까지 했다.

신앙으로 인해 핍박받던 옛 모습을 한 순간에 잊어버린 채 달라진 내 모습은 참으로 아둔하고 어리석었다. 나중에 안 사실이지만 사장님께서는 어리석은 내가 신앙인으로 바로 서도록 아침 금식을 하면서 간절하게 기도하셨다고 한다.

주님은 이런 나를 결코 버려두지 않으셨던 것이다. 사장님의 영향으로 다시 교회는 나가기 시작했으나 옛날의 열정은 사라져 버리고 의무적으로 예배를 드리곤 했다.

양어머니가 되어 내게 잘해 주시고 취직도 알선해 주신 아주머니는 어느 날, 내 앞날을 걱정하시며 돈을 좀 더 늘려 주시겠다고 하셨다. 즉 돈을 알뜰이 모아 창창한 미래를 위해 미국으로 유학을 떠나라고 권하셨다. 금자는 똑똑하니 공부를 잘 해낼 수 있을 것이라며 격려해 주셨다.

나는 그 동안 모아온 돈을 나는 아주머니에게 모두 맡겼고, 그분은 어느 유망한 사업에 내 돈을 투자해 주셨다.

서울로 상경해 어린 시절부터 돈을 차곡차곡 모아 거의 쓰지 않았던 나는 아주머니에게 맡긴 돈 액수가 적지 않았다. 그랬기에 한동안 나는 회사에서 받는 한 달 월급보다 더 많은 돈을 이자로 받을 수 있었다. 돈이 참 좋은 것이란 것을 쓰면서 깨닫고 아주 신이 났다.

경제적 안정으로 주일성수를 어겨

'등 따듯하고 배 부르면 옛날 일을 잊어버린다'는 옛말처럼 나는 조금씩 돈 맛을 알고 세상사는 재미에 더 몰입해 들어갔다.

"금자야. 우리 이번 일요일에 북한산으로 등산 가자."

주위 친구들과 직장 동료들이 달콤한 목소리로 유혹하자 나는 서서히 주일날 교회에 빠지기 시작했다. '그래, 주일 낮 예배 대신 저녁 예배드리면 되지' 하면서 내가 좋을 대로 편하게 생각했다. 봄에는 산에 오르고, 여름엔 수영장에 가고, 가을에는 단풍놀이를 떠나고, 겨울에는 볼링을 치고 영화를 보러 갔다.

그러나 처음의 생각과는 달리 주일 저녁 예배도 한 주 두 주 **빼먹게** 되었다. 그리고 돈 있는 곳에 마음도 있다는 말처럼 십일조를 드리는 것도 점점 아깝게 느껴졌다. 세상 일에 분주해지면서 점차 교회를 등지고 살게 되었다.

한 두 번씩 빠지던 주일예배를 아예 나가지 않게 된 것이다. 그리고 세상 재미를 붙이기 시작하니 따분하게 예배드리는 것 보다 훨씬 신나고 흥미로웠다.

그러나 세상이 주는 행복은 얼마 가지 못했다. 내가 투자한 회사의 공장에 불이 나서 이자는 커녕 원금도 전혀 못 받게 되었던 것이다. 나의 모든 계획과 꿈이 하루아침에 무너져 내렸다. 정말 죽고 싶은 마음 뿐이었다. 서울에 올라와서 고생하면서 모은 나의 전 재산을 모두 날리고 보니 도저히 삶의 의욕이 생기지 않았다. 그러나 지금 생각하면 이것은 하나님께서 나를 당신께 돌아오게 하기 위한 섭리였다고 여겨진다.

"너희가 많이 뿌릴지라도 수입이 적으며 먹을지라도 배부르지 못하며 마실지라도 흡족하지 못하며 입어도 따뜻하지 못하며 일꾼이 삯을 받아도 그것을 구멍 뚫어진 전대에 넣음이 되느니라"(학1:6)

돈을 잃은 내게 이 성경 말씀이 너무나 실감나게 다가왔다. 이제 내 삶은 살 의미가 없는 것 같았다. 12살에 올라와 11년간 모은 재산인데 이게 사라져 버렸으니 나는 죽으려고 마음먹고 약국을 다니면서 수면제를 한 알 두 알 사서 모았다.

그런데 막상 죽으려고 생각하니 나와는 사이가 좋지 않았지만 그래도 잠시나마 보살펴 준 홍제동 이모가 떠올라 그냥 그대로 죽을 수가 없었다. 내 수중에 남은 적은 돈이라도 이모에게 드리면 이모가 인척이니 최소한 장례는 치러줄 것이라는 생각이 들었다.

순복음교회 부흥회서 새롭게 거듭나

나는 이모 댁을 향해 홍제동 쪽으로 발길을 돌렸다. 그리고는 버스를 갈아 타려고 서대문 사거리에 있던 순복음교회 앞을 지나가게 되었다. 나를 아껴준 옛 주인 아주머니가 다니던 교회였다.

바로 그 때 "주 예수를 믿으라 그리하면 너와 네 집이 구원을 얻으리라"(행 16:31)라고 씌여진 교회앞 현수막이 내 눈에 들어왔다. 순복음교회는 청년초청 부흥성회 기간 중이라서 현수막을 교회 앞에 크게 붙여 놓고 있었던 것이다.

어릴 때 시골에서 열심히 교회 다니던 생각이 났다. 그리고 어머니, 아버지, 형제들이 보고 싶은 마음이 간절해지면서 나도 모르게 눈물이 두 볼을 타고 주르륵 흘러 내렸다.

교회 앞에서는 청년들이 안내를 하고 있었다. 착잡한 심정으로 서 있는 나를 발견한 한 자매가 교회 안으로 들어가자고 내 손을 잡아 이끌었다. 인도받은 제일 앞자리에 앉으니 이미 많은 사람들이 성전 안에 가득 차 있었다. 정말 우연히 갑작스럽게 예배를 드리게 되었다.

찬양이 끝난 후 조용기 목사님이 단상에 올라와 설교를 하셨다. "구하라 그러면 너희에게 주실 것이요 찾으라 그러면 찾을 것이요 문을 두드리라 그러면 너희에게 열릴 것이니"(마 7:7)란 말씀을 본문으로 한 설교는 절박한 내게 들려주신 하나님의 음성 바로 그것이었다.

설교가 끝나자 조용기 목사님은 "오늘 부흥회에 참석한 사람이 아주 많으니 30분 이상씩 기도하고 뒤에서 부터 차례로 나가시라"고 하셨다. 성전의 불이 꺼지고 많은 사람들이 통성으로 기도하기 시작했는데 나도 간절한 마음으로 울며 기도했다.

그런데 기도 중에 조목사님께서 다가와 안수기도를 해주셨다. 바로 그 때 내 입에서 방언이 터져 나왔다. 동시에 회개의 눈물이 폭포수처럼 마구 쏟아졌다.

시간 가는 줄도 모르고 눈물을 흘리며 기도하다 보니 코피가 흘러 나왔다. 금세 나의 얼굴과 옷은 엉망이 되어 버렸다. 그런데도 나는 계속 엎드려 기도하고 있었다. 얼마의 시간이 흘렀을까. 새벽 예배를 드리기 위해 자리를 정돈하던 어느 전도사님이 나에게 다가와서 말씀하셨다.

"자매님, 일어나세요. 새벽예배 드릴 준비를 하시지요."

정신을 차리고 시계를 쳐다보니 새벽 5시가 다 되어가고 있었다. 나는 새벽예배를 드리고 교회 밖으로 나왔다. 이상하게 몸이 날아갈 듯이 가벼웠고 표현할 수 없는 환희와 기쁨으로 가슴이 벅차 올랐다.

나는 감정을 억누르며 이모집 대신 내가 머물던 집으로 돌아왔다. 어느새 죽고 싶었던 마음은 눈 녹듯이 사라지고 나의 모든 생활은 새롭게 시작되었다. 열심히 기도하면서 교회에 다시 나가기 시작했다.

철야기도로
신앙이 불 붙다

절망에서 희망을 찾게 해준 기도

죽고 싶었던 절망감을 순복음교회 청년부흥회를 통해 극복하고 신앙을 되찾은 나는 그동안 잠시 나태했던 믿음을 회개하며 기도를 더 열심히 하기 시작했다.

얼마 뒤 내가 다니던 회사 사장님은 하나님의 은혜로 남편과 재결합하여 가정으로 돌아가셨고, 다른 분이 회사를 인수받아 운영하게 되어 나도 회사를 그만 두어야 했다.

나는 은혜받은 순복음교회에 나가며 10일 정도 금식하고 철야기도하면서 나의 앞날을 하나님께서 인도해 주시기를 간구했다. 그러자 바로 조그마한 회사에 취직이 되었다. 그리고 이 회사 기숙사로 거처를 옮겼다.

새로 옮긴 직장에서 성실히 일하며 열심히 신앙생활을 해나갔다. 그 가운데 회사 직원들을 한 명씩 한 명씩 전도했다. 예전의 믿음이 되살아나 하나님이 가장 기뻐하시는 복음 전도에 적극 나선 것이다. 사라진 돈은 마음이 쓰리지만 잊어 버리기로 했다.

전도를 열심히 하면 핍박이 따르는 것 같았다. 또 다시 나를 향한 핍박이 시작되었기 때문이다. 특히 함께 일하던 언니 하나가 나를 몹시 괴롭히며 못살게 굴었다. 그것은 '혼자만 잘 믿지 왜 직장까지 와서 전도를 하느냐'는 것이 나를 괴롭히는 주된 이유였다.

그럴수록 나는 이를 악물고 밤에는 교회에 가서 철야기도하고 낮에는 예수쟁이가 일은 못하고 교회만 열심히 다닌다는 소리를 들을까 최선을 다해 일했다.

그러던 어느 날, 갑자기 그 언니의 입이 돌아가 말을 못하게 되었다. 아직 미혼인 그 언니는 자신의 증세가 나를 핍박한 것 때문이라고 자각했는지 나를 붙잡고 기도해 달라고 매달렸다. 언니도 자기가 어렸을 때는 신앙생활을 했다고 했다.

나는 하나님이 언니를 전도할 기회를 주신 것이라 여겨졌다. 언니와 나는 교회에서 철야기도를 하기로 약속했고 저녁마다 만나 밤새도록 기도했다.

그런데 새벽 3시경 언니가 바늘로 손가락을 찔러 혈서를 썼다. 앞으로 내게 친동생같이 잘해 주며 주님의 일을 하는데 최선을 다할 테니 기도해서 고쳐만 달라는 애원의 글이었다. 입이 돌아가 말을 못하니 글로 자신의 마음을 표현한 것이다.

언니의 이런 모습을 바라보니 너무나 불쌍했다. 곧바로 언니의 손을 꼭 붙잡고 울면서 간절히 기도했다. 그러던 중 갑자기 방언이 터져 나오고 언니의 입이 정상으로 돌아왔다.

우리는 너무 기뻐 부둥켜안고 울면서 하나님께 감사기도를 드렸다. 이 사건이 있은 뒤 언니는 직장에서 나의 가장 좋은 협력자가 되었다. 또 이 사건을 통해 많은 동료들이 복음을 접하고 예수님을 영접하게 되었다.

내가 다니던 회사 사장님은 철저한 불교신자로서 신령 할아버지 그림을 사무실에 붙여 놓고 처음 수입은 항상 불전에 바치며 공을 드리던 분이었다. 그분을 전도하기 위해 열심히 기도할 즈음 회사에 큰 문제가 생겨 어려움을 겪게 되었다.

사장에게 담대하게 전한 복음

사장님은 문제를 해결하느라 많은 돈을 들여 산에서 7일 동안 큰 굿을 하고 왔지만 해결될 리가 없었다. 열심히 신앙생활 하던 언니와 나는 담대히 "사장님, 예수 믿으면 하나님께서 해결해 주십니다."라고 하면서 용기 있게 복음을 전했다.

당시는 하루 쉬는 주일날도 특근이라고 해서 일 하는 것이 다반사였다. 그러나 언니와 나는 반드시 교회에 나갔다. 평일 아침에 출근하면 우리끼리 먼저 예배드리고 일을 시작했다.

늘 회사를 위해 기도했는데 회사의 어려운 문제가 점점 해결이 되었고 사장님도 결국 교회에 다니게 되었다. 우리의 간절한 기도응답이기도 했다.

1972년, 사장님은 당시 25세인 나를 야간신학교에 보내 주셨다. 중학교 고등학교 신학교까지 난 모두 주경야독을 한 것이다. 사장님은 학교에 가려면 일찍 나가야 하는 나를 여러 가지로 배려해 주셨다.

모든 것에 감사하며 생활하던 어느 날이었다. 마침 월급을 탔던 날 밤인데, 기숙사에 도둑이 들어 10여 명 되는 직원들의 돈과 옷을 도둑맞는 일이 생겼다. 그 무렵 나는 주로 교회에서 밤을 지새우며 철야기도를 해 기숙사에서는 많이 자지 않는 편이었다. 나는 그날도 여느 때처럼 새벽기도를 끝내고서야 기숙사에 돌아왔다.

아침에 기숙사에서 한바탕 소란이 일어났다. 동료들은 개인 사물함에 있던 월급과 옷이 사라지는 피해를 입었는데 희안하게도 내 옷과 돈만 제자리에 그대로 있었다. 돈과 옷을 잃어버린 직원들은 울먹거리며 제발 돈을 찾아 달라고 하소연했다.

동료들은 "열심히 기도하는 금자씨 돈은 하나님께서 지켜 주신 것 같다"며 만약 자신들의 돈과 물건도 찾아 주면 자신들도 예수님을 믿겠다고 했다.

나는 어떻게 해야 할지 몰라 잠시 망설였다. 그런데 얼마 뒤 "너는 범사에 그를 인정하라 그리하면 네 길을 지도하시리라"(잠 3:6) 라는 말씀이 떠올랐다. 하루아침에 한 달 동안 생활할 돈을 몽땅 잃어버린 직원들은 너무나 힘들어 했다. 시골집에 생활비를 보내야 하거나 매달 월부로 내야 하는 돈이 있는 직원들도 많아 발을 동동 굴렸다.

나는 직원들에게 하나님께서 살아 역사하심을 보여줄 기회라 여기고 "함께 금식하며 기도하자"고 권했다. 나는 교회에서 철야하며 7일 작정 금식을 시작했다. 하나님이 나와 동료들의 기도를 응답해 주시리라 믿고 기도의 끈을 늦추지 않았다.

마지막 금식이 끝나던 날 아침, 성전에서 기도하는데 갑자기 환상 중에 무지개가 나타났다. 그리고는 "내가 내 무지개를 구름 속에 두었나니 이것이 나의 세상과의 언약의 증거니라"(창 9:13)는 약속의 말씀이 떠올랐다.

기도로 해결 받은 도난 사건

나는 기숙사로 돌아와 늘 하던 대로 수돗가에서 양치질을 했다. 그런데 바로 앞 수돗가 벽에 형용할 수 없는 무지개가 그려져 있는 게 아닌가. 내 눈을 의심하면서 무지개가 있는 곳으로 발길을 향했다. 그 순간 곧바로 무지개는 사라지고, 그 자리에 종이쪽지 하나가 벽에 붙어 있었다. 너무 놀라운 일이었다.

그 종이쪽지를 살펴보니 낯선 주소가 적혀 있었다. 그때 나의 머리를 빠르게 스치는 것이 있었다.

'혹시 도둑맞은 일과 관련이 있지 않을까?'

보통 우리 직원들은 청소한 뒤, 한쪽 구석에 쓰레기를 쌓아 두면 삼사일 만에 청소부 아저씨들이 그것들을 모두 치웠다. 그런데 그 쪽지는 마당에 물을 뿌리고 청소할 때 물기에 젖은 종이가 바람에 날려 그곳에 붙어 있었던 것이다. 직원 누구의 글씨도 아니어서 여기서 뭔가 실마리가 있을 것 같았다.

회사 경비 아저씨와 나는 쪽지에 적힌 집 주소대로 청평을 향해 길을 나섰다. 그 집을 여러 사람들에게 물어물어 어렵게 찾아 들어갔다. 그런데 놀랍게도 그 집 마당 빨래 줄에 회사 동료들 것으로 보이는 낯익은 옷가지가 널려 있었다.

잠시 뒤 인기척이 들리며 인자하게 생기신 내외분이 나오셨다. 우리는 이러 저러 사정 이야기를 드렸는데 대화 중에 금방 범인을 알아낼 수 있었다.

우리가 찾아간 집은 목사님 댁이었다. 이집 은미(가명)라는 고3 딸아이가 저지른 일이었다. 그 아이는 공부가 하기가 싫어서 친구와 어울려 다니며 밤늦도록 나이트클럽에서 놀다가 돈이 떨어지자 남자친구 두 명, 여자 친구 두 명과 함께 담을 넘어 우리 기숙사에 들어왔다고 한다. 그리고 사물함과 지갑을 뒤져 돈과 옷가지들을 훔쳐 가지고 나왔다고 한다.

그런데 이상한 것은 어느 사물함을 열어 돈을 꺼내려고 하는데 뒤에서 무언가가 계속 잡아당기며 윽박지르는 느낌을 받았다고 한다. 그래도 다시 가져가려고 다시 옷을 만지니 손은 보이지 않았지만, 뒤에서 자신의 머리를 잡아당기며 처음과 같은 일이 반복되었다고 한다. 갑자기 무서운 생각이 들어 그 물건들을 재빨리 제자리에 놓고 다른 사람들 것만 가지고 나왔다고 한다.

그 뒤 은미는 눈만 감으면 그 일이 생각나 무섭고 두려워 외출은 커녕 마당 바깥으로도 나가지 못했다고 한다. 그리고 그 쪽지는 서로 연락하기 위해 친구에게 자신의 주소를 적어 준 것인데 그날 당황한 나머지 떨어뜨린 것도 모르고 도망 쳤다는 것이다.

그리고 막상 범죄를 저지르고 나니 너무 무서워 가져온 돈을 쓰지 않고 은미가 다 그대로 보관하고 있었다. 이날 돈과 물건들을 되돌려 받았고 은미 부모님도 너무나 죄송하다고 하는 통에 경찰에 신고는 하지 않았다.

나는 돈과 물건을 찾아 이를 잃었던 직원들에게 모두 되돌려 줄 수 있었다. 모두들 기도한 응답이고 하나님이 살아계신 것이 맞다며 놀라워 했다. 직원 전도에 이 사건이 큰 역할을 한 것은 물론이다. 나 역시 세밀하게 역사하시는 하나님의 은혜에 감사했다.

그 일이 있은 후, 은미는 나와 함께 살기 원해서 1년여 같이 지냈던

적이 있었다. 옆에서 신앙지도를 해주고 함께 기도하며 지냈는데 새 사람이 되어 신학공부를 했으며 이후 목사 사모가 되어 주의 일을 열심히 하고 있다.

또한 입이 돌아갔다 병고침 받았던 언니는 이후 신학을 하고 전도 사가 되어 성복교회에서 3년간 심방전도사로 섬기기도 했었다. 그리고 그때 기숙사에서 함께 생활했던 자매들도 모두 신앙생활을 잘하고 있으니 합력하여 선을 이루게 만드시는 하나님이셨다.

두 언니의 아버님을 전도하다

회사 동료 중에 유독 두 명의 언니와 관련된 일이 기억난다. 한 언니는 회사 옆 사무실에서 근무했는데, 성격이 매우 강하고 완악해 무척 힘들게 주님을 영접했다. 그 언니는 폐가 나빠서 한동안 고생했으나 주님을 믿고 병 고침을 받아 후일 목회를 하며 주님 일에 여념이 없이 지냈다.

또 한 언니는 과거에 아버지가 성경책을 찢어 그 종이에 담배를 말아 피우며 심하게 핍박받는 가운데 교회를 다니다 결국 못나가게 되었다고 한다. 그런데 우리와 기숙사에서 생활하면서 다시 주님을 영접했고 신앙을 찾아 함께 기도하곤 했다.

그런데 언니를 핍박하던 아버지는 중풍으로 쓰러져 누워 계시며 여러 해 동안 말도 제대로 못하셨다. 나와 언니는 가끔 집을 찾아가 병석에 있는 아버지 옆에 앉아 예배를 드렸다. 드디어 아버지도 예수를 영접하고 자신이 성경을 찢어 담배 피운 일을 울면서 회개했다.

하루는 언니 아버지가 곧 돌아가실 것 같다고 연락이 와서 다급히 예배를 드리러 갔는데 내가 도착하자 조금 전에 숨을 거두셨다면서 가족들이 모두 울고 있었다.

그분을 애도하며 한참 동안 가족들과 함께 찬송을 불렀다. 그런데 언니 아버지는 감았던 눈을 다시 뜨시고 잠잠히 나를 바라보며 말씀하셨다. 당시 신학공부를 하고 있던 터라 부친은 나를 전도사라고 불렀다.

"이 전도사, 내가 하늘나라에 가도록 기도해 줘서 고마워. 하늘나라에 가서도 이 전도사를 위해 기도해 줄 테니 우리 가족들을 모두 구원시켜 줘."

이야기를 마치신 언니 아버지는 곧바로 편안한 모습으로 다시 눈을 감으셨다. 이 광경을 목격한 가족들은 눈물을 흘리며 하나님이 살아계신 것을 확실히 믿겠다며 장례식을 교회장으로 하기로 결정했다. 그리고 삼일장을 지냈는데, 그 기간에 15명 정도의 친척들과 문상객들이 예수님을 영접하기로 결심하고 당시 순복음중앙교회에 등록했다.

주경야독의
야간 신학생

마련한 등록금을 더 힘든 신학생에게

야간 신학교에서 공부할 당시 나는 신학과 소속이었는데 신학생 대부분이 나보다 어렸다.

이렇게 어린 신학생들이 여러 가지 어려움을 겪는 모습을 볼 때면, 나는 언니 같은 마음이 들고 안타까워 그냥 지나칠 수 없었다. 당시는 너나 나나 다 형편이 어려웠다.

이 때문에 나는 학기마다 다른 학생들보다 항상 늦게 등록금을 내곤 했다. 사실 나는 일하면서 돈을 벌었기 때문에 남보다 등록금을 먼저 낼 수는 있었다. 월급에서 등록금으로 미리 떼어 놓곤 했기 때문이다.

하지만 등록금을 들고 사무처로 가기 전에 나보다 가난한 후배나 학비를 못내 제적 위기에 처한 선배가 도움의 손길을 간절히 기다리고 기도하는 모습을 꼭 보곤 했다. 그러면 결국 내가 마련한 등록금을 그들에게 먼저 주지 않을 수 없었던 것이다.

그러다 보니 내 신학교 등록금은 다음 월급일까지 기다려 다시 마련해야 했고 따라서 등록이 늦어지곤 한 것이다.

당시 직장 근처에는 부원식당이라고 있었다. 그곳은 내게 무척 의미 깊은 장소였다. 왜냐하면 그 식당에서 나는 신학교에 다니는 4년 동안 누룽지를 얻어 끼니를 때웠기 때문이다. 매 끼니를 돈을 주고 식사를 사 먹으면서 2명 이상의 등록금을 마련하기란 쉽지 않았다. 그렇기 때문에 나는 식비라도 아끼기 위해 이 부원식당의 도움을 받았다.

한번은 식당에서 누룽지를 얻어 끓여 먹었는데, 여름철이라 그런지 상한 누룽지였다. 만약 다른 사람이 그것을 먹었다면 탈이 나도 단단히 났을 것이다. 그러나 나는 한 끼 정도의 배앓이로 그쳤을 뿐 다음 날은 아무런 일도 없었다는 듯이 건강하게 생활할 수 있었다.

다음날 누룽지를 또 얻기 위해 식당에 들르니 일하는 아주머니가 걱정스런 목소리로 말씀하셨다.

"아가씨, 괜찮아? 혹시 속에 탈이 나지 않았어? 글쎄 어제 상해서 버린다고 모아 두었던 누룽지를 내가 정신없이 함께 주었나봐."

아주머니는 그날 밤에 잠자리에 들다가 그 일이 떠올라 밤새 걱정했다고 말했다.

"괜찮아요, 아줌마. 하나님께서 제 위장을 아주 튼튼하게 만들어 주셨나 봐요. 상한 누룽지라도 좋으니 앞으로는 더 많이 주실 거죠?"

나는 아주머니께 농담까지 던질 정도로 말짱했다. 아마도 하나님께서 평소 내게 보이지 않는 영적인 보약을 많이 먹여 주셨기 때문일 것이라 여겼다.

졸업을 못할 뻔한 마지막 학기

마지막 학기 때의 일을 생각하면 지금도 아찔하다. 그 학기도 나는 다른 학생에게 미리 준비해 둔 등록금을 양보했다. 그런데 이상하게도 아무리 기도하며 돈을 구하려 해도 마지막 등록금을 나도 마련하지 못해 후기 등록 마감 기간도 놓치고 말았다. 그때는 정말 내 자신이 바보 같다는 생각이 들었다.

'너 정말 미쳤구나. 무슨 불우 이웃을 돕는 자선가라고 매번 다른 친구들에게 자신의 등록금을 나눠 주니? 자신도 늘 쪼들리면서.'

내 행동이 후회스러워 발까지 동동 구르고 싶은 심정이었다. 아무래도 마지막 학기를 남겨 두고 졸업을 못할 것 같았다. 그런데 전혀 예상하지도 못한 곳에서 딱 등록금 액수만큼 도움의 손길이 전해졌다. 며칠 동안이지만 조금도 인내하지 못하고 불평을 쏟아 낸 내 모습이 부끄러울 따름이었다.

신학교 시절, 하나님은 매번 나의 필요를 아시고 많지도 적지도 않게 적당한 분량만큼 나를 도우시며 인도하셨다. 나는 하나님을 더욱 신뢰하게 되었고, 나보다 다른 이들의 필요를 돌아보는 진정한 예수님의 제자로 살아가는 삶을 배울 수 있었다.

신학교를 졸업하고 먼저 순복음교회에서 전도사로 일하게 되었다. 열심히 사역하다 보니 28세가 되었는데 당시 이 나이는 혼기를 놓친 노처녀 소리를 들을 만한 나이였다. 주변에서 사역도 좋지만 결혼을 해야 한다고 난리였다.

"이 전도사는 매일 철야기도나 하고 교회 일하다가 금세 서른 살을 넘겨 혼기를 놓치고 말거야. 그러니 올해는 꼭 좋은 배필을 만나도록 하나님께 기도해야 돼."

이렇게 나를 생각해준 분들이 주변에 20명쯤 되었는데, 그분들이 그해 1월 초부터 결혼을 위해 기도해 주셨다. 그 덕분인지 얼마 뒤 나는 선을 보게 되었다. 그 때까지 결혼에 대한 생각을 전혀 하지 않았던 나는 선을 본다는 것이 왠지 쑥스럽다는 느낌이 들어 썩 내키지 않았다. 망설이는 나를 주선자가 이렇게 설득했다.

"이 전도사는 그 동안 믿지 않는 가정에서 신앙을 지키려다 핍박받고 고생을 많이 했으니까 믿음 좋은 기독교 가정으로 시집가서 꼭 믿음의 가정을 꾸미고 살아야 돼. 그런데 이 신랑감의 가정은 부모뿐만 아니라 형제 자매들이 교회에 나가며 신앙생활 열심히 하고 있어. 더구나 신랑이 앞으로 주의 종의 길을 갈 사람이니 이 전도사와는 천생연분이지."

중매로 나간 맞선에 실망하다

내게 소개해준 중매 상대는 전도사라고 했다. 나는 고심하다가 소개해준 분의 입장도 있으니 한번 만나 보겠다고 했다. 그런데 당일 약속 장소로 나가 상대 형제의 모습을 보니 크게 실망하고 말았다. 땅딸막한 키에 영락없는 건달 모습이었다. 머리도 덥수룩하고 복장도 단정해 보이지 않았다.

나로선 신실한 목회자의 모습을 상상하고 있었기 때문에 무척 실망했던 것이 사실이었다. 그러나 내색은 할 수 없었다.

잠시 어색한 시간이 흐르고 만남을 주선하시는 분의 소개로 서로 인사를 나눴다. 그리고 종업원이 차 주문을 받으러 와서 커피를 시켰다. 나는 상대를 별로 탐탁치 않게 여기던 차였는데 다시 두 번 째 청천벽력같은 소리를 들었다.

"자매님, 저와 결혼합시다!"

느닷없는 청혼에 화들짝 놀란 나는 너무 당황스러웠다. 첫 만남에, 더구나 제대로 대화도 나누지 않고 주문한 커피가 나오기도 전에 불쑥 결혼하자고 선언하다니. 기가 막힌 나는 한동안 아무 말도 하지 못했다. 아마 이 세상에서 처음 만나자마자 청혼 받은 신부가 나 말고 또 있을까.

그 사람이 바로 지금의 남편인 부흥사 이태희 목사다. 그 당시 남편은 옛 생활을 청산하고 새롭게 목회자의 길로 들어서 그런지 예전의 모습이 아직 많이 남아 있는 것 같았다.

나중에 들은 남편의 고백에 의하면 그는 이미 신부감이 믿음도 좋고 기도를 열심히 하는 전도사라는 사전 정보를 듣고 나왔다고 한다. 그리고 첫 눈에 나를 보고 거칠고 다듬어지지 않은 자신을 도와서 험한 사역의 길을 함께 갈 사모감이라는 감동이 와서 쉽게 청혼을 할 수 있었다고 했다.

청혼에 대한 응답을 하나님께 받기 위해 나도 기도에 들어갔다. 한창 신앙이 불타고 사역을 하고 있던 터라 외양과 과거는 주님 앞에서 아무런 소용이 없는 것이라 여겼기에 어려움이 있더라도 사모의 길을 택하기로 했다. 고행의 길에 들어선 것이다.

1977년 가을, 평소 잘 아는 목사님의 인도로 이태희 목사와 약혼식을 올렸다. 그런데 문제는 우리의 결혼을 양가에서 모두 반대했다.

약혼은 우리 마음대로 했지만 결혼은 절대 안 된다고 했다.

고향 부모님과 형제들은 내가 혼자 예수 믿는 것도 부족해 아예 이제는 예수쟁이 앞잡이인 전도사와 결혼하려고 한다면서 완강히 반대했다.

그리고 남편될 부모님들도 신부 어머니가 무당인데, 그 영적 싸움을 어떻게 감당할 수 있겠냐며 결혼을 만류했다. 하지만 남편은 예나 지금이나 한 번 결심한 일은 불도저처럼 밀어붙이는 성격이었다. 그는 묵묵히 시부모님을 설득하고 나에게 확신을 심어 주며 결혼에 대한 마음을 바꾸지 않았다.

그런데 사실 약혼을 한 후에 남편에겐 '믿음의 아버지' 되시는 한얼산기도원 이천석 목사님도 결혼을 강력하게 반대하셨다고 한다. 그 이유는 신부될 사람의 가정에 귀신의 역사가 너무 강하다고 하신 것이다. 영적 싸움을 치러야 한다는 의미였다.

이는 우리 집도 예외가 아니었다. 내가 교회에 다녀 집안에 재앙과 여러 가지 어려움을 겪었는데, 이제는 전도사와 결혼하면 우리 집안은 정말 망한다며 한동안 잠잠하던 친정 식구들이 모두 나서서 절대 결혼시킬 수 없다며 결사적으로 반대했다.

결혼으로 이어진
고난의 나날

반대 결혼에 사글세방의 신혼집

이렇게 양가가 강력하게 반대하자 그 기세에 우리가 처해 있는 모든 여건들을 보며 기도해 온 분들까지 반대하기 시작했다. 그러나 남편과 나는 목사님의 주례로 하나님 앞에서 약혼식을 올렸는데 다른 이들의 말만 듣고 헤어질 수는 없었다.

나는 약혼자였던 이태희 전도사에게 결혼 문제를 놓고 함께 20일 동안 철야기도를 하자고 제안했다. 결혼하라는 하나님의 음성을 듣고 혼인하든지, 아니면 꿈이나 마음이나 혹은 생각을 통해서 이 결혼이 하나님의 뜻이 아니라고 응답되면 파혼하고 헤어지자고 했던 것이다.

그리고 나서 기도를 시작했는데, 이태희 전도사는 7일 동안 철야기도 했지만 아무런 응답이 없다면서 내가 결정을 하라고 했다. 하지만 나는 중요한 결혼 문제에 하나님이 주시는 확신을 중도에 포기할 수 없었다. 나는 작정한 대로 20일 동안 철야기도를 마쳤다.

드디어 마지막 날 마음 속에 '신앙의 교만을 죽이고 한 알의 밀알이 되라'는 확신이 왔다. 주님은 내게 "내가 진실로 진실로 너희에게 이르노니 한 알의 밀이 땅에 떨어져 죽지 아니하면 한 알 그대로 있고 죽으면 많은 열매를 맺느니라"(요 12:24)는 성경말씀을 주신 것이다.

한 겨울인 12월 27일, 우리 부부는 결혼을 반대하셨던 이천석 목사님의 주례로 결혼식을 올렸다. 특히 그날의 결혼식은 이천석 목사님과 우리 부부 모두에게 의미가 있었다. 이천석 목사님이 개척한 새 성전에서 우리 부부가 첫 결혼식을 올린 것이다.

우리 부부는 서대문 영천 산꼭대기에 보증금 10만원에 월 1만원짜리 사글세방을 마련하고 신혼생활을 시작했다. 비가 오면 방에 비가 새고, 바람이 불면 방으로 나뭇잎이 날아 들어올 정도로 허술한 집이었다. 지금도 생각하면 그곳에서 어떻게 살 수 있었을까 싶을 정도로 초라하고 궁핍한 시절이었다.

당시 남편은 한얼산기도원에서 전도사로 일하고 있었다. 남편이 무보수로 사역했기에 결국 생계에 대한 책임은 새색시인 내가 고스란히

떠 맡았다. 그리고 남편은 평상시에는 기도원에서 지내고 일주일에 한 번 정도 빨래 보따리를 들고 집에 들렀다.

남편이라기보다 가끔 찾아오는 손님 같았다. 그래도 우리 부부는 행복했다. 힘들었지만 혼자가 아닌 둘이었기 때문이다. 또 매일 아침마다 주님이 주시는 비전을 바라보며 현실을 비관할 겨를이 없었다. 두 사람 다 이 때는 하나님으로부터 받은 사명감이 뜨겁게 불타고 있었다.

먹고 싶은 음식 대신 꿈을 먹다

얼마 뒤 첫 아이를 임신했다. 그런데 입덧이 끝나자 입맛이 당기면서 이런 저런 음식이 생각났다. 그 중에서도 양념갈비가 그렇게 먹고 싶었다. 매일 끼니를 걱정하는 가난한 살림살이에 비싼 갈비는 언감생심이었고 사 먹을 엄두도 내지 못했다.

어느 날이었다. 아침부터 시작해서 하루 종일 갈비가 먹고 싶었는데 밤에 잠자리에 들어서도 갈비 생각이 났다. 거기다 옆에서 위로해 주어야 할 남편은 한얼산기도원에서 지내고 있어 혼자 덩그러니 누워 있었다. 서러운 마음에 이불을 뒤집어쓰고 엉엉 울며 기도했다.

"하나님, 돈이 없는데 정말 갈비가 먹고 싶어요. 어떡하지요?"

잠시 뒤 하나님은 방법을 가르쳐 주셨다.

"갈비 대신 꿈을 먹어라!"

그 때부터 갈비 생각이 나면 하나님이 주시는 앞으로의 꿈을 마음속에 그리고, 그 꿈이 이 땅에 현실로 펼쳐질 모습을 상상하며 입 안 가득 꿈을 채워 넣고 꼭꼭 씹어 먹었다. 그러면 신기하게도 갈비를 먹었다는 생각이 들었다.

주위에서 "엄마가 아기 가졌을 때에 먹고 싶은 음식을 못 먹으면 아기가 짝짝이 눈으로 태어난다"는 이야기를 들을 때면 첫 아이라서 내심 걱정이 됐다. 하지만 첫 딸은 짝짝이 눈으로 태어나지 않았다. 오히려 건강한 우량아였다.

서대문 영천 사글세방에서 신촌의 와우아파트로 이사한 뒤에 이번엔 아들을 낳았다. 아들을 가졌을 때도 유난히 먹고 싶은 음식이 있었다. 바로 탕수육이었다. 하지만 첫아이를 가졌을 때나 둘째를 가졌을 때나 생활이 어려운 것은 마찬가지였다.

그때도 나는 하나님께 기도해 맛있는 탕수육을 먹을 수 있었다. 하나님께서는 이번엔 꿈이 아니고 고기 대신 밀가루를 반죽해 기름에 튀기고 탕수육 소스를 똑같이 만들어 부어 먹는 방법을 가르쳐 주셨다. 고기 씹는 맛은 없어도 비슷한 맛을 내니 먹을 만 했다.

주의 종이 감내해야 할 고난들

서울 서대문 영천 산꼭대기보다 신촌 와우 아파트는 환경이 훨씬 좋아졌지만 사는 형편이 나아진 것은 아니었다. 보일러가 고장 나도 수리할 돈이 없었다. 밤마다 어린 두 아이들은 추위에 떨고 울면서 잠을 자지 못했다. 그럴 때마다 나는 아이들을 번갈아 가며 배 위에 올려놓고 잠을 재웠다. 체온으로 아이들을 따뜻하게 해 준 것이다.

아무리 내가 두 아이를 달래고 배 위에서 잠을 재워도 아이들은 깊이 잠들지 못하고 추위에 떨며 아침을 맞곤 했다. 전기장판을 사고 싶은 생각이 굴뚝 같았지만 허기에 지쳐 있는 어린 자녀들을 보면 감히 생각할 수조차 없었다.

조금이라도 돈이 생기면 당장 아이들에게 분유를 사서 먹이는 것이 중요했다. 아이들과 나의 처지를 생각하며 이를 잘 이겨낼 수 있도록 거의 매일 밤을 새우면서 기도했다.

가끔 남편이 기도원에서 내려와도 나는 어려운 형편을 전혀 내색하지 않았다. 왜냐하면 남편은 자신의 생활에 얽매여 생계를 꾸릴 걱정을 할 사람이 아니라 오직 주님의 일에 신경 쓰고 헌신해야 하는 주의 종이라 여겼기 때문이다.

나는 하나님이 나의 형편을 아시고 때를 따라 채우실 것이라는 믿음으로 견디며 생활했다. 지금도 나는 남편이 집안 일은 일절 신경 쓰지 않도록 배려하고 있다. 시대에 뒤처진 생각 같지만, 이것이 남편의 사역을 돕는 사모라 여긴다.

전도사를 거쳐 목사 안수를 받은 남편은 교회를 개척했다. 남편이 교회를 개척하려고 준비하는 과정에서 주신 은사를 사용해 병 고침의 역사가 많이 일어났다. 고침 받은 분들은 기뻐하고 감사하면서 목사님께서 개척하면 자신이 큰 몫을 감당하겠노라고 호언했는데 막상 개척한다고 하니 어디로 갔는지 다 숨어 버렸다.

남편은 홍대 입구, 고아원 강당을 1년간 빌려 예배를 드리다 사역지를 답십리로 옮겼다. 기도 가운데 하나님께서 이곳으로 갈 것을 명령하셨고 개척시에도 우리가 할 수 있는 것은 다 하고 꼭 필요한 곳에만 비용을 들였다.

하나님께서는 우리의 힘이 도저히 미치지 못할 때, 그때서야 그것을 채워주시는 분이셨다. 기도하여 응답은 받지만 우리가 해야 할 몫은 우리가 해야 한다. 그러므로 우리는 부지런히 움직여야 하며 우리가 할 것은 최선을 다해야 한다. 감나무에서 감 떨어지듯 그냥 떨어지는 것은 거의 없다. 복 받을 그릇을 준비하는 것은 우리의 몫이다.

하나님은 우리에게 좋은 것을 주고 싶어 하시는 분이시고 또 하나 우리의 일한대로 갚아 주신다는 것이 이 때 배운 믿음이다.

남편의 과로로 인한 시련

서울 장안동에서의 교회개척은 초창기엔 여러 가지 어려움이 많았다. 이 가운데 성도들의 눈물 어린 수고와 기도, 하나님의 은혜가 더해져 성전을 건축했다. 그리고 사택도 교회 가까운 곳으로 이사하게 되었다. 잠시나마 우리 가정은 안정된 생활을 하는 것 같았다. 고생이 끝나는 것 같아 기뻤다.

그러나 남편은 교회 사역과 부흥회 인도를 쉬지 않고 강행했다. 한 주도 빠짐없이 부흥회를 다녀와 교회 일에 전념하니 몸이 견뎌내질 못했다. 결국 과로로 자리에 눕게 되었다. 건강하던 남편이 쓰러지자 나는 아무 생각도 할 수 없었다. 그저 눈앞이 캄캄했다.

그 즈음 성도들이나 아는 분들이 "목사님 혈색이 너무 안 좋으세요, 얼굴색이 너무 까매요" 라는 말을 많이 들어 병원에 가서 진찰을 받으라고 권유하고 있던 때였다.

간염이라는 진단이 나왔고 상태도 중한 편이란 진단이 나오자 남편은 전주에 있는 예수병원에 입원했다. 그때 남편은 내 손을 꼭 잡으며 말했다.

"여보, 내가 젊었을 때 잘못된 행동을 많이 했는데, 그 죄 값을 이제야 받는 것 같소. 그동안 내가 당신 마음을 아프게 했다면 모두 용서해요. 그리고 나는 다시 태어나도 당신과 함께 살고 싶소."

부흥회 때 많은 사람들의 병을 고치고 여러 가지 이적과 기사를 많이 나타냈는데, 왜 남편 자신이 병에 걸려 죽게 된단 말인가. 나는 남편의 말을 생각하며 '죽으면 죽으리라'는 마음가짐으로 하나님께 매달려 기도하기로 작정했다. 어머니가 한겨울에도 차가운 물로 목욕하고 산에 올라가 기원을 하던 모습이 떠올랐다.

헛된 신을 믿는 어머니도 그런 정성을 드리는데, 참 신이신 하나님을 믿는 내가 못할 일이 무엇인가 하는 생각이 들었다. 삼각산 능력봉 제일 높은 바위 위에 올라가 나는 남편을 살려 달라고 통곡하며 기도했다. 기도한지 20일 뒤, 마음속에 두 가지 성경말씀이 새겨졌다.

"너희 염려를 다 주께 맡겨 버리라"(벧전 5:7)

"모든 것이 합력하여 선을 이루느니라"(롬 8:28)

인간의 생사화복을 하나님이 주장하신다는 말씀에 힘을 얻을 수 있었다. 병원에서는 시어머니께서 남편을 간호하고 계셨는데 조직검사 결과 간염이 간암으로 발전해 앞으로 두 달밖에 살 수 없다는 마지막 사형선고가 내려졌다.

죽으면
죽으리라

남편의 눈물어린 유언

나는 무려 20일 동안 삼각산에서 남편을 위해 철야기도도 하고 하나님께서 치유시켜 주신다는 응답도 받았는데 실상 병은 더욱더 악화되어 있으니 인간적인 갈등이 생겼다. 통증으로 괴로워하는 남편의 모습을 볼 때 정말 안스럽고 안타까운 마음을 이루 표현할 수 없었다. 남편은 통증으로 힘들어 하면서 한참 동안 나를 바라본 후 말문을 열었다.

"내가 죽으면 아이들을 데리고 어떻게 살겠소."

어느새 남편의 눈시울이 붉어져 있었다. 그때 나는 눈물을 삼키며 약한 모습을 보이지 않으려고 웃으면서 남편을 위로했다.

"모든 염려는 다 주님께 맡깁시다. 당신이 일어날 것이라 믿지만 만약 당신이 죽더라도 나는 아이들과 주님을 신랑으로 모시고 살거예요. 그러니 나와 아이들은 염려하지 말고 건강회복을 위해 노력하세요."

병원에서는 절대 안정과 휴식이 필요하다고 했다. 하지만 남편은 이래도 죽고 저래도 죽을 텐데 주님의 일이나 열심히 하다가 하나님 나라로 가겠다며 퇴원을 강행했다. 병원에 있을 때에도 남편은 쉬지 않았다. 의사, 간호사, 환자를 모아 놓고 설교를 계속했다.

퇴원한 남편은 통증이 올 때는 괴로워하면서도 평상시처럼 부흥회를 인도하고 성도들을 돌보는 일도 게을리 하지 않았다. 그러자 교회 전 성도들이 남편을 위해 철야기도를 하며 "목사님은 쉬어야 된다"고 염려했다.

증세가 멈춘 상태로 건강이 유지돼

당시 남편은 밤에 통증이 더욱 심해져서 하루 세 시간 이상은 자지 못해 얼굴이 검게 부어 있었다. 그런데도 밤낮없이 쉬지 않고 사역하는 모습을 바라볼 때 아무런 도움을 주지 못하는 나는 그저 안타까운 마음 뿐이었다.

　그렇게 계속 바쁘게 생활하는 가운데 2개월이 지났다. 남편의 병은 더 이상 악화되지 않고 멈춘 상태로 건강이 유지되는 것이었다. 남편은 이 전보다 더 많은 집회를 인도했고, 교회는 더욱 부흥되어 주일날 2부 예배까지 드리게 되었다.

　이 무렵 나에게 생각지 않던 일이 벌어졌다. 나는 신혼 초부터 시작된 응답기도회를 월요일마다 계속하고 있었다. 그런데 응답기도회 회원 중 한 집사님께서 내게 공부할 것을 권유하셨다.

　"사모님, 제가 등록금을 드릴 테니 신학공부를 더 하셔서 하나님 일을 더 많이 크게 하셨으면 좋겠어요."

　성도들과 응답기도회 회원들의 응원 속에서 나는 피어선신학대학교 3학년으로 편입해 신학을 체계적으로 공부할 수 있었다. 신학교를 졸업하고 이후 계속 신학 석사, 목회학 석사, 목회학 박사 학위까지 차례로 취득하게 되었으니 하나님께 영광을 돌리지 않을 수 없다.

　남편이 사역하는 성복교회가 크게 부흥되자 남편은 다시 성전을 지어야겠다며 계획을 세웠다. 교인들은 모두 반대했으나 지금 교회를 지어야 된다며 주장을 굽히지 않았다. 그 모습을 지켜보던 나는 그만 가슴이 덜컹 내려앉고 다리가 후들후들 떨려서 자리에서 일어 날 수 없었다.

지금 이 성전을 지을 때도 말로 표현할 수 없는 고통을 당하면서 밤낮 기도하며 마음을 졸였었다. 그런데 이제 겨우 빚을 갚고 나자 또다시 성전을 짓겠다니 걱정부터 앞섰기 때문이다.

만류하고 싶었으나 남편은 워낙 완강했다. 근심 걱정으로 잠을 제대로 이루지 못하니 기도 또한 나오지 않았다. 그렇게 며칠을 지내던 중에 이번에도 말씀으로 마음의 확신을 얻게 되었다.

말씀으로 붙잡은 은혜

"너희는 마음에 근심하지 말라 하나님을 믿으니 또 나를 믿으라"(요 14:1)

"마음의 경영은 사람에게 있어도 말의 응답은 여호와께로서 나느니라"(잠 16:1).

성경말씀에 힘을 얻고 과거에 있었던 모든 하나님의 기적과 이적 속에서 생활했던 일들이 낱낱이 떠올랐다. 남편의 주장대로 '믿는 자에게는 능치 못하심이 없는' 것이었다.

감사의 눈물을 흘리며 간절한 마음으로 다시 성전을 짓게 해달라고 기도하기 시작했다. 성전을 지을 수 있도록 남편에게 건강을 주시고 능력과 권능을 주셔서 솔로몬에게 성전을 지으라고 하실 때 이방의 모든 사람들까지 동원되었듯 우리 성복교회 예배당도 그렇게 짓게 해달라고 간구했다.

1987년, 장안평에 다시 교회 건축을 위해 대지를 마련하는데 급하게 2억원의 땅값이 필요했다. 그 큰 돈을 마련할 길이 전혀 없는 상황에서 남편은 금식하며 기도했다. 나는 남편의 건강과 교회를 위해 울며 하나님께 매달렸다. 역시 하나님께서 도움의 손길을 펴셨다. 주님의 은혜로 한국유리회장 최태섭 장로님에게 돈을 빌릴 수 있게 되어 고비를 넘겼다.

갖은 어려움을 잘 이기고 통과해 드디어 성전완공 예배를 드렸다. 그 어려운 건축과정을 잘 이겨내고 지금의 성전이 완성되었던 것이다. 그 뒤 남편의 건강도 더욱 좋아졌고, 성복교회는 더욱 부흥이 되어 주일에는 3부 예배까지 드리게 되었다. 하나님께 감사드리고 영광을 올려드렸다.

남편은 항상 부흥회와 교회일로 분주해 나는 외롭고 쓸쓸할 때가 많았다. 하지만 함께 기도하는 응답기도회 회원들을 통해 하나님의 사랑과 위로를 받았다. 그럴 때마다 인간의 생각과 마음을 감찰하시는 하나님께 감사하며, 주님이 내게 허락하신 모든 일들을 잘 감당할 수 있도록 기도했다.

남편은 내게 가정을 위한 생활비를 넉넉히 주지 않았고, 본인도 절약하고 또 절약했다. 그리고 받아온 부흥회 사례비도 모두 교회에 헌금으로 드렸다. 남편은 선교헌금과 교회건축헌금에 전념했기에 살림을 하는 나로서는 늘 아쉬웠다. 그러나 한편으론 이런 남편이 또 존경스럽기도 했다.

그리고 바쁜 생활 속에서 며느리로서 시부모님을 공경하고, 아내로서 남편을 내조하고, 어머니로서 자녀들을 교육시켜야 했다. 뿐만 아니라 사모로서 다른 모든 일보다 먼저 기도의 사명을 감당하고, 응답기도회를 인도하며, 학업에도 충실해야 했으니 내 몸은 10개라도 모자랐다.

그러나 모든 것이 부족한 중에도 이 모든 일을 할 수 있도록 건강을 허락해 주신 하나님께 감사를 드리지 않을 수 없었다. 하나님은 내게 "오직 여호와를 앙망하는 자는 새 힘을 얻으리니 독수리의 날개 치며 올라감 같을 것이요 달음박질하여도 곤비치 아니하겠고 걸어가도 피곤치 아니하리로다"(사 40:31)는 말씀처럼 언제나 새 힘을 공급해 주셨다.

신학박사 학위수여로 미국행

오랜 공부의 결실로 드디어 미국 인디애나주에 있는 트리니티 신학대학원에서 신학박사 학위를 취득하게 되었다. 나는 학위를 받으러 미국으로 가야 했기에 미국 땅을 밟는 감격과 기쁨을 억누를 수 없었다.

신학박사 코스를 열심히 공부하고 있을 때에도 문득 '내가 지금 꿈을 꾸고 있는 건 아니겠지?' 하는 생각이 들곤 했다. 내가 졸업할 때까지 계속 등록금과 모든 경비를 책임져 주신 분들께 감사했다. 특히 공부할 수 있도록 배려한 남편에게 감사한 마음을 말로 표현할 수 없었다. 나는 당시 두 아이에게 이렇게 말해 주었다.

"엄마가 공부하고 기도회 인도하는 모든 일들은 아빠께서 이해하시고 도와주시고 협력해 주셔서 가능한 일이란다. 아빠 덕분에 엄마는 너희들과 떨어져 미국에 가서 박사 학위를 받을 수 있게 된 거야. 너희 아빠 정말 멋지지?"

미국으로 출발하려고 공항에 왔는데 과거의 수많은 사건들이 주마등처럼 스치며 하나님을 향한 감사의 눈물이 두 볼을 타고 주르르 내려왔다. 12살 어릴 때 어머니의 눈을 피해 집을 떠나 서울로 오면서 하염없이 눈물을 흘리던 눈물은 슬픔의 눈물이었지만 이제 한국을 떠나 미국으로 가는 지금은 기쁨의 눈물이었다.

또 신학교 졸업식 때 많은 분들이 주신 꽃다발과 여러 가지 선물을 한 아름 안고 사진을 찍으며 감격했던 모습이 생각났다. 남편은 미국 부흥집회 인도 때문에 졸업식에 참석하지 못해 마음 한구석이 허전했던 생각, 그리고 친정 어머니와 형제들이 오지 않아 마음이 쓸쓸했던 기억이 떠올라 또 눈물이 나왔다.

내가 미국에 갈 수 있도록 모든 준비를 잘하게 해주시고, 필요할 때마다 어느 손길을 통해서든지 적절히 채워 주신 나의 아버지 하나님을 마음껏 찬양했다.

사실 부흥집회 인도를 위해 미국에 자주 다니는 남편은 나에게 한 번도 같이 가자는 말이 없어 때로는 섭섭한 마음이 들 때도 있었다. 그리고 다른 목사님들이 사모님과 같이 다니면서 여행하는 것을 볼 때마다 부럽기도 했다.

누군가 "사모님은 왜 자주 미국에 가시는 목사님을 따라 함께 여행을 떠나지 않습니까?"라고 물을 땐 대답할 말이 없어 바빠서 못 간다고만 얼버무렸는데 이제 당당하게 학위수여를 받으러 가게 된 것이다.

관광까지 시켜주신 좋으신 하나님

사실 신학교 학위 과정을 공부할 때는 몹시 힘들었다. 그러나 인내하며 나름대로 열심히 공부한 결과 학위를 수여받게 되었고, 무엇보다 꼭 가보고 싶던 선진국 미국으로 보내 주시니 그동안 하나님께 서운했던 마음이 순식간에 사라졌다.

나는 미국에 간 김에 평소 친분이 있던 H집사님 댁에서 잠시 지내기로 했다. 그 분이 한국에 와 우리 집에서 지냈기에 꼭 와 달라고 당부를 한 이유이기도 했다.

나는 미국에서 학위식을 끝내고 뉴욕 쌍둥이빌딩, 자유의 여신상, 나이아가라 폭포 등 여러 관광지를 구경하고, LA로 가서 H집사님 댁에 머물렀다. LA에서는 그분의 안내로 미 서부 그랜드캐니언, 부래스 캐니언 등 여러 관광지를 안내받아 여행했다.

H집사님은 나와 전혀 환경이 다르고 생각도 달랐지만, 주님의 사랑으로 잘 대해 주셔서 덕분에 멋진 여행을 잘 마치고 집으로 돌아왔다.

자라면서 부모님 사랑도 받아 보지 못하고, 결혼해서는 남편이 주의 일로 분주해 사랑을 제대로 받아 보지 못한 나에게 우리 하나님은 인간의 어떠한 사랑보다 더 따뜻하고 자상하게 위로해 주시며 멋진 일정이 되게 하셨다.

나는 그 은혜에 감격하여 또 한 번 눈물을 흘렸다. 그동안 열심히 사역하고 헌신한 하나님의 보너스였다고 여겨진다.

사모도 한 사람의 인간이기에 때로는 외롭고 고독하며 위로가 필요하다. 하나님께서는 힘들고 어려움 속에 있는 사모들에게 위로와 사랑을 주기 원하셨다. 그래서 그것을 받는 길은 하나님께 간절히 기도함으로 영적 교통이 이루어지고 은혜와 사람을 온 몸으로 느끼는 것이라 여겨진다. 또 예기치 못한던 복과 은혜를 허락하시곤 하는데 나의 미국 학위수여식 여행은 바로 이런 경우였다.

친정 가족들의
회심

마이동풍 같았던 친정 식구들

내가 예수 믿고 전도사가 되고 사모가 되면서 평생 해온 기도제목이 있었다. 이것은 사랑하는 친정 가족들이 예수를 잘 믿는 것이었다. 그러나 무속 집안이고 나 이외에는 신앙인이 없어서 절대로 변하지 않을 것 같던 친정 식구들이었다.

내 힘으로 어떻게 해볼 도리가 없는 친정 식구들은 꽁꽁 얼어붙은 시베리아 벌판이나 절벽 위의 낭떠러지 같은 존재였다. 그런데 오랜 세월, 수십 년간 기도할 때마다 빠뜨리지 않았던 친정구원의 기도가 첫 응답으로 나타났다.

먼저 갓난아기 때부터 나를 길러 준 어머니 같은 큰언니가 먼저 예수님을 믿기 시작했다. 큰언니는 몸이 아파 병원에 다녔으나 여러 해 동안 낫지 않아 많은 고생을 했는데 그때 주님을 영접하게 되었다.

그런데 이것이 시발점이 되어 큰올케 언니도 병중에 주님을 영접했고, 막내 동생도 교회에 다니게 되었다. 그러던 중 아버지가 돌아가시고 그렇게 완강하시던 어머니도 가족들이 교회에 다니는 것을 더 이상 반대하지 않으셨다. 할렐루야!

큰 형부 회갑 때였다. 회심한 큰 언니로부터 회갑예배를 인도해 달라고 부탁받은 나는 교회 교인 몇 분과 형부 댁으로 갔다. 그런데 우리가 도착하자 언니는 시댁 식구들이 잔을 올리고 서로 절을 한 다음 예배는 나중에 드리기로 했다며 매우 난처해 했다.

그날 친정어머니 뿐만 아니라 큰 오빠를 비롯해 우리 형제들이 거의 다 모여 있었다. 그래서 더욱 예배를 드려야겠다고 생각한 나는 담대하게 큰소리로 찬송을 먼저 부르기 시작했다. 계속 찬송을 부르자 잠시 후 조용해져서 서로 절하는 대신 자연스럽게 예배를 먼저 드리게 되었다.

그 순간 성령님이 강하게 역사하셨다. 예배드리는 것을 그토록 반대하던 친척들과 온갖 방법으로 박해하시던 우리 어머니, 형제들은 나의 강력한 설교와 영적 분위기에 압도당해 모두 예수를 믿게 되었다.

나중에 어머니는 딸이 기도를 하는데 왠지 모르게 마음이 시원해지셨다고 한다. 그때 어머니는 "나도 예수를 믿으면 좋겠는데, 여러 신들과 부처를 열심히 섬긴 내가 어떻게 하나님을 믿겠느냐"고 하셨다.

그리고 "내가 예수 믿으면 동네 사람들에게도 체면이 서지 않고 사람들에게 손가락질당할까 봐 두려워 믿고 싶지만 다음에 믿겠다"고 하셨다.

내가 예수를 믿는다고 해서 한 번도 오시지 않았던 어머니가 얼마 후 큰언니와 함께 처음으로 우리 집에 오셨다. 그날 어머니는 이것저것 구경하시고 좋아하시면서 이렇게 말씀하셨다.

고생시킨 어머니로부터 사과를 받다

"딸이 결혼해서 아이들을 둘 씩이나 낳아 학교에 다니는데 이제 처음 너희 집에 오게 되었구나. 금자야, 정말 미안하다."

이후에도 어머니가 교회에 본격적으로 나가기까지는 여러 우여곡절이 있었지만 드디어 예수님을 영접하셨다. 나는 너무나 기쁜 나머지 친정에 내려가 수개월간 어머니를 인근 교회에 모시고 다니면서 교리 공부도 도와 드리면서 교회정착을 도왔다.

그 뒤 어머니는 열심히 교회에 나가시고 기도도 하셨다. 그리고 남편의 설교 테이프를 들으셨다면서 남편을 위해 기도하신다고 말씀하셨다. 나도 응답선교회 회원들과 함께 찾아가 예배드리고 은사집회를 했는데, 어머니는 좋아하시면서 돌아올 때 정성 어린 농산물을 찾아온 모두에게 싸주셨다.

하나님께서는 우리의 기도를 꼭 들어주신다. 길고 긴 인내 속에 신 앙의 열매가 풍성하게 주어진다.

"너희 믿음의 시련이 불로 연단하여도 없어질 금보다 더 귀하여 예 수 그리스도의 나타나실 때에 칭찬과 영광과 존귀를 얻게 하려 함이 라"(벧전 1:7).

어머니가 주님을 영접한 뒤 나는 목사의 아내요, 어머니는 성도이므 로 우리 사이는 약간의 거리를 두고 가르치고 배우는 입장이 되었다. 과거에는 신앙의 적이었지만 지금은 스승과 제자 사이가 된 것이다. 하지만 아주 가끔은 여느 모녀 사이처럼 어머니와 그동안 나누지 못 했던 따뜻한 정을 느끼고 싶어 안타까운 마음이 들 때도 있다.

결론적으로 우리가 기도하면 도저히 열릴 것 같지 않던 문이 하나님 의 때에 열리는 법이기에 조급해 하거나 하나님을 원망해서는 안된다 는 사실이다.

"천하에 범사가 기한이 있고 모든 목적이 이룰 때가 있나니 날 때가 있고 죽을 때가 있으며 심을 때가 있고 심은 것을 뽑을 때가 있으며 죽을 때가 있고 치료시킬 때가 있으며 헐 때가 있고 세울 때가 있으 며 울 때가 있고 웃을 때가 있으며 슬퍼할 때가 있고 춤출 때가 있 으며 돌을 던져 버릴 때가 있고 돌을 거둘 때가 있으며 안을 때가 있고 안는 일을 멀리 할 때가 있으며 찾을 때가 있고 잃을 때가 있으며 지킬 때가 있고 버릴 때가 있으며 찢을 때가 있고 꿰맬 때가 있으며 잠잠할 때가 있고 말할 때가 있으며 사랑할 때가 있고 미워할 때가 있으며 전쟁할 때가 있고 평화할 때가 있느니라"(전3:1~8)

이처럼 세상 모든 일에는 다 주님의 때가 정해져 있는 것이므로 전도 역시 절대로 지나치게 강요해서는 안 된다. 다시 말해 교회 나오기 싫다는 사람을 억지로 끌고 나와서는 효과가 없다는 얘기다. 전도를 하기 위해서는 사람끼리 먼저 신뢰가 쌓여야 한다. 신뢰 없이 이루어진 전도는 전도 받은 사람이 교회에 정착하지 못하고 얼마 지나지 않아 교회를 떠나는 결과로 나타난다.

친정어머니 대신 받은 시어머니 사랑

결혼 전에 그토록 반대를 하시던 시어머니는 일단 며느리가 되자 나를 친딸처럼 귀하게 여겨 주셨다. 시어머니 신옥매 권사님은 열여덟 살에 결혼해 마흔두 살에 홀로 되셨는데, 수많은 역경과 고난을 오직 믿음으로 이겨내면서 8남매 모두를 신앙 안에서 아주 훌륭하게 키우신 분이다.

어머니는 항상 "이스라엘 백성들이 40년 동안 광야생활을 할 때 하나님께서 구름기둥과 불기둥으로 인도하시고 만나와 메추라기를 먹여 주셨던 것처럼, 언제나 하나님께서 함께 해주셨기에 남편 없이 8남매를 잘 키울 수 있었다"고 말씀하셨다.

정말 어머니의 말대로 8남매 모두 신앙 안에서 그렇게 잘 자랐을 수가 없다. 장남은 성복교회 시무장로님으로 계셨으며 차남이 이태희 목사이며 지금은 소천하신 삼남 이경희 목사까지 주의 종이 되었다. 딸들도 모두 성가대, 구역장, 여전도회 회장 등으로 교회에 헌신하고 사명을 잘 감당하는 믿음 좋은 권사님, 집사님들이 되었다. 이것이야 말로 어머님 평생의 자랑이요, 기쁨이었다.

내가 처음 시집와서 어머니를 뵈었을 때는 엄하기도 하고 무섭기도 했다. 하지만 어머니는 언제나 신앙 안에서 이해해 주시고 나의 부족한 면을 사랑으로 채워주셨다. 그래서 어떤 때는 남편보다 어머니가 더 그립고 보고 싶을 때가 많다.

한번은 시어머니가 미국여행을 다녀오신 적이 있었다. 미국에서도 어머니는 아침에 일어나면서부터 밤에 잠자리에 들 때까지 내 모습이 자꾸 아른거렸다면서 "지금 내가 이렇게 호강하고 영광의 자리에 있는 것은 다 며느리 덕분"이라고 고마워하셨다.

해드린 것이 아무것도 없는데, 이렇게 유독 사랑해주시니 너무나 감사했다. 어릴 때부터 어머니한테 핍박받느라 따뜻한 부모님의 사랑을 제대로 알지 못했는데, 시어머니는 내게 진정한 모녀의 정이 무엇인지 알게 해주셨다. 나는 너무나 감사했고 성경 룻기를 읽으면서 1장 17절 말씀이 너무나 공감이 되었다.

"어머니께서 죽으시는 곳에서 나도 죽어 거기 장사될 것이라 만일 내가 죽는 일 외에 어머니와 떠나면 여호와께서 내게 벌을 내리시고 더 내리시기를 원하나이다"(룻1:17)

목사 안수를
받기까지

　내가 목회자의 부인이 되고 사모들을 대상으로 응답선교회를 이끌어 오며 일어난 이후의 여러 간증은 이 책 3부와 4부에서 더 소개되기에 1부 간증은 내가 목사 안수를 받는 내용까지 정리하고 마치려한다.

　하나님께서는 내가 사모의 자리에만 있지 않게 하시고 사모들을 위한 응답선교회를 이끌게 사역을 맡겨 주셨다. 이 과정에서 기도의 능력이 얼마나 큰 지 깨닫게 하시고 느끼게 하시고 내게 기도의 능력까지 부어 주셨다.

　그리고 그동안 '응답기도회'란 이름으로만 활동해 왔으나 그 선교범위를 넓힌다는 의미로 이름을 '응답선교회'로 바꾸었다.

이렇게 하나님의 특별한 은총이 있었기에 오늘의 응답선교회나 내가 있는 것이다. 또 응답기도회원들의 모임인 응답선교회가 주최한 사모세미나에서 은혜 받은 사모들이 모여 더 큰 기도모임이 될 수 있었고 그 영향력과 파워도 커져갈 수 있었다.

이 책 여러 곳에서도 소개되었지만 응답선교회에서 기도함으로 일어난 하나님의 놀라운 역사와 기적은 이루 헤아릴 수 없이 많다. 그래서 내가 어디가든 '기도는 하늘보좌를 움직이는 마스터 키'라고 강조하며 기도의 중요성을 강조하곤 했던 것이다.

그런데 이 기도 사역이 시간이 흐르고 경륜이 생기면서 사모들 뿐만 아니라 사모들의 남편인 목사님들도 응답기도회의 사역과 결실에 관심을 갖고 배우려고 하셨다.

우리 응답선교회 입장에서는 매우 고무적이고 바람직한 일이라 대환영이었다. 이 기도운동이 목사님에게도 널리 퍼져 나가 확산되어 한국교회 전체에 기도운동이 파급된다면 이 보다 더 좋은 일이 없기 때문이었다.

그런데 이렇게 기도사역을 하면서 몇 가지 대두되는 문제가 있었다. 그것은 교회에 큰 문제가 생겼거나 질병으로 고통 가운데 있는 목사님들이 응답선교회에 오셔서 기도를 받으시길 원하는 경우가 종종 있었다.

우리 회원들 모두가 중보하고 통성으로 기도해 드리지만 내게 상담도 요청하고 기도하는 목사님들은 거의 안수기도를 원하셨다. 그러나 나는 목사님께 손을 얹고 기도하기가 민망했다. 내가 목사가 아니어서 안수를 하는 것이 아니라고 판단한 것이다.

물론 나도 전도사 시절을 보냈고 사역활동을 했지만 지금은 사모로써 기름부음을 받은 주의 종을 위해 기도하는 것은 좋은데 안수 문제에 걸리곤 했던 것이다.

제가 목사님들의 환부에 손을 얹고 기도하면 목사님들은 그 손을 자신의 머리에 올리기도 하셔서 절로 안수기도의 형태가 되곤 했다.

더구나 입원 중인 병원에 심방을 가서 기도할 때도 역시 손을 머리 위에 얹으려 하셨다. 안수기도를 간절히 원하시는 목사님들에게 나는 사모이기에 안수를 할 수 없다며 거절하는 것도 개운치 않았다. 이후 소천하신 목사님들을 생각하면 불편한 마음이 들 때가 여러 번 있었다.

그러자 응답선교회 회원들 가운데 열심히 공부하여 목사안수를 받은 사모님들이 여럿 계셨는데 하나같이 내게 응답선교회의 원활한 사역을 위해 목사 안수를 받을 것을 권면했다.

나는 기도에 들어갔다. 내가 나이도 있는 상태에서 목사안수를 받는 것이 과연 필요한 것인지 깊이 생각하며 기도했던 것이다. 그런데 내가 목사가 되어 하늘나라가 확장되고, 기도사역이 더 커질 수 있는 계기가 된다면 받는 것이 좋다는 응답을 받았다.

그리고 이왕 목사 안수를 받으려면 제대로 된 교단에서 제대로 된 강도사 및 목사과정을 다 이수하고 정식 시험을 거쳐 받기로 했다.

그래서 2020년 예장합동중앙총회에서 신학목회학술원 박사과정을 다시 공부하고 강도사를 거쳐 목사고시에 통과해 2021년 12월 10일 목사안수를 받았다.

내가 기독교인이 되어 하나님께 주의 종이 될 것을 서원하고 사역을 시작한지 48년만이었다.

나는 목사안수를 받는 날, 하나님께 깊은 감사기도를 드리며 목사로써 제2의 사명을 감당할 것을 다짐했다.

"하나님 아버지 감사합니다. 죄 가운데 죽을 수밖에 없는 무속인의 딸로 태어난 저를 주의 자녀 삼아 주시고 숱한 고난과 시련의 파도를 이기게 하신 것 다시 한번 감사드립니다. 목사 사모로써 기도의 중요성을 일찍 깨닫게 하심으로 응답선교회를 이끌게 하시고 이 땅의 사모들과 성도들에게 천국을 여는 기도의 비밀을 나누게 하셨습니다. 이제 사역의 마무리를 목사로 안수해 주심으로 사역의 지경을 넓혀 주심을 감사드립니다. 주신 직분 잘 감당하고 유종의 미를 거두는 하나님의 종으로 부족함이 없게 하여 주시옵소서."

하나님께서 새 직분을 주신 만큼 건강도 허락하셔서 응답선교회 사역을 더 열심히 하며 이 땅의 소외되고 고통받는 이웃들을 위한 관심과 사랑에도 정성을 쏟고자 한다.

좋으신 하나님께 감사와 영광과 존귀를 올려 드린다. 할렐루야!

凡

事

感

謝

너는

복의

근원이

될지라

너는

ㅇㅣㅈㅣㄱ

에수

창세기 십이 장 일 절

Part 2

나의 하나님,
우리의 하나님

예오
수직

二〇一六年 文岩

기독교인은 세상 사람들과
무엇이 달라야 하는가?

"십자가의 도가 멸망하는 자들에게는 미련한 것이요 구원을 얻는 우리에게는 하나님의 능력이라"(고전1:18)

우리 크리스천은 인생을 살면서 세상 사람들과 뭔가 구별되어야 합니다. 신앙인이라고 하면서 안 믿는 세상 사람들과 똑 같다면 이는 바른 크리스천이라고 할 수 없습니다. 여기에 저는 신앙인으로 누구나 마음 먹으면 할 수 있고, 또 꼭 달라져야 하는 4가지를 제시하고 싶습니다.

첫째는 하나님이나 사람 앞에서 진실함이고 둘째는 어떤 상황을 만나도 조용히 기도하는 침착함입니다. 셋째는 급한 마음을 먹지 말고 두루두루 앞뒤를 생각해 보고 신중히 판단, 행동하는 것입니다. 마지막 넷째는 내게 주어진 삶을 열심히 살고 적극적으로 임하며 나태하지 말아야 한다는 것입니다.

기본적으로 이 4가지를 잘 지키려면 인내가 따르고 기도의 터가 닦여져야 잘 지킬 수 있게 됩니다. 성경에서 기독교인은 "근심하는 자 같으나 항상 기뻐하고 가난한 자 같으나 많은 사람을 부요하게 하고 아무 것도 없는 자 같으나 모든 것을 가진 자로다"(고후6:10)라고 가르칩니다.

우리가 주님 안에서 기도가 쌓이고 이 4가지를 자연스럽게 습득하게 되면 삶에서 절제의 은사가 따라오게 됩니다. 그것은 기도하는 자들에게 하나님께서 주시는 선물입니다. 그래서 앉아야 할지, 서 있어야 할지, 가야 할지 안 가야 할지, 해야 할지 하지 않아야 할지 상황에 따라 분별의 지혜를 얻게 됩니다.

주변의 칭찬을 받거나 좋은 일이 생겨도 풍선처럼 붕 뜨지 않고, 교만하지 않게 되는 것이 기도하는 크리스천의 특징입니다. 많이 아는 것처럼, 많이 가진 것처럼, 뭘 할 줄 아는 것처럼 결코 잘난 척 하지 않습니다.

나는 검소하게 드리기는 넉넉하게

그리고 내 생활은 검소하게 하고 하나님께 드리기는 넉넉한 마음으로, 봉사는 열심히, 또 즐겁게 하는 것이 하나님을 기쁘시게 해드리는 것이라고 저는 생각합니다.

성경에 "가난한 자를 불쌍히 여기는 것은 여호와께 꾸이는 것이니 그 선행을 갚아 주시리라"(잠19:17)는 말씀이 있습니다.

헌신도, 봉사도, 기도도 많이 해야 하지만 인간이 하나님을 알아 바른 신앙을 가지려 해도 이런 바른 지혜를 깨닫지 못하면 한 자리만 뱅뱅 도는 것입니다.

반면 하나님은 우리를 너무도 잘 아십니다. 하나님께서 우리에게 시간과 물질을 드리라고 하는 것은 하나님께서 우리의 것이 필요해서가 아니라 더 좋은 것으로 채워 주시기 위해서 드리라고 하는 것임을 잊지 말아야 합니다.

어떤 집사님이 돈 만원 쓰기를 벌벌 떨며 아까워했습니다. 주님 위해 물질을 심으라고 해도 인색해 하는 그런 분이었습니다. 그래서 열심히 아끼고 절약해 수 억원을 모았는데 한순간에 날려버리는 안타까운 일을 당했습니다.

아등바등 거지 않고 그동안 풍족하게 쓰고 드릴 수 있는 물질을 순식간에 잃은 것은 그 집사님이 영적 균형을 잃었기에 육적 균형도

잃게 된 것입니다. 미혹과 욕심이 그 집사님을 삼켜 일순간에 다 잃어버린 것입니다.

성령님이 우리에게 주시는 마음은 어떤 일에도 평안하고, 즐겁고, 기쁘고, 행복한 것입니다. 된장찌개를 먹어도 마음이 즐겁지만 호텔의 비싼 스테이크를 먹어도 마음이 불편한 경우가 있습니다.

누가 무엇을 하느냐에 따라서 상대방의 태도가 달라집니다. 작은 돈으로도 명품을 얻을 수 있고, 자기가 쓰려고 감춰둔 물건도 마음이 열려 선뜻 상대방에게 아낌없이 줄 수 있는 것입니다.

성경에 "이르시되 너희 맞은편 마을로 가라 그리로 들어가면 아직 아무 사람도 타 보지 않은 나귀 새끼의 매여 있는 것을 보리니 풀어 끌고 오너라 만일 누가 너희에게 어찌하여 푸느냐 묻거든 이렇게 말하되 주가 쓰시겠다 하라 하시매"(눅19:30~31)란 내용의 말씀을 기억하시길 바랍니다.

하나님은 그 어떤 것도 만들어 쓰시고 또 넘치게도 부어 주시고 순식간에 사라지게도 하시는 전능의 하나님이십니다. 그러므로 내게 주어진 상황을 받아들이고 감사하며 주님이 기뻐하실 일을 찾아 나가야 합니다.

인간의 욕심은 끝이 없습니다. 나귀 타면 종을 부리고 싶고, 종을 부리면 더 높아지고 싶습니다. 우리는 날마다 일어나면서부터 내 주변에 수북하게 쌓여있는 축복도 모르고 감사하지도 않고 살아가고 있습니다.

은혜 담을 그릇을 깨끗하게

감사를 입에 달고 살아야 합니다. 그 어떤 것도 감사하지 못할 것이 없습니다. 하나님을 믿는 우리는 앞에서 설명한 대로 세상 사람들과는 다른 모습을 보여줄 수 있어야 하며 이것은 기도의 응답이요, 말씀대로 살려고 노력하는 것에 대한 선물입니다.

우리가 하나님께 기도하면 이런 좋은 성품을 얻을 마스터키를 받았는데 이 키(Key)가 녹슬지 않게, 부러뜨리지 않게, 잘 사용해야 할 것입니다. 기도의 마스터키를 잃어버린 분은 빨리 찾고, 없는 분은 빨리 받으시길 주님의 이름으로 축원합니다.

성경에 "토기장이가 진흙 한 덩이로 하나는 귀히 쓸 그릇을 하나는 천히 쓸 그릇을 만드는 권이 없느냐"(롬9:21)고 했습니다.

여러분 식물을 키울 때 전지(剪枝)를 해주어야 합니다. 전지는 식물의 겉모양을 고르게 하고 웃자람을 막으며, 과실의 생산을 늘리기 위하여 곁가지 따위를 자르고 다듬는 것입니다.

분재도 전지가 필요하고, 과일나무도 전지가 꼭 필요합니다. 전지를 한 나무가 아름답고 쓸모 있듯이 사람도 전지(신앙교육)를 받아야 합니다. 가지치기를 하고 썩은 것을 도려낼 때 힘들고 아파도 기도하며 예수님께 직접 전지를 받는 크리스천이 되어야 합니다.

하나님께서 전지를 해 주시려면 우리가 그릇을 깨끗하게 닦고 기다려야 합니다. 기도와 말씀묵상, 예배는 하나님을 영화롭게 하며 우리가 하나님으로부터 은혜를 공급받는 원천이 됩니다.

하나님은 예배를 중요시하며 은혜 줄 자를 찾으시기에 나를 위한 기도 보다 남을 위한 중보기도를 많이 해야 합니다. 이렇게 중보기도 할 때, 즉 주변의 기도를 많이 하게 될 때 영의 눈이 빨리 뜨게 되는 것을 보게 됩니다.

영의 눈을 뜨고 영권(靈權)을 가져야 합니다. 영권 없이 주의 일을 하려는 것은 잠겨진 대문을 열쇠 없이 들어가려는 것과 같습니다. 열쇠가 없으니 들어갈 때 문을 뜯고 들어가고, 나갈 때에 잠그지 못하고 나가고, 영권이 없으면 이렇게 사역이 힘든 것입니다.

또 예배시 목사님 말씀에 은혜 받을 수 있도록 마음 문을 활짝 열어야 합니다. 말씀을 전하는 이가 아무리 어려도 또 부족해 보여도 그 속에서 은혜를 찾으면 은혜가 나오는 것입니다. 그러기 위해서는 사람이 예배에 끌려 다니지 말아야 하며 어떤 상황에서도 원망도 투정도 말아야 합니다.

저는 에베소서 3장16~19절 말씀을 아주 좋아하며 자주 묵상합니다.

"그 영광의 풍성을 따라 그의 성령으로 말미암아 너희 속 사람을 능력으로 강건하게 하옵시며 믿음으로 말미암아 그리스도께서 너희 마음에 계시게 하옵시고 너희가 사랑 가운데서 뿌리가 박히고 터가 굳어져서 능히 모든 성도와 함께 지식에 넘치는 그리스도의 사랑을 알아 그 넓이와 길이와 높이와 깊이가 어떠함을 깨달아 하나님의 모든 충만하신 것으로 너희에게 충만하게 하시기를 구하노라"

세상과 다른 크리스천의 모습

제가 앞에서 말씀드린 내용들이 이 성경말씀에 다 함축되어 있습니다. 교회 열심히 나간다고 진실한 기독교인이 되는 것이 아닙니다. 바른 신앙인으로 살아가는 것이 쉽지 않습니다. 항상 기도하고 하나님 말씀을 머릿속에 기억해 필요시 그 말씀을 꺼내 놓을 수 있어야 합니다.

화분의 나무는 3~4일에 한 번씩 물을 줘야 되지만, 정원에 있는 나무는 1~2주에 한번 씩 물을 줘도 되고, 시냇가에 있는 나무는 물을 안 줘도 가뭄이 들어도 끄떡없이 잘 자랍니다.

우리의 삶이 시냇가의 나무처럼 되길 원합니다. 어떤 어려움이 있어도 주 안에서 잘 자라길 원합니다. 그래서 역시 기독교인은 안믿는 세상 사람들과 다르다는 것을 삶에서, 행동에서 보여 줄 수 있어야 합니다.

그래서 우리를 보고 나도 예수를 믿어야겠다고 하는 사람이 생긴다면 이것이야말로 우리가 세상 사람들과 구별되고, 하나님이 기뻐하시는 진정한 크리스천이 되는 것이라 여겨집니다.

저나 여러분이 이 구별된 크리스천이 되도록 함께 노력하며 기도하시길 주님의 이름으로 축원합니다.

바른 신앙인의
자세

"구하라 그러면 너희에게 주실 것이요 찾으라 그러면 찾을 것이요 문을 두드리라 그러면 너희에게 열릴 것이니 구하는 이마다 얻을 것이요 찾는 이가 찾을 것이요 두드리는 이에게 열릴 것이니라 너희 중에 누가 아들이 떡을 달라 하면 돌을 주며 생선을 달라 하면 뱀을 줄 사람이 있겠느냐 너희가 악한 자라도 좋은 것으로 자식에게 줄 줄 알거든 하물며 하늘에 계신 너희 아버지께서 구하는 자에게 좋은 것으로 주시지 않겠느냐 (마7:7~11)

보이려는 행복과 진정한 행복

우리는 인생을 살면서 하나님이 우리에게 주시는 은혜와 축복에 대해 잘못된 인식을 가지고 있는 것 같아 안타까울 때가 많습니다. 내가 높은 직위의 명예를 가지고 물질을 많이 소유하고 있고, 좋은 일을 많이 해서 이웃에 존경을 받고 있는 것이 성공한 인생이라고 여기는 경우가 많습니다. 그렇지만 이것을 뒤짚어 보면 실상 그 사람들은 행복하지 않은 경우가 많습니다.

직위나 명예를 지키기 위해서 늘 바쁘게 움직여야 하고, 물질은 늘 어나면 늘어날수록 더 큰 욕심이 생기고, 실상 주위의 존경을 받는 부분도 보여주기식이나 과대평가 되어 나온 결과가 많습니다.

남들이 보기엔 대단하고 그럴듯해 보여도 실상 그 안을 깊이 들어가면 속빈 강정일 경우가 많다는 이야기입니다. 그러므로 남들이 보기엔 허술해 보이고 별 볼일 없는 인생 같아도 속이 꽉 차 있고 기쁨과 감사, 은혜와 사랑으로 넘치는 인생이라면 이 삶이야말로 진정 성공한 인생입니다.

하나님은 가진 것 없어도 내가 원할 때 만들어 주시고, 부족할 때 채워주시고, 어려움이 있으면 해결해 주시는 분이십니다. 하나님과 깊은 교제에 들어가면 그 어떤 문제도 해결되었다고 여기는 것은 그 안에 은혜가 충만하기 때문입니다. 어떤 상황도 은혜로 받아들이면 자족하게 되고 감사가 넘치게 됩니다.

그러나 막상 우리가 하나님 뜻대로 살며 그 음성을 따라 움직이는 것은 매우 힘듭니다. 깊은 영적 세계에 들어가는 것이 쉽지 않습니다. 이곳은 좁은 문입니다.

성경은 우리에게 "좁은 문으로 들어가라 멸망으로 인도하는 문은 크고 그 길이 넓어 그리로 들어가는 자가 많고 생명으로 인도하는 문은 좁고 길이 협착하여 찾는 이가 적음이니라"(마7:13~14)고 말합니다.

미신과 우상을 강한 기도로 물리쳐야

신앙생활하는 것이 예배 드리고 성경만 읽는다고 되는 것이 아닙니다. 하나님 말씀을 깊이 새기고 그 안에서 삶으로 우러나와야 합니다. 영성이 자연스럽게 우러나와 타인들에게 감동을 줄 수 있어야 합니다. 역시 크리스천은 무엇인가 다르다는 것을 깨닫게 해 주어야 합니다.

저는 한국의 크리스천들이 특별히 기도를 많이 해야 한다고 생각합니다, 그 이유는 우리나라는 미신과 우상을 많이 숭배한 나라여서 기도가 잘 되지 않고 영적 공격이 심합니다. 철저히 대비하고 기도로 무장하지 않으면 오히려 당하고 맙니다.

그런데 막상 기도하려면 힘들고 잘 되지 않습니다. 기도줄을 잡기가 힘이 듭니다. 피곤하다고 미루고 바쁘다고 미루고 과연 기도가 응답될까 의심도 듭니다.

그러나 하나님은 기도하는 자를 지명하여 일을 시키시고 이루시며 역사를 만들어 가십니다. 하나님의 뜻을 깨달아 움직일 수 있어야 하기 때문입니다. 소통이 안 되면 일을 할 수 없습니다.

"들의 모든 나무가 나 여호와는 높은 나무를 낮추고 낮은 나무를 높이며 푸른 나무를 말리우고 마른 나무를 무성케 하는줄 알리라 나 여호와는 말하고 이루느니라 하라"(겔17:24)

이 말씀을 보면 하나님께서 자녀된 우리를 한번 씩 이 모양 저 모양으로 뒤집으십니다. 그것은 나에게 축복을 주시려는 과정으로 받아들일 수 있습니다. 그릇이 안 된 사람은 훈련을 더 받아야 합니다.

"여호와께서 말씀하시되 오라 우리가 서로 변론하자 너희 죄가 주홍 같을 지라도 눈과 같이 희어질 것이요 진홍 같이 붉을지라도 양털 같이 되리라"(사1:18)

믿음으로 순종하는 신앙

하나님은 우리가 항상 회개하여 주님과 함께 동행 하시기를 원하십니다. 주님과 진정으로 동행하고 그 말씀에 순종하는 삶은 실패가 없습니다. 설사 실패한 것처럼 보일지라고 실상은 성공한 것입니다. 앞에서도 이야기했지만 보여지는 것이 다가 아닙니다.

힘들고 어려워도 믿음으로 순종해야 합니다. 그 순종은 그 누구를 위해 하는 것이 아니고 바로 나를 위해 하는 것임을 알아야 합니다. 기도 역시 의무감으로 하는 것이 아니고 깊은 애정과 사랑으로 해야 합니다. 하나님 앞에선 믿음을 가지고 순종하며 환경을 바라보지 말고 전진해야 합니다.

이런 면에서 로마서 1장 14~17절은 우리에게 큰 은혜를 줍니다.

"헬라인이나 야만이나 지혜 있는 자나 어리석은 자에게 다 내가 빚
진 자라 그러므로 나는 할 수 있는대로 로마에 있는 너희에게도 복
음 전하기를 원하노라 내가 복음을 부끄러워하지 아니하노니 이 복
음은 모든 믿는 자에게 구원을 주시는 하나님의 능력이 됨이라 첫
째는 유대인에게요 또한 헬라인에게로다 복음에는 하나님의 의가
나타나서 믿음으로 믿음에 이르게 하나니 기록된 바 오직 의인은 믿
음으로 말미암아 살리라 함과 같으니라"

세상 떡과 천국의 떡

크리스천들은 환경을 바라보지 않았으면 좋겠습니다. 육신은 좋아
도 영적인 것이 손해면 과감하게 하지 말아야 합니다. 세상에서 하고
싶은 것 다 하면 하늘나라에서 할 것이 없습니다. 접을 것은 눈감고
접어야 하는 것이 신앙인의 몫입니다. 세상 떡과 천국의 떡을 다 먹으
려다가 둘 다 놓치게 됩니다.

"구하라 그러면 너희에게 주실 것이요 찾으라 그러면 찾을 것이요
문을 두드리라 그러면 너희에게 열릴 것이니 구하는 이마다 얻을 것
이요 찾는 이가 찾을 것이요 두드리는 이에게 열릴 것이니라 너희 중
에 누가 아들이 떡을 달라 하면 돌을 주며 생선을 달라 하면 뱀을

줄 사람이 있겠느냐 너희가 악한 자라도 좋은 것으로 자식에게 줄 줄 알거든 하물며 하늘에 계신 너희 아버지께서 구하는 자에게 좋은 것으로 주시지 않겠느냐"(마7:7~11)

남편이 베트남으로 여행가는 부부동반 목회자 모임이 있는데 이번에는 꼭 같이 가자고 간청을 했지만 응답기도회 모임 이끌어 가는 것이 내 사명이라 빠질 수 없어 거절했습니다. 사실 저도 여행을 가고 싶었고 남편에게도 참 미안했습니다.

평택대학교에서 교수로 초빙을 받았지만 처음에 못한다고 이야기한 것은 제겐 이 응답기도회 모임이 더 중요하고 사명이 컸기 때문입니다. 남들은 그 얻기 힘든 교수 자리를 마다하느냐고 말렸지만 이것은 좁은 길을 걷는 자의 삶입니다. 사람으로선 할 수 없고 하나님만이 하실 수 있기에 이것도 은혜라고 생각합니다.

"너희 중에 싸움이 어디로, 다툼이 어디로 좇아 나느뇨 너희 지체 중에서 싸우는 정욕으로 좇아 난 것이 아니냐 너희가 욕심을 내어도 얻지 못하고 살인하며 시기하여도 능히 취하지 못하나니 너희가 다투고 싸우는도다 너희가 얻지 못함은 구하지 아니함이요 구하여도 받지 못함은 정욕으로 쓰려고 잘못 구함이니라"(약4:1~3)

삶의 1순위를 하나님께 두어야

저는 주변에서 비싼 이자 받는 맛에 자신이 아끼고 모았던 돈을 조금씩 조금씩 빌려 주었다가 나중엔 코가 꿰여서 할 수 없이 계속 빌려 주지 않을 수 없는 상태가 되고 결국엔 다 떼이고 만 미련한 성도를 자주 보곤 합니다.

열심히 모은 돈을 엉뚱한 곳에 다 털어 넣는 것입니다. 참으로 어리석은 사람입니다. 욕심만 있었을 뿐 미련하고 주님이 주시는 지혜가 없기 때문입니다.

크리스천은 불평 불만이 생기거나 신앙인으로 바르지 못한 욕심과 탐심이 들어올 때 잠시 성령의 밧데리가 나갔다고 생각하면 좋겠습니다. 불평은 마음에 마귀가 집을 짓는 것입니다.

눈에 보이는 것이 없어도 환경은 보지 말고 믿음으로 기도하고 전진하면 하나님의 인도함을 받을 수 있습니다.

우리는 삶의 1순위를 언제나 하나님께 두어야 합니다. 그리고 우리의 삶도 적극적이고 생산적이 되어야 합니다. 하나님께 모든 것을 맡기고 미루는 것은 잘못된 행동입니다. 내 기도와 내 헌신, 내 순종의 몫에 최선을 다하면서 그 위에 부어주실 하나님의 은혜와 축복을 기대하는 저와 여러분이 되었으면 좋겠습니다.

기도의 만능열쇠를
찾아라

"우리의 씨름은 혈과 육에 대한 것이 아니요 정사와 권세와 이 어두움의 세상 주관자들과 하늘에 있는 악한 영들에게 대함이라"(엡 6:12)

하늘 문을 여는 열쇠

저는 말씀을 전할 때 우리가 생활에서 많이 사용하는 열쇠(Key)를 예로 들어 설교를 많이 합니다.

요즘 누구나 열쇠를 한 두개 이상 갖고 있습니다. 집 열쇠는 기본이고 자동차, 사무실, 책상 서랍 등 갖가지 열쇠들이 정말 많습니다. 요즘은 지문이나 번호키로 점점 대체되고 있지만 예전엔 열쇠를 잃어버리면 수리공을 불러 새로 열쇠를 맞추거나 아니면 자물쇠를 바꾸어야 했기에 여간 불편하지 않았습니다.

그래서 열쇠를 잘 보관하느라 신경들을 많이 썼던 것을 기억합니다. 저 역시도 사용하는 열쇠들이 모두 쇠로 되어 무겁기도 하고 일일이 어느 자물쇠가 어느 열쇠와 맞는지 헷갈려 수없이 맞춰보며 시간낭비를 했던 기억이 납니다.

이 때마다 제게 든 생각이 있었습니다. '이 모든 것을 단번에 열 수 있는 만능열쇠(마스터키)가 있다면 얼마나 좋을까' 하는 것이었습니다. 보통 호텔에서는 지배인이나 청소부가 모든 방을 열 수 있는 마스터키를 가지고 있습니다.

그래서 가끔씩 키를 깜박 잊고 방에 두고 나온 손님이 부탁하면 지배인이 잠긴 방문을 순식간에 마스터키로 열어주곤 합니다. 그런데 이 마스터키가 만약 도둑의 손에 들어간다면 큰 일이 생길 것입니다.

저는 하나님께서도 믿는 자에게 하늘 문을 열 수 있는 천국의 마스터키를 주셨다고 믿습니다. 그런데 이상하게도 요즘 사람들은 바쁘다는 핑계로 이 소중한 마스터키를 묵혀두는 경우가 많아 참 안타깝습니다. 바로 옆에 마스터키를 두고도 힘들게 문제와 씨름을 하고 있는 것을 보면 더욱 더 그렇게 느껴집니다.

천국을 얻는 만능열쇠는 기도

그렇다면 지금 우리가 사용하지 않고 묵혀두고만 있는 천국의 마스터키는 과연 무엇일까요. 그것은 바로 기도입니다. 요즘 사람들은 너무 바빠서 기도할 시간이 없다고들 합니다. 하지만 사람이 시간에 끌려 다녀서는 결코 안됩니다.

특히 주의 사명을 받은 목회자나 사모들은 시간 조절을 잘해서 기도를 수시로 자주, 또 많이 해야 합니다. 목회자는 예배시간에 모든 성도들이 말씀에 은혜를 받을 수 있도록 끊임없이 기도해야 합니다.

우리가 기도할 때 하늘 문을 여시고 하나님께서 모든 문제를 해결해 주시기에 기도야말로 진정한 천국의 마스터 키인 것입니다. 그렇다면 기도의 마스터키는 어떻게 역사하는 것일까요.

"믿음은 바라는 것들의 실상이요 보지 못하는 것들의 증거니 선진들이 이로써 증거를 얻었으니라 믿음으로 모든 세계가 하나님의 말씀으로 지어진 줄을 우리가 아나니 보이는 것은 나타난 것으로 말미암아 된 것이 아니니라 믿음으로 아벨은 가인보다 더 나은 제사를 하나님께 드림으로 의로운 자라 하시는 증거를 얻었으니 하나님이 그 예물에 대하여 증거하심이라 저가 죽었으나 그 믿음으로써 오히려 말하느니라 믿음으로 에녹은 죽음을 보지 않고 옮기웠으니 하나님이 저를 옮기심으로 다시 보이지 아니하니라 저는 옮기우기 전에 하나님을 기쁘시게 하는 자라 하는 증거를 받았느니라 믿음이 없이는 기쁘시게 못하나니 하나님께 나아가는 자는 반드시 그가 계신 것과 또한 그가 자기를 찾는 자들에게 상 주시는 이심을 믿어야

할지니라"(히11:1~6)

이 히브리서 11장이 보여주는 이 믿음이 바로 기도의 마스터키를 움직이는 원동력입니다. 믿음은 하나님에 대한 전적인 신뢰를 바탕으로 합니다. 하나님께서 나를 도와주실 것이라는 전폭적인 신뢰인 것입니다. 하나님이 역사하신다는 것에 대해 조금도 흔들리지 않는 믿음을 가지고 기도하는 것입니다.

"주님 제가 믿음이 없습니다. 나를 불쌍히 여기소서. 제게 믿음을 주소서. 저를 도와 주시옵소서."

기도는 믿음의 바로미터

이것이 믿음이 필요한 사람이 부르짖어야 할 가장 기초적이고 가장 근본적인 기도의 외침입니다. 바로 믿음의 기도인 것입니다. 여기에는 믿음의 부족함을 채울 수 있는 간절함이 있어야 합니다. 내 믿음의 연약함을 보충하는 간절함, 내가 하나님의 뜻을 제대로 알지 못하기에 매달릴 수밖에 없는 그런 간절함이 있어야 한다는 이야기입니다. 나를 불쌍히 여겨 달라고, 내가 하나님의 뜻을 온전히 알지 못하니 그 뜻을 깨닫게 해달라고 호소하는 기도, 그것이 바로 믿음의 기도인 것입니다.

히브리서 11장 6절에 "믿음이 없이는 기쁘시게 못하나니 하나님께 나아가는 자는 반드시 그가 계신 것과 또한 그가 자기를 찾는 자들에게 상 주시는 이심을 믿어야 할지니라"고 하신 것처럼 믿음의 기도를 할 때 우리는 천국의 마스터키를 상으로 받을 수 있습니다.

믿음의 기도를 할 때 우리가 가장 조심해야 할 것은 탐심과 교만입니다. 야고보서 4장 3절에 "구하여도 받지 못함은 정욕으로 쓰려고 잘못 구함이니라"고 한 것처럼 나의 정욕과 탐심을 위해 구하는 기도는 믿음의 기도라고 할 수 없습니다.

'이 정도 기도했으면 하나님께서 들으셨겠지' 하는 교만도 금물입니다. 교만이 마음에 들어오면 누구보다 사탄이 제일 먼저 기뻐합니다. 사탄은 기도가 점차 지겨워지게 하고, 더욱 힘들게 만듭니다. 기도는 하나님과의 대화인데 그것이 지겨워지면 그야말로 큰 일이 아닐 수 없습니다. 기도할 때 자꾸 다른 생각을 들게 하고, 기도에 집중하지 못하도록 사탄이 훼방하는 것입니다. 사탄이 믿음의 기도를 훼방해서 기도하기가 힘들 때면 찬양을 많이 하는 것이 좋습니다.

"여호와께서 시온의 포로를 돌리실 때에 우리가 꿈꾸는 것 같았도다 그때에 우리 입에는 웃음이 가득하고 우리 혀에는 찬양이 찼었도다 열방 중에서 말하기를 여호와께서 저희를 위하여 대사를 행하셨다 하였도다"(시126:1~2)

기도의 마중물 찬양

예전에 시골에서는 펌프로 물을 퍼내어 식수로 사용했는데, 펌프질을 하기 전에 한 바가지 정도의 물을 펌프에 부어야 물이 콸콸 솟아나곤 했습니다. 처음 펌프질을 할 때 붓는 물을 '마중물'이라고 합니다.

손님이 오면 주인이 마중을 나가 맞이하는 것처럼 펌프질을 할 때 물을 부어 뿜어 올리는 새 물을 맞이하는 물이라는 뜻에서 붙여진 이름입니다. 찬양이 바로 이 마중물과 같은 역할을 합니다. 찬양의 마중물을 충분히 부어야 기도의 펌프질이 힘차게 되고 말씀이 시원하게 솟구쳐 오르게 된다고 생각합니다.

또 찬양은 또 기도의 불쏘시개와 같습니다. 불을 활활 지피기 위해서는 먼저 불쏘시개에 불을 붙여야 합니다. 먼저 찬양으로 뜨겁게 심령을 녹이면 믿음의 기도는 저절로 넘쳐나기 마련입니다.

특히 사탄이 역사할 때는 모든 일을 접고 기도를 많이 해야 합니다. 모든 일에 찬양과 기도로 충분히 하나님께 감사할 때 하나님께서는 어려운 일을 빨리 매듭지을 수 있도록 역사해 주신다고 믿습니다.

지금 우리를, 나 자신을 한번 돌아보시길 바랍니다. 항상 깨어 기도하고 있는가? 우리가 가지고 있는 마스터키를 사용하고 있는가? 아니면 방치하고 있는가? 잃어버렸는가? 부러지지는 않았는가? 이처럼 항상 자신의 기도생활을 진실하게 살펴봐야 할 것입니다.

심으면
거두리라

"너희가 자기를 위하여 공의를 심고 인애를 거두라 너희 묵은 땅을 기경하라 지금이 곧 여호와를 찾을 때니 마침내 여호와께서 오사 공의를 비처럼 너희에게 내리시리라 너희는 악을 밭 갈아 죄를 거두고 거짓 열매를 먹었나니 이는 네가 네 길과 네 용사의 많음을 의뢰하였음이라"(호10:12~13).

나를 위해 드리는 십일조

교회에 대해 부정적인 시각을 가지고 있는 사람들이 "교회가 지나치게 헌금을 강요한다"고 비난하는 소리를 자주 듣습니다. 하지만 이것은 그들이 잘 몰라서 하는 소리입니다.

하나님은 천지만물을 지으신 창조주이십니다. 만물 위에 운행하시는 전능하신 분이십니다. 그 분이 물질이 부족하여 우리에게 헌금을 요청하시는 것일까요. 아닙니다. 우리가 하나님께 물질을 드리는 것은 주님을 위하여 심는 것이 아니라 바로 나 자신을 위해서 심는 것입니다.

마태복음 6장 19~20절에 "오직 너희를 위하여 보물을 땅에 쌓아 두지 말라 거기는 좀과 동록이 해하며 도적이 구멍을 뚫고 도적질 하느니라 오직 희를 위하여 보물을 하늘에 쌓아 두라 거기는 좀이나 동록이 해하지 못하며 도적이 구멍을 뚫지도 못하고 도적질도 못하느니라"고 했습니다.

여기서 분명히 '오직 너희를 위하여'라고 되어 있습니다. 다른 사람도 아니고, 바로 내가 축복을 받기 위해 물질을 심는 것입니다. 그렇다면 물질을 어떻게 심어야 할까요.

첫째, 종자부터 심어야 합니다. 십일조는 어떤 의미로는 수확을 확실히 기대할 수 있는 종자와 같습니다. 십일조 씨앗은 쌓을 곳이 없을 정도로 풍성한 열매를 거둘 수 있기 때문입니다.

말라기 3장 10절에 "만군의 여호와가 이르노라 너희의 온전한 십일조를 창고에 들여 나의 집에 양식이 있게 하고 그것으로 나를 시험하여 내가 하늘 문을 열고 너희에게 복을 쌓을 곳이 없도록 붓지 아니하나 보라"고 했습니다.

더 나아가 여기서 하나님은 '복을 쌓을 곳이 없도록 붓지 아니하는지 시험하라'고까지 하셨습니다. 그만큼 십일조가 확실하게 축복을 받을 수 있는 종자 같은 역할을 하는 것입니다. 따라서 십일조는 단순한 물질의 의미를 초월하여 우리의 신앙고백으로 이해되어야 합니다.

늘 미리 준비된 하나님의 창고

앞 부분 1부 간증에서도 나왔지만 저는 서대문 영천 산꼭대기에서 월세로 결혼생활을 시작했고, 그 후로도 계속 교회 개척하고 성전 건축하느라 물질에 항상 쪼들리며 살아야 했습니다.

그러다 한 주에 10만원씩 미리 십일조를 하기로 했습니다. 수입의 10분의 1일 십일조로 내는 것이 아니라 미리 그만큼의 수입을 기대하면서 십일조를 내기 시작한 것이었습니다.

그랬더니 정말 그때부터 성경말씀 그대로 하늘나라 물질의 복이 더해져서 지금까지 물질의 어려움 없이 사역을 할 수 있었습니다.

둘째, 어려울수록 더 많이 심어야 합니다. 물질적으로 어렵고 힘들 때 우리는 억지로라도 더 심어야 합니다. 사람들은 이 말을 잘 이해하지 못하고 오히려 공격을 하기도 합니다.

그동안 제가 응답선교회를 운영하면서 소용되는 경비를 미리 준비해 놓고 했다면 지금까지 계속할 수 없었을 것입니다. 그때 그때 필요한 물질을 하나님께서 사람을 통해 미리 챙겨 주셨기에 사역이 가능한 일이었습니다.

한번은 응답선교회 무료세미나 행사를 너무 크게 치르느라 빚까지 지게 되었습니다. 빚을 못 갚으면 덕이 되지 않아 전전긍긍 하는데 예상치 않게 어느 시골교회 목사님께서 따님 결혼자금 모았던 것을 쾌히 헌금해 주셔서 빚을 청산할 수 있었습니다.

1년이 지난 후, 헌금해 주신 그 목사님의 사위가 그 어렵다는 유명 대학병원 인턴 과정에 합격하는 축복이 있었습니다. 이처럼 헌금은 허비되는 것이 아니라 하나님의 창고에 미리 보내는 것입니다. 하나님의 장부에 저금하는 것이라 보시면 됩니다.

어느 날 응답선교회 기도회를 마치고 나서 헌금 봉투를 살펴보니 어떤 권사님이 무려 500만원이나 헌금을 했습니다. 아무래도 이상해서 그 권사님께 전화를 걸어 물어보았더니 10만원 짜리 수표를 넣는다는 것이 그만 실수로 500만원 짜리 수표를 넣은 것 같다고 말했습니다.

500만원은 밀린 세금을 내려고 준비해 놓은 것이라며 퇴근 시간에 맞춰 다시 찾으러 오겠다고 했습니다. 그런데 한참 후 권사님에게서 다시 전화가 왔습니다.

"사모님. 아무래도 하나님께서 응답선교회에 500만원이 필요해서 그런 실수를 하도록 하신 것 같으니 그냥 헌금을 하겠습니다."

하나님께서는 응답선교회의 필요를 모두 아시고 이렇게 사람의 마음을 움직여 물질을 예비해 주셨던 것입니다.

간증이 또 있습니다. 어떤 집사님의 큰 딸이 축농증이 너무 심해서 수술하라고 의사가 강력하게 권유했다고 합니다. 콧구멍 속에 혹 두 개가 코를 막고 있어 숨조차 쉬기 힘든 지경이었습니다. 그로 인해 다급하게 수술 절차를 밟아야 하는데, 갑자기 기도로 치료받아야겠다는 생각이 들었다고 합니다.

그래서 수술비 전액을 하나님 앞에 내어놓아 어떤 신학생의 장학금으로 심었습니다. 그리고 다음날 병원에 가서 다시 검사를 받아보니 딸아이 콧속에 있던 혹 두 개가 말끔히 사라지고 없었다는 것입니다.

단순히 물질을 주님께 드린 것이 아니라 그들의 믿음을 심은 것이기에 가능한 일이었습니다. 그것을 씨앗으로 주님께서는 치료의 역사를 보여주신 것입니다. 여기서 우리가 심어야 할 것은 물질 뿐만이 아니라는 것을 깨달아야 할 것입니다.

하나님께 드리는 소중한 시간

셋째, 기쁨과 감사함으로 심어야 합니다.

개척교회에서 사역하고 있는 김 사모님이 응답선교회 오후예배에서 '헌금을 왜 두 번이나 하지' 라고 생각했다고 합니다. '내 교회에도 헌금을 못하는데, 선교회까지 와서 굳이 헌금을 해야 할까?'라는 회의가 들어서였습니다.

그러던 어느 날 가방을 다른 사람에게 맡겼는데, 사택의 열쇠만 없어지고 가방 속에 들어 있던 지갑에 돈이 그대로 남아 있어서 별 의심을 하지 않았다고 합니다.

그런데 나중에 보니 사택에 도둑이 들어 아이들 돌 반지와 다이아 결혼반지, 패물들을 모두 훔쳐가 버렸다고 합니다. 그 사모님은 '미리미리 기쁨과 감사함으로 심었다면 이런 우환을 없었을 것인데'라고 후회했지만, 이미 소용없는 일이었습니다.

넷째, 시간을 심어야 합니다.

하나님께 물질을 심는 것도 좋지만, 시간을 심는 것도 중요합니다. 요즘 세상은 '시간이 곧 돈'입니다. 사람들도 대부분의 시간을 돈 버는 데 쓰고 있습니다. 하지만 그 하루를 허락하신 주님께 첫 시간을 드린다든지, 아니면 주님의 날인 주일만이라도 온전히 주님께 드린다든지 하여 시간을 심어야 합니다.

자신이 의사임에도 우울증에 시달리던 여성이 있었습니다. 가슴이 답답하고 우울해서 견딜 수 없어 하는 그녀에게 저는 산 기도로 하나님께 시간을 심으라고 권했습니다.

그 여의사는 정말 눈코 뜰 새 없이 바쁜 인턴과정 중인데도 불구하고 내 말에 순종해 산 기도로 하나님께 시간을 드렸습니다. 그랬더니 아들을 낳지 못한다고 자신을 핍박하던 시어머니도 구원을 받게 되고, 믿음이 약했던 남편도 신앙생활을 잘하게 되었습니다. 20일 금식 기도 후에는 의사고시에도 최종 합격하는 등 여러 가지 축복을 받게 되었습니다.

이번 설교의 주제가 '심으면 거두리라'입니다. 여러분은 그동안 하나님께 십일조를 위시해 물질과 시간을 얼마나 감사함과 기쁨으로 심고 드렸는가 조용히 생각해 보시길 바랍니다. 그리고 하나님 앞에서 새롭게 다짐하는 시간을 가지면 좋겠습니다. 하늘나라는 심고 거두는 법칙이 가장 확실한 곳입니다.

예배에 성공하면
인생도 성공한다

"만군의 여호와가 이르노라 너희가 내 단 위에 헛되이 불사르지 못
하게 하기 위하여 너희 중에 성전 문을 닫을 자가 있었으면 좋겠도
다 내가 너희를 기뻐하지 아니하며 너희 손으로 드리는 것을 받지도
아니하리라"(말1:10)

예배를 통해 받는 진정한 복

사람은 누구나 인생에서 성공자가 되기를 원합니다. 사업에서, 인생
에서, 교육에서, 신앙에서 모두 성공하기를 원합니다. 그러나 성공하
기를 원한다고 해서 모두 다 성공하는 것은 아닙니다. 사람의 노력도
필요하지만, 하나님께서 성공하게 해주셔야 성공할 수 있는 것입니다.

크리스천의 바람직한 신앙과 삶에 대해 70여권의 책을 저술한 A.W. 토저는 "그리스도인의 모든 실패는 예배의 영광을 경험하지 못하는 데 있다"고 했습니다.

사무엘상 2장 30~36절을 보면 엘리제사장이 하나님께 어마어마한 저주를 받는 내용이 나옵니다. 엘리의 아들이 예배를 모르고 예배를 멸시했기 때문입니다. 이와 같은 행위는 곧 하나님을 멸시하는 것과 같기 때문에 저주를 받게 된 것입니다.

반대로 예배를 통해 큰 복을 받은 사람도 있는데, 그 대표적 인물이 바로 아브라함과 이삭입니다. 아브라함은 100세에 어렵게 얻은 아들 이삭을 번제로 바치라는 하나님의 명령에 순종했고, 이삭은 자신을 번제로 드리기 위해 모리아산을 오르고 있는 것을 알면서도 반항하지 않았습니다. 아브라함과 이삭은 모리아산에서 제단을 쌓음으로 엄청난 축복을 받게 되었습니다.

이삭은 자신의 목숨을 거는 예배 현장에서 하나님께서 자신을 대신해 숫양을 예비해 놓으심을 보았습니다. 이삭은 자신을 제물로 드리기로 한 그때 하나님의 예비하심을 경험한 것입니다. 이 놀라운 경험을 통해 이삭은 인생의 모든 우선순위를 예배에 놓게 되었던 것입니다. 예배를 평생의 원칙으로 삼았을 때 이삭은 놀라운 축복을 받게 되었으며 예배의 성공자이자 인생의 성공자가 된 것입니다.

창세기 4장에 나오는 가인과 아벨 역시 예배 성공자와 실패자의 대표적 사례라고 할 수 있습니다. 가인은 예배의 실패자였고 아벨은 예배의 성공자였기에 가인의 인생은 실패로 끝났고 아벨의 인생은 천국에서 영원히 살아 있으며 후손을 통해 영원히 빛나게 된 것입니다.

인간 본연의 의무가 예배

인생의 성공자가 되기 위해서는 예배의 성공자가 되어야 합니다. 예배의 성공자가 되려면 먼저 예배를 왜 드려야 하는지 잘 알아야 합니다. 인간 본연의 목적이 바로 예배인 것입니다.

이사야 43장 21절에 "이 백성은 내가 나를 위하여 지었나니 나를 찬송하게 하려 함이니라"고 하셨습니다. 하나님께 인간을 창조한 이유가 바로 예배를 받으시기 위함이었던 것입니다. 그리고 우리를 구원하신 이유 역시 예배를 회복하시기 위함이었습니다.

하나님께서는 오늘도 진정한 예배자를 찾고 계십니다. 요한복음 4장 23절에 "아버지께 참되게 예배하는 자들은 영과 진리로 예배할 때가 오나니 곧 이때가 아버지께서는 자기에게 이렇게 예배하는 자들을 찾으시느니라"고 했습니다. 따라서 우리는 인류의 창조 목적과 구원의 목적을 깨닫고, 감격하는 마음으로 예배를 드려야 하는 것입니다. 그렇다면 예배에 성공하려면 어떻게 해야 할까요.

첫째로 예배의 성공자는 매일 매순간 예배합니다. 일주일에 하루,

주일날 예배드리는 것으로는 부족합니다. 매일 마음속으로 늘 기도와 찬송으로 예배를 드려야 합니다. 우리가 예배에 실패하면 마귀가 승리하는 것이기 때문에 마귀는 언제나 우리의 예배를 방해하려고 합니다.

그러므로 갑자기 기도가 잘 안 나오고, 예배드리기가 싫어지거나 이유 없이 예배를 방해하는 일들이 자꾸 일어날 때면 그것이 바로 마귀의 공격이자 시험이라는 것을 깨달아야 합니다. 보통 때는 생생하다가 예배만 드리면 조는 것도 이런 이유입니다. 우리는 마귀의 시험을 이기고 항상 예배하여 예배 성공자가 되어야 할 것입니다.

예배 성공자가 되려면 둘째, 항상 예배를 준비해야 합니다. 예배 시간에 임박해서, 아니 예배 시작 시간이 훨씬 지났음에도 불구하고 느긋하게 예배에 나와 잠깐 앉아 있다가 가는 것은 결코 예배가 아닙니다.

우리가 준비된 마음으로 예배 시간에 맞춰 나올 때 하나님의 성령이 우리와 함께 해 주십니다.

예배 성공자가 되려면 셋째, 하나님이 기뻐하시는 예배를 드려야 합니다. 아까워하는 마음이 아니라 드리기에 합당하다는 마음으로 나아갈 때 하나님께서 그 예배를 기쁘게 받아주시는 것입니다.

구별되어야 할 거룩한 예배

예배 성공자가 되려면 넷째, 구별된 예배를 드려야 합니다. 하나님께 드리는 예배인 만큼 세상에서 하는 것과는 달라야 합니다. 예배 시간도 따로 떼어 구별해야 합니다. 이것은 거룩함에 속합니다. 세상 속에 동화되지 않고 거룩함으로 구별되는 예배를 드려야 하는 것입니다.

예배에 성공하려면 다섯째, 살아 있는 예배를 드려야 합니다. 살아 있다는 것은 살아 움직이는 것에 반응한다는 것입니다. 예배에 반응하는 것은 주의 말씀에 아멘으로 화답하는 것입니다. 기도와 찬송으로 주의 말씀에 반응하는 것이 살아 있는 예배를 드리는 것입니다.

마지막으로 나 자신을 제물로 예배를 드려야 합니다. 이는 내 생각을 잘라내고, 내 약함을 드러내고, 내 속의 고집과 교만을 다 끄집어내어 성령으로 불태워 하나님께 올려 드리는 것입니다.

하나님은 몸만 와서 형식적으로 예배드리는 것을 원하지 않으십니다. 몸과 마음을 함께 드리는 예배를 원하시는 것입니다. 하나님은 일방적인 예배가 아니라 하나님과 소통하는 예배를 원하십니다.

역대하 7장 1절에 "솔로몬이 기도를 마치매 불이 하늘에서부터 내려와서 그 번제물과 제물들을 사르고 여호와의 영광이 그 전에 가득하니"라고 했습니다. 우리가 예배의 성공자가 될 때 성령의 불이 역사하는 것입니다.

행동하는 믿음, 헌신하는 성도

눈이 다 녹은 다음에 걸어가는 자는 패배자지만, 눈을 치워가면서 걸어가는 자는 승리자라고 했습니다. 즉 행동하는 믿음, 헌신하는 성도가 승리자라는 말입니다. 말없이 헌신하는 것이 덕이고, 변화되고 거듭나는 자가 덕 있는 자입니다.

예배는 너무나 중요합니다. 하나님은 진정과 신령으로 예배를 자주 드리는 자를 칭찬하십니다. 예배 때 주님의 역사가 이루어지기 때문입니다.

우리의 예배를 받으신 하나님께서는 예배자에게 좋은 것을 주시길 원하십니다. 사람들도 좋은 사람을 만나면 좋은 것을 받게 되는 것과 같습니다. 예배를 통해 하나님을 온전히 만나게 되면 하나님께서 좋은 것으로 채워주시는 것입니다.

이사야서 58장 14절에 "네가 여호와 안에서 즐거움을 얻을 것이라 내가 너를 땅의 높은 곳에 올리고 네 조상 야곱의 기업으로 기르리라 여호와의 입의 말이니라"고 했습니다.

예배 성공자가 되시길 축원합니다. 하나님의 즐거움, 땅의 높은 곳에 올리는 축복, 약속의 기업을 받는 축복을 받게 될 것입니다.

"하나님이 그 기뻐하시는 자에게는 지혜와 지식과 희락을 주시나 죄인에게는 노고를 주시고 저로 모아 쌓게 하사 하나님을 기뻐하는 자에게 주게 하시나니 이것도 헛되이 바람을 잡으려는 것이로다"(전 2:26)

하나님과
소통하는 신앙

"네가 고난 중에 부르짖으매 내가 너를 건졌고 뇌성의 은은한 곳에서 네게 응답하며 므리바 물가에서 너를 시험하였도다"(시81:7)

하나님이 덧입혀 주신 은혜들

사람들은 자녀가 자신 보다 더 잘되고 성공하면 너무나 기쁘고 흐뭇해 합니다. 보람과 행복을 느낍니다. 열심히 키우고 고생하며 교육시킨 결과로 열매를 잘 맺었기 때문입니다.

이처럼 인간도 자녀가 뭘 잘하면 내놓고 자랑하고 싶듯이 하나님도 그 자녀를 자랑하고 싶어 하신다는 것을 저는 신앙생활 중에 깨닫게 되었습니다.

열심히 기도하며 응답선교회를 이끌어 오면서 제게 하나님께서는 치유의 은사, 글씨(서예)쓰는 은사를 주셨습니다. 또 영어공부를 더하게 하실 때는 "난 이해가 안 되지만 언젠가 이해할 날을 하나님이 주실 것"이라고 믿고 순종했더니 요즘은 이해가 됩니다. 놀라운 일입니다. 순종하는 자에게 능력을 덧입혀 주시는 하나님이십니다.

하나님은 기도하는 사람을 쓰십니다. 그 이유는 하나님과 소통이 되기 때문입니다. 그러므로 우리는 하나님과 소통하기 위해 기도의 양을 채우고 말씀묵상의 양을 채워 나가야 합니다.

제가 말씀을 전하면 듣는 자들이 '마치 나를 위해서 나를 들으라고 하신 말씀 같다'는 이야기를 자주 하십니다. 저는 말주변이 정말 없는 편인데 하나님께서 말씀의 은사를 덧입혀 혀에 권세를 주심으로 듣는 이들이 깨닫고 반성하고 다짐하는 것입니다.

저는 주변 사람이나 가족이 잘못했어도 이를 비난하거나 왜 그랬느냐고 먼저 지적하지 않고 그저 기도만 합니다. 이 경우에 조용한 기도 가운데 시간이 지나면서 상호 해결의 길이 열리는 것을 발견하곤 합니다.

특히 가정의 어머니나 교회 사모들은 상담자 역할을 잘 해야 합니다. 우리는 아주 친한 사람과도 갑자기 어그러질 때가 있습니다. 이 때 무엇을 수습하려고 나서기 보다 조용히 기도하고 있으면 상대방이 알도록 하나님께서 해결해 주시는 것을 체험하곤 합니다.

기도에 의지하며 담대하게 나가야

이러기 위해서는 우리가 기도와 말씀으로 무장돼 하나님께 먼저 인정을 받아야 합니다. 집에서 인정받으면 나가서도 인정받는 것입니다.

"아무 것도 염려하지 말고 오직 모든 일에 기도와 간구로, 너희 구할 것을 감사함으로 하나님께 아뢰라 그리하면 모든 지각에 뛰어난 하나님의 평강이 그리스도 예수 안에서 너희 마음과 생각을 지키시리라"(빌4:6~7)

우리가 상담을 할 때엔 기도로 준비하고 주님을 의지하며 담대하게 해야 합니다. '상담은 잘 들어주는 것이 상담의 반을 마친 것'이라는 말이 맞습니다. 잘 호응하며 들어주는 것만으로도 상대의 마음이 풀리기 때문입니다.

"유순한 대답은 분노를 쉽게 하여도 과격한 말은 노를 격동 하느니라 지혜 있는 자의 혀는 지식을 선히 베풀고 미련한 자의 입은 미련한 것을 쏟느니라"(잠15:1~2)

하나님 나라는 말에 있지 않고 능력에 있습니다. 욕심을 부리니 시험이 오고 어려움이 닥치곤 합니다. 하나님은 없는 것을 있게 하시고, 미련한 것을 지혜롭게 하시는 분이십니다. 눈물이 모여 강물이 되고,

한숨이 모여 동남풍이 되고, 기도가 모이면 반드시 역사는 일어나는 것입니다.

분과 성내는 것은 하나님의 역사를 그르치게 만드는 사탄의 무기입니다. '하나님의 의'를 이루지 못하도록 이끌어 냅니다. 인내하고 참으면서 하나님께 지혜를 구하면 됩니다.

우리가 세상 만족과 사람들로부터 받는 사랑을 다 취하면서 하나님 사랑도 다 같이 받기가 쉽지 않습니다. 하나님을 선택하기에 포기해야 할 것, 내려 놓아야 할 것, 희생해야 할 것이 너무나 많습니다. 그러나 이것은 하나님의 은혜와 사랑을 받으려면 내려 놓아야 합니다.

저는 하나님 앞에 언제든 물질을 심겠다는 마음의 자세를 갖고 살아갑니다. 그래서 물질이 조금만 들어와도 '바로 이 때다' 하고 심곤 합니다. 그 이유는 하나님께 심으면 내가 물질이 필요할 때, 물질이 없을 때 분명히 넘치게 주신다는 것을 너무나 잘 알기 때문입니다. 저는 하나님이 관리하시는 천국 은행에 맡기는 것이 최고의 선택이라고 생각합니다.

성경은 "좁은 문으로 들어가라 멸망으로 인도하는 문은 크고 그 길이 넓어 그리로 들어가는 자가 많고 생명으로 인도하는 문은 좁고 길이 협착하여 찾는 이가 적음이니라"(마7:13~14)고 말합니다. 우리의 좁은 문은 바로 기도입니다.

천국은행에 맡기는 것이 최고의 선택

제가 자주 나누는 간증이 있습니다. 한 권사님이 전 재산이나 마찬가지인 액수의 돈을 응답선교회가 준비한 사모세미나의 비용으로 전부 헌금했습니다. 당시 저희 응답선교회는 행사를 준비하느라 이 헌금을 아주 요긴하게 사용했고 최선을 다해 헌신한 그 권사님을 위해 모두가 간절히 기도하지 않을 수 없었습니다.

그런데 그 권사님은 자신이 어려운 형편 가운데서도 해마다 응답선교회에 열심히 헌금해 주셨고 저희는 이런 분들의 사랑과 헌신으로 행사와 모임을 잘 이끌어 올 수 있었습니다.

처음엔 환경이 어려웠던 권사님은 딸이 미국 유학중에 공부를 잘마치고 자리를 잡아 큰 성공을 했으며 물질의 축복도 받으셔서 지금은 아주 부유한 권사님이 되셨습니다. 하나님 앞에 드리는 것은 그냥이 없습니다. 메아리처럼 반드시 되돌아 오게 되어 있습니다.

저는 주위 사람들, 특히 학생들에게 전도서 2장 26절 말씀을 자주 나눕니다.

"하나님이 그 기뻐하시는 자에게는 지혜와 지식과 희락을 주시나 죄인에게는 노고를 주시고 저로 모아 쌓게 하사 하나님을 기뻐하는 자에게 주게 하시나니 이것도 헛되어 바람을 잡으려는 것이로다"

안 믿는 자가 뛴다고 우리도 뛰지 말고 묵묵히 기도하면서 하나님께 기도로 매달리시길 바랍니다. 성령충만을 사모하고 신앙은 머리로만 알지 말고 행동으로 보여야 합니다. 살아 움직여야 합니다. 이 때 자아를 내려놓고 말씀에 순종해야 합니다. 바울도 자신을 쳐서 복종하라고 했습니다.

"너는 내게 부르짖으라 내가 네게 응답하겠고 네가 알지 못하는 크고 비밀한 일을 네게 보이리라"(렘33:3)란 말씀을 가슴에 품고 역동적이고 진취적이며 실천하는 신앙인이 됩시다.

기독교인과
영적 전쟁

"그것들에게 절하지 말며 그것들을 섬기지 말라 나 여호와 너의 하나님은 질투하는 하나님인즉 나를 미워하는 자의 죄를 갚되 아비로부터 아들에게로 삼사 대까지 이르게 하거니와"(출 20:5).

하나님이 주관하는 영적 세계

아직도 기독교인 중에 하나님의 영적 권능이나 사탄의 공격, 은사와 치유 등 신앙의 영적 세계를 모르는 분들이 많습니다.

보통 교회만 왔다가 가는 신앙인들은 이런 영적세계를 알려고 하지 않고 두려워 하기도 합니다. 영적인 이야기를 하면 혹시 이단이 아닐까 의심을 하기도 합니다.

성경은 하나님을 알게 하는 교과서입니다. 성경은 신앙인의 모든 것을 일깨우고 삶의 지침을 내려주는 하나님과 예수님의 말씀입니다. 그런데 바로 이 성경에 인간 세계와 다른 영적세계가 있으며 사탄이 두루 다니며 인간을 멸망으로 이끌어 내려 한다는 것을 분명히 말하고 있고, 기록되어 있습니다.

예수님은 가난한 자, 병든 자에게 오셔서 먹을 것을 주시고 병을 고쳐 주셨으며 귀신들린 자의 귀신을 쫓아 내셨습니다. 성경의 사건은 2000년 전만의 사건이 아니라 오늘 이 시간에도 일어나고 있는 영적 싸움임을 여러분은 믿어야 합니다.

영적 세계를 소개하는 간증을 하겠습니다. 제가 인천에 속한 강화도의 한 작은 교회 초청을 받아 여전도회 헌신예배를 인도하기로 했습니다. 저는 기도 가운데 그곳이 귀신이 많은 곳이라 느껴졌기에 초청을 받은 3개월 전부터 바로 준비기도를 시작했습니다.

이 준비기도와 영적훈련은 제게 유익한 시간이어서 저로서는 감사했습니다. 드디어 헌신예배를 인도하는 날이 되어 교회로 갔는데 아니나 다를까 사탄의 영적 권세에 묶여 있는 사람들이 많이 있는 것이 현장에서 여실히 느껴졌습니다.

저주는 한 세대를 거쳐 다른 세대로 전이되고 또 전달되는 것이기에 이곳도 어두운 세력이 많다는 것이 감지되었던 것입니다.

저는 이날 헌신예배에서 오랜 기간 기도하며 준비한 설교를 강력하게 전했고 그 만큼의 강력한 성령의 역사도 이어져 큰 은혜를 나눌 수 있었습니다. 하나님 살아계시며 지금도 역사하시기에 우리가 늘 깨어 기도하며 하나님이 기뻐하시는 삶을 살아야 한다고 강조했습니다. 하나님께서는 우리에게 분명히 말씀하셨습니다.

"그것들에게 절하지 말며 그것들을 섬기지 말라 나 여호와 너의 하나님은 질투하는 하나님인즉 나를 미워하는 자의 죄를 갚되 아비로부터 아들에게로 삼사 대까지 이르게 하거니와"(출 20:5)

세대로 이어지는 죄성에 회개해야

이처럼 성경은 모든 사람은 자신의 죄에 대해 책임을 져야 한다고 말씀하고 있습니다. 육체적·정신적·정서적 영역 등 자신의 삶의 영역에서 짓는 죄는 다음 세대 혹은 그 다음 세대에까지 전달되며 자신의 죄에 대해 하나님께 책임을 져야 된다고 기록되어 있습니다. 죄가 그토록 나쁜 것은 바로 이러한 이유 때문이며 이와 연결되어 회개가 꼭 필요한 이유입니다.

신앙생활을 해도 우상과 하나님을 분별하지 못하고, 교회는 가지만 악령에 이끌려 우상에게 절하는 이들이 얼마나 많은지 모릅니다. 또한 성령 충만함을 받지 못해 예수님의 이름으로 기도해도 능력이 나타나지 못하는 것입니다.

자신들 속에 내재해 있는 더러운 영, 악의 영들에게 예수님의 이름을 빌려 명할 때 보혈의 피 공로로 깨끗해지고, 그 속에 예수님을 마음의 주인으로 모시면 하나님의 일을 할 수 있는 것입니다.

이날 헌신예배에서 많은 기적이 일어났습니다. 성도들은 영적 세계를 눈으로 체험하며 하나님의 임재를 목격했습니다.

정신 이상으로 온 동네를 돌아다녀 그 누구도 건드릴 수 없고 감당할 수 없는 지경에 있던 아이가 있었습니다. 그 아이는 집회가 끝날 때까지 앉아 있었고, 전체 합심기도 중 그 아이는 놀랍게도 온전하게 치유되었습니다.

교인들은 성령의 능력 안에서 악령이 접할 수 없음을 체험하게 되었던 것입니다. 한마음이 되어 드린 합심기도로 교회와 마을이 악령의 세력에서 벗어나게 되었고 예수의 이름을 붙잡고 기도할 때 승리할 수 있었습니다.

교회는 이처럼 한마음으로 강력하고 뜨거운 기도를 할 때 부흥, 발전된다는 것을 전하고 돌아올 수 있었습니다.

우리 주변을 보면 의외로 정신적으로 매우 힘들어 하며 고통받는 사람들이 많습니다. 작은 일에도 노심초사하고 일어나지도 않은 일을 걱정하며 주위의 시선이나 말에 지나치게 예민하게 반응하며 힘들어 합니다. 사회가 다변화되고 경쟁이 심화되면서 정신질환자가 늘어나고 있는 것입니다.

저희 응답선교회에는 어떻게 소문이 났는지 이렇게 정신적으로 고통받는 이들이 기도를 받기 위해 많이 옵니다.

저는 이 경우 이사야 41장 10절 성경 말씀을 붓으로 써서 준 뒤 이

구절을 방에 붙여 놓고 자주 읽고 외우라고 권면합니다.

"두려워 말라 내가 너와 함께 함이니라 놀라지 말라 나는 네 하나님
이 됨이니라 내가 너를 굳세게 하리라 참으로 너를 도와주리라 참으
로 나의 의로운 오른손으로 너를 붙들리라"(사 41:10).

능력의 말씀에 치유의 역사 일어나

이 말씀을 반복해 읽게 하고 다 외우면 떼어 내 또 다른 은혜의 말
씀을 붙여 외우기를 반복하는 가운데 정신질환은 보통 거의 치료가
되었습니다.

불안하고 초조할 때 이 말씀을 외우면 하나님이 나와 함께 하신
다는 사실에 용기와 힘이 솟아납니다. 이렇게 말씀의 은혜 속에 잠기
면 몸과 마음이 아주 건강해집니다. 성경구절은 날선 검이 되어 나의
폐부를 찌르고 살아 운동력 있어 악한 영의 권세를 물리치기 때문입
니다.

간증을 하나 더 소개합니다. 50세 된 중년부인인 K씨는 경기도 안
양에 살고 있었습니다. 30년 동안 푸닥거리하며 세월을 보낸 무속인
이었습니다. 그동안 자녀들이 어머니가 무당 노릇을 하는 것을 완강
히 만류했고, 자신도 무당이라는 이름을 버리고 싶었다고 합니다. 그
러나 소위 신내림을 받으면 여간해서는 그 일에서 손을 떼기 어려워 괴

롭지만 어쩔 수 없이 계속하고 있었다고 합니다.

정신적, 육신적인 고통을 당하면서도 그 생활을 청산할 수 없어 지옥 같은 생활을 해온 그 부인을 내가 만났을 때는 이미 정신분열증 환자가 되어 있는 상태였습니다. 지옥으로 향해 달려가는 그녀의 모습을 보니 한 생명이 온 천하보다 더 귀하다고 하신 주님의 말씀이 생각나 그대로 그녀를 포기할 수 없었습니다.

본인이 이제 이 세계를 떠나 정상적인 삶을 원한다고 해 기도를 해 드렸더니 이후 일주일 간 잠도 잘 자고 건강도 좋아졌다며 너무나 기뻐했습니다.

이제 사탄의 권세에서 풀려났다고 좋아하더니 다시 한 주일 후에는 악령의 공격에 사로잡혔다며 고통을 호소했습니다. 도움을 또 요청해 하던 일을 제쳐놓고 달려갔습니다. 현장에 도착하니 그 무당이 심하게 발작을 해서 눈뜨고 볼 수 없는 상태로 사경을 헤매고 있었습니다.

저는 그분을 붙잡고 강하게 기도하니 의아할 정도로 멀쩡해지고, 정신도 온전해지는 것이었습니다. 그녀는 저를 붙잡고 돌아가지 못하게 막으며 자신을 제발 좀 지켜 달라고 부탁했습니다. 그래서 그녀의 아들에게 나와 같이 가자고 한 뒤 제가 붓으로 직접 쓴 이 성경말씀을 전해 주었습니다.

어둠에서 빛으로 바뀌는 말씀암송

"믿는 자들에게는 이런 표적이 따르리니 곧 저희가 내 이름으로 귀신을 쫓아내며 새 방언을 말하며 뱀을 집으며 무슨 독을 마실지라도 해를 받지 아니하며 병든 사람에게 손을 얹은즉 나으리라 하시더라"(막 16:17-18).

이 말씀을 그녀가 자는 안방 방문에 붙여 놓고 외우라고 권했습니다. 그녀가 말씀을 다 외우면 새로운 말씀으로 바꾸어 주었습니다. 다행히 그녀는 내 말에 순종함으로 암송했고 두려워하는 마음이 생길 때 큰소리로 이 말씀을 외우면 자신이 생기고 마음이 평안해졌다고 합니다. 그는 하나님의 말씀이 꿀같이 달다며 50절을 외웠습니다.

그녀는 무당으로 천대받고 무시당하다가 어두움에서 빛으로, 죄인에서 구원받은 자로 삶이 완전히 변화되었습니다. 한 생명이 영생을 얻고 구원을 받으면서 이제는 하나님의 말씀을 떠나서는 존재할 수 없다는 것을 만민에게 보여 주며 살고 있습니다.

나아가 이 무당 부인의 놀라운 변화로 인해 전도의 문도 열려 많은 열매가 맺혀지게 되었습니다. 저의 이 중보역할에 기쁨과 감사를 느끼며 모든 은혜를 허락하신 주님께 감사드리지 않을 수 없었습니다.

세상은 영적 싸움터입니다. 사탄 마귀는 오늘도 죽음의 구렁텅이로 몰아넣을 사람들을 우는 사자같이 찾아 다니고 있습니다. 우리 신앙인은 이 영적 싸움에서 나를 지키는 것은 물론 죄 가운데 허우적거리며 고통받고 있는 이웃에게 그리스도의 복음을 전파해야 합니다. 그래서 영적 권능으로 그들을 죽음에서 생명으로 건져내는 거룩한 전도에 동참해야 할 것입니다.

오늘도 하나님의 역사는 일어난다

"너희가 악한 자라도 좋은 것으로 자식에게 줄 줄 알거든 하물며 하늘에 계신 너희 아버지께서 구하는 자에게 좋은 것으로 주시지 않겠느냐"(마7:11)

기독교는 체험의 종교다

기독교는 하나님께서 살아 역사하심을 느끼고 볼 수 있는 체험의 종교입니다. 우리가 간절히 기도하면 응답해 주시고 우리가 하나님의 뜻을 이룰 수 있도록 인도해 주십니다. 내 욕심, 내 만족만을 위해 구하는 것이 아니라 궁극적으로 하나님나라가 확장되고 그리스도의 복음이 널리 전할 수 있게 된다면 하나님의 응답과 역사는 분명하게 실현되는 것을 저의 오랜 사역 기간 중에 확인 되고 증거될 수 있었습니다.

이번에는 제가 사모들과 또 주변 교인들을 상담해 드리고 함께 뜨겁게 기도함으로 하나님의 역사가 일어난 간증으로 함께 은혜를 나누도록 하겠습니다.

K성도는 경기도 시흥에 사는 34세의 뇌전증(간질병) 환자였습니다. 행복한 가정을 이루고 오순도순 살아가던 이 가정에 어느 날 갑작스러운 사건이 발생한 것입니다. 남편이 갑자기 쓰러지면서 입에서 거품이 나오고 눈이 뒤집어지는 일이 생겼으니 아내의 충격은 이루 말할 수 없이 컸습니다.

남편이 쓰러져 나뒹굴 때 바로 곁에 있던 아내는 세상이 무너지는 것 같았습니다. 병원으로 급히 데려갔지만, 뇌전증은 고칠 수 없는 불치병이라는 청천벽력과 같은 소리만 듣고 집으로 돌아왔습니다.

담당 의사가 크리스천이었는지 이 병은 약으로 못 고치니 신앙으로 고치라고 했다고 합니다. 남편과 아내는 지푸라기라도 잡고 싶은 심정으로 경기도 파주에 있는 오산리순복음기도원을 먼저 찾았습니다.

그런데 이곳에서 기도를 하려고 했지만 어떻게 기도를 해야 하는 줄도 몰라 전전긍긍 했고 우연히 한 전도사님을 만나 사정 이야기를 하고 기도를 좀 해달라고 부탁했더니 응답기도회 모임에 참석해 이 모임을 이끄시는 이금자 사모님에게 상담을 받아 보라고 했다는 것입니다.

안타까운 부부를 위한 기도

저는 멀리서 그 전도사님 이야기만 듣고 무작정 찾아온 그 부부가 참 안타깝고 안쓰러웠습니다. 어떻게 하든지 자신들에게 무섭게 다가온 이 질병을 고치고 싶은 열망이 그들에게서 강하게 느껴졌습니다.

저는 그 부부에게 함께 예배를 드리며 기도하자고 권면했습니다. 그리고 집에서 가정예배도 드리고 신앙생활을 열심히 잘하라고 하면서 그들과 함께 15일간 뇌전증이 고침받는 기도제목을 놓고 함께 예배를 드렸습니다.

그들은 "주님은 예배하는 곳에 함께 하신다"는 말씀에 의지해 치료받을 수 있다고 하는 강한 믿음으로 나와 함께 예배를 드렸고 결국 불치병이라는 그 병을 고쳤습니다. 더 이상 이 증세가 나타나지 않게 된 것입니다. 하나님께서 그들의 간절함과 기도를 보시고 들으시고 응답해 주신 것입니다.

그런데 그 이 이후에 병은 고쳤지만 불화가 생겼습니다. 남편과 아내가 마음이 맞지 않아 부부싸움을 계속 했고 결국 이혼 위기까지 맞아 또 다시 나에게 상담을 요청하느라 찾아 왔습니다.

부인은 내게 "남편의 간질병은 고침 받았지만, 이후에 부부 사이의 틈이 점점 벌어져 사이가 나빠졌고 이젠 남편이 원수처럼 느껴진다"고 했습니다.

저는 그들에게 기도하는 마음으로 성경말씀을 써주고 다시 화목한 가정을 이루기 위해 이를 암송할 것을 권했습니다. 나는 그들이 가정

불화 속에서 성경책을 펼쳐 말씀을 읽을 수 있는 심적 여유가 없는 것을 알았기 때문에 그 가정과 그들에게 꼭 필요하다고 생각되는 말씀을 붓글씨로 써 주었던 것입니다.

"진리를 알지니 진리가 너희를 자유케 하리라"(요 8:32).

말씀으로 변화되고 눈물로 회개

그 부부는 내가 써 준 몇 개의 성경말씀을 외우는 동안에 말씀의 능력을 체험하게 되었다고 합니다. 그리고 예수님께서 자신들을 위해 십자가에 못 박혀 고난 받으시고 죽으셨다는 사실도 말씀을 통해 새삼스럽게 깨닫고 눈물로 회개했다고 했습니다.

그들은 성경말씀을 자신들의 마음속 깊이 새김으로써 서로 미워하고 불안했던 마음, 영적 억압으로부터 마침내 해방되었으며 서로 미워하던 감정도 사라졌다고 간증했습니다.

그들은 예수님의 사랑이 충만한 새 가정을 다시 이루고 이제는 "살든지 죽든지 오직 주를 위해 살겠다"는 굳은 의지를 보여주며 내게 거듭 감사를 표했습니다.

하나님은 한 가장에 찾아 오셔서 질병을 이기게 하시고 잠시 부부 사이가 문제가 되었으나 결국에 믿음의 가정으로 다시 잘 세워주신 것입니다. 이 가운데 하나님께서 자신들의 기도를 들으시고 응답하신다는 확실한 신앙이 있었기에 가능했다고 저는 생각합니다.

26세인 한 여성이 체험한 간증도 해드리려고 합니다. 그녀는 어쩌다가 한 유부남과 사귀면서 사랑을 하게 되었습니다. 결국 그녀의 가족들에게 이 사실이 밝혀졌고 그녀의 어머니는 "너 죽고 나 죽자"며 노발대발했습니다.

그도 그럴 것이 금지옥엽 애지중지하며 키운 딸이었기에 이 사실을 듣고 하늘이 무너지는 듯한 충격을 받았던 것입니다. 그녀는 그러한 부모님의 마음을 이해하지 못하는 것은 아니었지만, 이미 사랑에 빠진 자신의 마음을 돌이키기가 쉽지 않았습니다. 무려 5년이나 본부인은 모른 채 이 유부남과 사귀었습니다.

부모는 가슴을 쳤지만 이미 저질러진 일이었기에 혹시 나쁜 소문이 퍼지지 않을까 하여 노심초사했고 자식에 대한 기대가 컸던 것만큼 실망도 커서 늘 마음이 아팠습니다.

두려운 영을 물리치고 새 삶을 선물로

그러던 중 이 여성은 더 이상 이대로는 안되겠다는 생각에 마음을 잡고 유부남을 잊어 버리기 위해 어느 남성을 소개 받고 결혼까지 하려고 했는데 막상 결혼을 앞두고는 유부남과의 동거생활이 양심의 가책이 되었다고 합니다.

그래서 신앙으로 마음을 가다듬으려 기도원에 들어갔다고 합니다. 이곳에서 말씀으로 은혜를 받고 기도하면서 이제 신앙인으로 새롭게 출발해 바르게 살아가기로 다짐했다고 합니다.

그녀는 이제 과거를 다 잊고 부모님이 권해 준 사람과 결혼해 가정을 이루기로 결심했지만 불안감이 엄습해 결국 저를 찾아왔습니다. 신앙인으로 양심에 꺼려지고 결혼해서 행복하게 살 자신이 없다는 것이었습니다.

저는 그녀에게 있는 두려움의 영을 사라지게 해야 한다고 여겨졌습니다. 저는 그녀에게 "주 안에서 우리는 모두 크고 작은 죄인이며 주님의 사랑과 은혜로 거듭남과 죄사함을 받았다"며 "이제 과거를 잊고 신앙인으로 하나님이 기뻐하시는 일에 진력하며 열심히 살아가는 것을 하나님이 원하신다"며 두 손을 잡고 간절하게 기도해 주었습니다.

기도 후 말씀도 전했는데 성령이 강하게 역사하심으로 그녀를 싸고 있던 두려움이 걷히는 것을 느낄 수 있었습니다. 연약했던 그녀의 마음이 강하고 담대하게 변화되기 시작했습니다.

그날부터 그녀의 삶은 지옥에서 천국으로 옮겨졌습니다. 자신은 쓸모없는 자요, 사랑에 실패한 자로 패배감에 사로잡혀 있었는데 하나님은 자신을 사랑하시며 자신도 주 안에서 행복하게 살아갈 권리가 있다는 것을 깨닫게 된 것입니다.

과거는 있었지만 남편을 더 열심히 섬기고 사랑해야 한다고 다짐한 그 여성은 결혼식을 올린 후 남편과 한 몸 한 뜻이 되어 행복한 생활을 하고 있습니다. 사랑받는 아내이자 여전도회 회장의 사명을 온전히 감당하고 있는 것을 보며 하나님께 감사드리지 않을 수 없었습니다.

J성도는 한 가정의 귀염둥이 딸로서 남부럽지 않게 아름답고 곱게 자랐습니다. 하지만 대학입시의 관문 앞에서는 마음대로 되지 않아 고배를 마셨습니다. 사회는 냉혹했기에 예민하고 자존심 강한 그녀는 입시에 떨어지고 나서 주위의 시선과 좌절감을 감당하기 힘들었습니다. 자신 보다 공부를 못한 친구도 척척 붙었는데 자신이 떨어진 것은 선택을 잘못한 결과라 여겨져 더 화가 났습니다.

더구나 다른 사람들은 대학시험에 다 떨어져도 내 자식만은 붙을 것이라고 믿었던 어머니의 마음도 몹시 쓰라렸습니다.

이런 상태에서 그녀는 재수를 하게 되었는데 이번에도 원하는 대학에 들어가지 못하고 낙방의 고배를 마셨습니다. 그녀는 세상을 원망해야 할지, 초라한 자신을 원망해야 할지 아픔을 이겨낼 자신이 없고 용기가 없었습니다.

삼수생이 된 그녀는 삼수생 소리만 들리면 현기증이 날 정도로 힘들었고 밤잠을 이루지 못하는 불면증에 시달렸습니다. 책을 잡으면 잡념이 생기고, 머리에 맷돌을 얹어 놓은 것 같은 고통이 엄습했습니다.

지혜와 지식과 희락을 주시는 하나님

이렇게 고생을 하던 자매가 상담 차 저를 찾아왔습니다. 저는 "자매님. 지혜는 하나님이 주시니 하나님 말씀으로 치료합시다"라며 말씀을 주고 또 외우게 했습니다.

먼저 "하나님이 그 기뻐하시는 자에게는 지혜와 지식과 희락을 주시나 죄인에게는 노고를 주시고 저로 모아 쌓게 하사 하나님을 기뻐하는 자에게 주게 하시나니"(전 2:26)란 말씀을 붓으로 써주어 책상머리 위에 붙여 놓고 말씀을 외우게 했습니다. 그러던 중 그녀는 은혜를 받아 내가 준 말씀 22구절을 암송했습니다.

두려워하는 마음이 성경구절을 암송하면 조금씩 물러가고 평안과 평강이 임하게 되었습니다. 그 뒤 그 여학생은 하나님을 의지하는 마음으로 공부를 열심히 해 자신이 원하던 국문학과에 좋은 성적으로 합격해 하나님께 영광을 돌렸습니다.

이 여학생 이야기를 하다 보니 아주 오래 전 제가 경험한 일도 생각납니다. 한 남학생이 있었는데 성적이 우수한 건실한 학생이었습니다. 그런데 이 학생은 정규 입학시험 때만 되면 머리가 흔들리고 혼란스러워 도저히 시험을 제대로 칠 수가 없다고 합니다. 실력은 있는데 시험을 치면 망친다는 그 학생도 세 번째 대학시험을 준비하고 있다고 했습니다.

같은 아파트에 살고 있던 저는 이런 고통을 당한다는 학생의 소식을 듣고 안타까운 마음이 들어 기도해 주면서 말씀을 외우라고 권했습니다. 이 학생은 성경 속에서 말씀을 직접 뽑아서 일주일에 두 절씩 6개월 동안 40구절을 암송하고 큰 은혜를 받았습니다.

"예수께서 가라사대 내 말이 네가 믿으면 하나님의 영광을 보리라 하지 아니하였느냐"(요 11:40).

그 후 그 학생은 새로운 마음으로 밤낮 없이 열심히 공부한 결과 좋은 성적으로 서울대학교 영문과에 입학했는데 이후 그는 고등학교 영어교사가 되어 많은 학생들에게 전도하며, 하나님이 살아서 역사하심을 증거하는 신실한 크리스천 되었습니다.

온 몸과 온 마음으로 하나님을 경배해야

이처럼 말씀은 생명력이 있습니다. 하나님의 말씀이기 때문입니다. 말씀을 놓고 암송하며 기도하면 그 말씀의 능력이 우리에게 덧입혀지기 때문입니다.

많은 분들이 하나님께서 우리의 기도에 응답해 주시길 기대합니다. 병고침을 원하고, 사업이 잘되길 원하고, 좋은 곳에 취직이 되길 원하고, 높은 자리에 올라가길 원합니다. 그러나 신앙적으로 바로 서 있지 못하면서 주님께 기도해 세상적인 욕심을 채우려는 것은 바른 신앙인의 자세가 아닙니다.

신앙은 머리로만 주님을 믿는 것이 아니라 온 몸과 마음으로 주님을 사랑해야 하며 물질도 드려야 합니다. 자식에겐 무엇을 주어도 아깝지 않는 것이 부모의 마음입니다.

하나님이 원하시고 기뻐하실 일이 무엇인지를 늘 확인하고 기도하며 실천할 때 하나님께서도 우리를 사랑하고 복 주실 것이라 믿습니다. 이 하나님이 원하시고 기뻐하실 일은 성경에 모두 나와 있습니다. 그대로 실천하면 됩니다.

하나님께서는 오늘도 불꽃같은 눈동자로 우리를 지켜보고 계십니다. 그렇기에 우리의 하루 하루, 매 순간은 매우 귀하고 소중합니다.

하나님께서는 우리의 기도에 응답해 주시길 원하십니다. 우리의 삶이 하나님을 경외하고 매사에 감사하며 때을 얻든지 못 얻든지 주님을 증거하는 일에 앞장섬으로 성공인생을 사는 저와 여러분이 되었으면 좋겠습니다.

지혜를
얻는 비결

"너희 중에 누구든지 지혜가 부족하거든 모든 사람에게 후히 주시고 꾸짖지 아니하시는 하나님께 구하라 그리하면 주시리라"(약1:5)

하나님이 주시는 지혜

옛 속담에 "여우하고는 살아도 곰하고는 못 산다"는 말이 있습니다. 우직해도 미련한 곰보다는 얄밉지만 영특한 여우가 살기에는 더 낫다는 말입니다.

여자들은 지혜로워야 하고 목회자의 아내라면 더더욱 그러해야 합니다. 사모가 지혜롭지 못하고 너무 지나치게 여기 저기 나서면 교회에서나 집에서 모두 문제가 됩니다.

또 지나치게 소극적이고 얌전해도 집안 분위기가 어두워지기 마련입니다. 그러니 지혜가 부족하면 하나님께 간구해 얻어야 합니다. 그러면 모든 사람에게 후히 주시고 꾸짖지 아니하시는 하나님께서 우리에게 능히 주실 것이니 말입니다. 하나님께로부터 오는 이 지혜와 명석함으로 주님의 복을 받아 누릴 줄 아는 것도 신앙인이 가질 수 있는 특혜입니다.

"그런즉 너희가 어떻게 행할지를 자세히 주의하여 지혜 없는 자 같이 하지 말고 오직 지혜 있는 자 같이 하여 세월을 아끼라 때가 악하니라 그러므로 어리석은 자가 되지 말고 오직 주의 뜻이 무엇인지 이해하라"(엡5:15~17)

그렇다면 어리석은 자가 되지 않고 지혜로운 자가 되려면 어떻게 해야 할까요. 잠언서 6장을 보면 어리석은 자와 지혜로운 자에 대한 이야기가 잘 나와 있습니다.

어리석은 자는 첫째, 가정을 어렵게 하는 자입니다. 이웃을 위하여 담보하며 타인을 위하여 보증하는 것은 자신의 손으로 이웃 뿐 아니라 가정을 어렵게 하니 어리석은 것이요, 게으른 것도 가정을 가난에 빠지게 하는 것이니 어리석은 것이라고 기록되어 있습니다.

또 어리석은 자는 둘째, 불량하고 악한 자입니다. 불량하고 악한 자는 거짓말을 하고, 그 마음에 패역을 품으며 항상 악을 꾀하여 다

툼을 일으키기 때문에 어리석은 것입니다.

어리석은 자는 셋째, 하나님께서 미워하는 것을 행하는 자입니다. 주님께서 미워하는 교만한 눈, 거짓된 혀, 무죄한 자의 피를 흘리는 손, 악한 계교를 꾀하는 마음, 악으로 달려가는 발, 거짓을 말하는 망령된 증언, 형제 사이를 이간시키는 것 등입니다. 이것을 알면서도 행하는 자는 정말로 어리석은 자인 것입니다.

어리석은 자는 넷째, 음행을 행하는 자입니다. 음행은 자기 집에 있는 것을 다 내주는 것과 같으며 자신의 영혼을 망하게 하는 것과 같으니 진실로 어리석은 것입니다.

그렇다면 그 반대로 지혜로운 자는 어떤 사람일까요. 먼저 지혜가 있는 자는 아비의 명령을 지키며 어미의 법을 떠나지 않는 자입니다. 아비의 명령과 어미의 법을 항상 마음에 새기며 목에 매달고 다니는 자라고 했습니다.

한마디로 말씀에 순종하는 자가 지혜로운 자입니다. 하나님 말씀에 순종하는 것이 하나님의 인도함을 받는 것이며, 보호함을 받는다는 것을 아는 것 자체가 바로 지혜로움인 것입니다.

교회 한 성도가 딸에게 견문을 넓히고 오라며 여행을 보냈습니다. 그런데 공교롭게도 딸이 여행하고 있던 사이에 그 성도는 하나님의 부르심을 받고 세상을 떠나고 말았습니다. 여행에서 돌아온 딸은 갑작스럽게 어머니의 사망 소식을 접하고 하나님을 원망하고 자신을 책망하면서 심한 우울증 상태에 빠졌습니다.

나중에는 우울증이 점점 더 심해졌고 집에만 틀어박혀 지낸다는 소식을 듣고 제가 딸을 찾아가 상담하면서 이야기를 해 주었습니다.

상대방의 아픔과 뜻을 헤아려야

"자매님. 천국에 계신 엄마가 지금 진정으로 원하는 것이 무엇일 거 같나요? 아마도 딸이 행복하게 사는 것일 것입니다. 믿음생활 잘하고 봉사하며 씩씩하게 살면 엄마가 진정 기뻐하실 것입니다."

이 후 딸은 교회에 열심히 출석하며 믿음생활을 열심히 했고 마음의 고통에서 벗어날 수 있었습니다. 이렇듯 누군가를 기쁘게 해주려면 상대방의 뜻을 헤아릴 수 있는 지혜가 있어야 합니다. 우리가 수님을 기쁘게 하려면 주님의 뜻을 살펴 알 수 있어야 하는 것입니다.

전도서 2장 26절에는 "하나님이 그 기뻐하시는 자에게는 지혜와 지식과 희락을 주시나 죄인에게는 노고를 주시고 저로 모아 쌓게 하사 하나님을 기뻐하는 자에게 주게 하시나니 이것도 헛되이 바람을 잡으려는 것이로다"라고 기록되어 있습니다.

응답기도회 회원인 한 사모님이 20일 금식기도를 하겠다고 찾아왔기에 그 믿음이 기특해 금식 끝나고 보호식을 잘 준비해서 드시라고 용돈을 좀 챙겨 드렸습니다.

그런데 그 사모는 금식기도를 하는 내내 그 돈이 신경 쓰여서 기도에 집중을 할 수가 없었다고 합니다. 모처럼 생긴 용돈을 어찌 쓸까 자꾸 궁리가 됐기 때문입니다.

그런데 금식기도를 시작한 지 며칠 만에 그 돈을 도둑맞고 말았습니다. 돈을 잃어버리고 나니 차라리 마음이 편하고 하나님께만 온전히 마음을 쏟을 수 있어 좋았다고 합니다. 사실 사모가 조금만 더 지혜로웠더라면 금식기도도 잘하고 용돈도 잘 쓸 수 있었을 텐데 어리석어서 한 마리 토끼는 놓친 셈이 되었습니다.

명절에는 특별히 여자들의 지혜가 더욱 요구됩니다. 마귀들이 틈타기 때문에 시험에 드는 가정이 많습니다. 명절 후유증으로 이혼하는 가정도 늘고 있다고 합니다.

심지어 목회자 가정에서도 이혼하자는 말이 나올 정도입니다. 믿지 않는 친척들까지 다 모이면 마귀가 더욱 판을 치기 마련입니다. 그러니 명절에는 더욱 더 기도를 열심히 해야 합니다.

기도를 많이 할 때 날마다 승리할 수 있는 지혜를 받을 수 있는데 이렇게 하나님께서 주신 지혜는 그 누구도 따라갈 수가 없기 때문입니다.

저는 어려서부터 제사나 명절이 돌아오면 놋그릇을 잿물로도 닦고 치약으로도 닦고 또 며칠 있다가 한 번 더 닦으면서 그릇부터 온갖 정성을 들여 준비하는 것을 보며 자랐습니다. 저는 귀신에게 바칠 음식을 만드는 것이 싫었지만, 어머니에게 혼날까 하는 수 없이 그 일을 도왔고 속으로 이렇게 기도했습니다.

"하나님, 저는 부족한 인간이라 어쩔 수 없어서 제사그릇을 닦고 있습니다. 용서해 주세요. 그리고 우리 식구들이 모두 예수님 믿는 자들이 되게 해주세요."

이상하게도 그렇게 기도하고 나면 식구들과 친척들이 제사상을 차려놓고 싸움을 하곤 했습니다. 그런 일이 여러 차례 반복되니 나중에는 어머니가 제겐 제사음식 만드는 데 얼씬도 하지 말라고 했습니다.

딸이지만 제가 기도하는 사람이요, 악한 영을 끊어낼 수 있는 사람인 것을 어머니는 아셨던 모양입니다. 이처럼 기도를 많이 하면 날마다 승리할 수 있는 지혜를 갖게 되는 것입니다. 귀한 말씀을 나눕니다.

"지혜 있는 자는 궁창의 빛과 같이 빛날 것이요 많은 사람을 옳은 데로 돌아오게 한 자는 별과 같이 영원토록 비취리라"(단12:3)

우리가 기도하면서 신앙생활을 할 때 목표나 방향이 정확해야 합니다. 성경은 말합니다.

"운동장에서 달음질하는 자들이 다 달릴지라도 오직 상을 받는 사람은 한 사람인 줄을 너희가 알지 못하느냐 너희도 상을 받도록 이와 같이 달음질하라 이기기를 다투는 자마다 모든 일에 절제하나니 그들은 썩을 승리자의 관을 얻고자 하되 우리는 썩지 아니할 것을 얻고자 하노라"(고전9:24~25)

면류관을 향해 달리는 마차경주

언젠가 TV에서 두 팀이 동시에 출발해 지정된 장소를 찾아가는 게임을 하는 것을 본 적이 있습니다. 그런데 한 팀은 네비게이션이 장착된 차를 탔고, 다른 한 팀은 네비게이션이 없었습니다.

그런데 결승점에 도착할 때까지의 과정은 두 팀 모습이 사뭇 달랐습니다. 네비게이션이 있는 차를 탄 팀은 느긋하게 네비게이션이 인도하는 대로 앞만 보고 달려갔습니다.

하지만 네비게이션이 없는 팀은 빈번하게 멈춰서야 했습니다. 그들이 가고 있는 방향이 맞는지, 다음에는 어느 방향으로 가야 하는지 이정표를 찾아 계속 두리번거리며 멈춰 서서 묻고 또 물었습니다. 그러니 도무지 속도를 낼 수 없었습니다.

그렇다면 과연 두 팀의 게임 결과는 어떻게 됐을까요. 다른 변수가 없는 한 네비게이션을 장착한 차를 탄 팀이 이기는 것은 너무나 당연한 일이었습니다.

우리 인생은 썩지 않는 면류관을 얻기 위해 달리는 경주와 같습니다. 그것이 자동차 경주라면 우리는 네비게이션의 도움을 받아 훨씬 더 수월하게 달릴 수 있습니다.

저는 기도가 네비게이션과 비슷하다고 생각합니다.

첫째, 기도를 오래 하면 내가 해야 할 일을 알 수 있습니다. 네비게이션이 우리가 언제 차선을 변경해야 되고, 어디서 방향을 바꾸어야 하는지 미리 미리 알려주는 것처럼, 기도의 네비게이션도 마찬가지입니다.

우리가 썩지 않을 면류관을 얻기 위해, 하나님을 향해 어디로 어떻게 가야 하는지 성령을 통해 정확하게 이끌어주니 말입니다.

둘째, 기도를 많이 하면 내 행동의 문제점을 고쳐서 바른 길을 갈 수 있습니다. 네비게이션을 설정해 놓고 출발하면 길을 잘못 들거나 정해진 궤도에서 벗어났을 때 "경로를 이탈하였사오니 경로를 재탐색합니다"라는 음성을 계속 듣게 됩니다. 이 음성은 우리가 제대로 된 경로로 돌아갈 때까지 계속됩니다.

기도의 네비게이션도 마찬가지입니다. 우리가 바른 길에서 벗어났을 때 경고의 메시지를 전하고, 또 우리가 바른 길로 돌아갈 수 있는 방법을 찾아 알려주기 때문입니다.

셋째, 기도를 깊이 하면 내 고난이 언제 끝나는지 미리 알 수 있습니다. 네비게이션이 목적지 도착 예상 시간을 알려주는 것처럼 기도의 네비게이션도 현재 내가 가는 길이 험하고 어두워도 곧 목적지에 도착할 수 있다는 것을 알 수 있게 해줍니다.

고난의 끝을 알게 해주는 기도

하지만 우리가 가만히 있어서는 기도의 네비게이션이 작동하지 않습니다. 네비게이션을 켜고 목적지를 설정해 놓아야 네비게이션이 그 역할을 다할 수 있는 것입니다. 우리는 네비게이션을 켜고 그 안내에 귀를 기울이며 듣고 순종해야 합니다.

네비게이션의 안내를 무시하고 내 멋대로 가다 보면 길을 잘못 들어 고생하는 경우가 많습니다. 기도를 하면서 기도의 네비게이션이 안내하는 대로 순종하고 가야 곁길로 빠지지 않고 목적지까지 곧장 갈 수 있다는 것을 명심해야 합니다.

경제적 어려움에 속썩이는 자녀들, 목회실패 등 모든 것에 문제를 안고 응답기도회를 찾아온 한 사모님이 있었습니다. 그 분이 응답선교회가 주최한 2회 사모세미나에 참석해 큰 은혜를 받아 기도의 네비게이션 스위치를 켜게 되었습니다.

사모님은 네비게이션이 안내하는 대로 목요일 응답기도회는 물론이고 화요일 산 기도까지 빠지지 않았고 설거지 봉사와 같이 남이 하기 싫어하는 궂은일도 모두 도맡아 하셨습니다. 그리고 온전히 기도에 집중하기 시작했습니다.

이후 각 각 문제를 안고 있던 가족들이 이탈했던 경로를 빠져 나와 다시 제 길을 찾게 됐습니다. 거처도 없이 기도원을 전전해야 했던 이 가정은 두 칸짜리 방에서 시작해 세 칸짜리 방으로 집을 늘렸고, 아파트로 이사하게 되었습니다. 큰 아들은 믿음 좋은 권사님의 딸과 결혼하고, 모든 가족이 안정되고 행복한 삶을 살고 있습니다.

이처럼 기도의 네비게이션이 이끄는 대로 잘 순종하고 따라가면 우리 인생이 전혀 예상치 못한, 하나님이 예비해 놓으신 축복의 길로 들어서게 되는 것입니다.

이 메시지의 결론은 결국 하나님이 주시는 지혜를 얻어야 한다는 것입니다. 하나님으로부터 오는 지혜는 우리를 진정한 성공하는 인생으로 이끌어 주는 견인차가 됩니다.

그리고 이 지혜를 얻는 방법은 하나님을 경외하고 뜻에 순종하며 말씀과 기도에 최선을 다하는 것입니다. 삶과 신앙에서 주님이 주시는 지혜를 받아 누리시길 축원합니다.

凡事感謝

너는 복의 근원이 될지라

예수

오직

청세기십이장 일절

Part 3

거룩한 희생,
사모의 길

오
예 직
수

二〇一六年 文岩

사모의
역할과 자격

목회 성패를 좌우하는 사모

스승이나 목사의 아내를 사모라고 합니다. 그리고 어른의 부인을 사모님이라고도 부르지만 요즘 '사모'란 단어를 떼어 놓고 부르면 이는 거의 목회자의 부인을 일컫는 말로 정의될 수 있습니다.

언젠가 제가 '사모가 선 자리는 아름답다'란 제목의 책을 읽어 보았습니다. 저자는 그 책에서 "결혼하자마자 목사관으로 들어온 사모들은 교회 안에서 길들여지고 무엇인지도 잘 모른 채 울어가면서 이 길을 걷는다"고 라고 썼습니다.

또 대개의 사모들을 만나 이야기해 보면, 사모는 너나 할 것 없이 "목사에게 시집오기 전에는 목회자 사모의 길이 이렇게나 고통스럽고 고달픈 줄 미처 몰랐다"고 하는 고백들을 자주 들었습니다.

그러므로 이 글이 목사의 아내가 되기를 소원하는 분들이나 목사가 될 남자와 결혼을 앞둔 미래의 사모들, 그리고 목회 현장에서 남몰래 눈물을 흘리는 사모들에게 도움이 되었으면 하는 마음 간절합니다.

사모는 남편이 목회를 성공적으로 이끌도록 유익하게 영향을 줄 수도 있고, 그와 반대로 목회에 쓴 잔을 마시도록 나쁜 영향을 끼칠 수도 있는 중요한 존재입니다. 이렇게 사모는 남편의 목회 성패에 결정적인 역할을 한다는 것이 저의 생각입니다.

목회의 길을 걷는 남편을 둔 사모의 중요한 역할은 첫 번째가 '목사의 현숙한 아내가 되는 것'이고, 두 번째는 '자녀들에게 좋은 어머니가 되는 것'이며, 세 번째가 '교회 안에서 한 사람의 훌륭한 신자가 되는 것'이라고 저는 생각합니다.

왜냐하면, 사모는 그 자신의 어떤 지위(status)보다 실제로 서야 할 위치(position)가 더 중요한 것이라고 생각하기 때문입니다.

가정에서의 위치나 남편의 목회 전반에 관련된 사모의 위치도 중요하거니와, 전체 교우들 사이에서 사모의 위치는 더할 나위 없이 중요합니다. 그러므로 사모는 교회 안에서 공적으로 설 곳이 마땅치 않으면서도 실제로는 구석진 어느 곳에나 참으로 설 데가 많은 입장에 있습니다. 그만큼 사모는 자신의 위치를 유지하기가 대단히 어려운 처지에 놓여 있습니다.

그 자리에 있으면 이런 자리에 사모가 왜 오느냐고 하고, 없으면 여기에 사모가 왜 안 오느냐고 추궁합니다. 어느 장단에도 춤추기 힘든 것이 바로 사모입니다.

이제 저는 이러한 사모의 특수한 사정을 배경으로 사모들이 감수해야 할 것과 사모들이 누릴 상급이 무엇인지, 그리고 사모의 기본자세, 임무와 역할, 그리고 사모의 애로사항 등 성공적으로 내조하기 위한 길에 대해 말씀드리고자 합니다.

교회 안에서의 사모 위치

지금까지 한국 교회는 '여자가 설 곳은 가정이다'라는 전통적 사고방식을 따라왔습니다. 그런데 지금의 한국 교회는 여성의 위치를 다른 각도에서 보지 않으면 안 될 만큼 빠르게 발전하고 성장해 왔습니다.

여성들의 사회 진출이 현저하게 증가함에 따라 교회와 사회에서 여성들의 활동과 지위에 대해 더 깊은 연구가 필요하게 된 것입니다. 특히 교회 안에서 목사와 절대 다수의 여성들과의 관계성이 동양적 윤리 개념으로 인해 원활하지 못한 부분이 있는데 이 때문에 사모의 특수한 사역이 요구되고 있는 것입니다.

아울러 사모는 교회를 대표하는 목사의 부인으로서 대내외적인 위치에 서 있습니다. 한 나라 대통령의 영부인도 국민의 한 사람이듯이, 목회자의 아내인 사모도 평신도의 한 사람에 불과합니다.

그러나 대통령의 부인이 그 나라의 퍼스트 레이디의 지위를 차지하는 것처럼 사모는 평신도 중 한 사람이지만 하나님의 종인 목사와 공식석상에 함께 서는 위치에 있는 것이기도 합니다.

사모의 사명

첫째, 사모는 자신의 사명을 인식해야 합니다. 목사는 특별히 부르심을 받은 주의 종입니다. 부르심을 받은 사실을 자각하고 주의 종으로 나서지 않고는 견딜 수 없었던 명확한 동기가 남편에게 있습니다.

그러나 사모는 입장이 전혀 다를 수 있습니다. 남편과 같이 신학을 하고 소명을 받아 사모가 된 분도 있지만, 더러는 남편과 같은 신적 소명(Divine Call) 없이 한 남자의 매력에 이끌려 결혼한 사람도 적지 않습니다.

이로 인해 목사인 남편의 뼈를 마르게 하는 사례가 종종 있습니다. 사모는 목사를 남편으로 택한 이상 오로지 복음을 위해 전 생애를 바친 남편에게 자신의 몸과 마음과 뜻과 정성과 모든 재능을 함께 다 드려야 하는데 사실 이것이 쉽지 않습니다.

둘째, 성직을 이해해야 합니다. 성직(ministry)은 어떠한 직업 (profession)이 아니라 소명의 길입니다. 그렇기 때문에 보수나 대우를 초월해서 그리스도의 양무리를 보살펴야 하는 것입니다. 그렇지 않으면 삯만 바라는 직업인밖에 되지 않는 것입니다.

셋째, 자신의 본분을 잘 알아야 합니다. 목사와 사모의 본분을 모음과 자음에 비유할 수 있습니다. 우리가 쓰고 있는 말이 문자로 기록될 때 자음 14자와 모음 10자가 과학적으로 결합되어 논리성 있게 표기됩니다.

이처럼 자음과 모음이 서로의 위치를 지키며 조화를 이루어 나가야 하는데 모음과 자음이 서로의 위치를 뒤섞으면 글(문자)은 성립되지 못하는 것입니다.

목사와 사모는 합창단에 비유할 수 있습니다. 합창할 때 한 사람의 음정이 이탈되면 그 음악은 조화를 이루지 못하고 하모니가 깨집니다. 마찬가지로 사모가 자신의 위치에서 조금이라도 벗어나면 자신의 본분을 망각하게 되고, 남편의 목회에 금이 가게 만드는 것입니다.

넷째, 사모는 교회에서 가급적 큰 직책을 맡지 않는 것이 좋습니다. 사모 자신이 직접 일선에 나서기보다는, 일할 만한 사람을 먼저 발굴해 내는 게 중요하기 때문입니다.

왜냐하면 한국 교회의 토양이 그렇기 때문입니다. 만일 사모가 교회 일에 앞장선다면 하는 일에 비판적인 소리가 나오게 되지만, 어떤 직책도 맡지 않고 뒤로 물러나 있다면 단 한 가지 비판만 듣게 될 것이라고 저는 생각합니다.

구원의 확신과 예수사랑을 바탕으로

사모는 구원의 확신이 분명하게 있어야 합니다. 사모가 교회의 발전을 위해 항상 기도하며 목사님의 목회방침에 보조를 같이하는 것이 매우 중요합니다.

비록 남편과 개인적으로 있는 자리에서는 자신의 의견이나 생각을 피력해 의논할 수 있지만 성도들이나 교회 제직들이 함께 한 자리에서는 목사님과 의견을 같이해야 합니다.

교회의 진취적인 사역에 반대하거나 개인적인 의견을 고집한다면 교회성장에 걸림돌이 될 수 있습니다. 사모는 그리스도인으로서 성도의 모범이 되어야 합니다. 바울 사도는 디모데전서 1장 12절에서 자신의 직분에 대해 이렇게 고백하고 있습니다.

"나를 능하게 하신 그리스도 예수 우리 주께 내가 감사함은 나를 충성되이 여겨 내게 직분을 맡기심이니."

본문에 '나를 능하게 하셨다'는 말은 원어로 엔듀아모산티(ἐνδυναμώσαντί με)라고 하는데, 이 말 가운데는 열 가지 중요한 뜻이 있습니다. 이 10가지 뜻 속에서 사모의 참된 모습을 발견하게 되길 바랍니다.

10가지는 바로 restore(되찾다, 회복하다), improve(개선되다),

renew(새로워지다), build up(확립되다), reinforce(강화되다, 부족한 것이 채워져 완전해지다), enhance(향상되다), fortify (요새화되다), become stronger(강한 자가 되다), support brace(버팀대가 되다), sustain(참고 견디게 되다)입니다.

사모는 예수님을 사랑하는 마음이 있어야 하며(요 21:15-17), 구령애에 불타는 마음이 있어야 합니다(마 22:39, 마 16:26). 그리고 돈을 사랑함이 일만 악의 뿌리임을 알아야 합니다(딤전 6:10).

사모가 가져야 할 성품

사모는 이 세상에서 썩어질 것을 피해 신의 성품에 참여하는 자가 되어야 합니다. 즉 더욱 힘써 믿음에 덕을, 덕에 지식을, 지식에 절제를, 절제에 인내를, 인내에 경건을, 경건에 형제 우애를, 형제 우애에 사랑을 공급하는 사모의 참된 성품이 요구됩니다(벧후 1:4-7).

또한 사모는 이기심을 버려야 합니다. 이기심은 인간이 지닌 가장 큰 약점이기 때문입니다. 그러므로 새로운 신의 성품을 갖추기 위해서는 새 영을 받아 새 마음을 하나님으로부터 받아야 합니다(겔 36:26-27, 엡 4:22-24). 그리고 자신의 옛 사람을 날마다 죽여야 합니다.

한 사람의 됨됨이를 나타내는 척도는 바로 그 사람의 '인격'이라고 할 수 있습니다. 그래서 사모는 인격에 결함이 없어야 하고, 더욱 고결한 인품을 갖추어야 하는 힘든 자리인 것입니다. 그러면 무엇이 사모의 인격을 빛나게 해줄까요?

첫째, 인격적 감화력이 있어야 합니다. 둘째, 그리스도를 향한 믿음이 남보다 강해야 합니다. 셋째, 겸손의 미덕이 있어야 합니다.

겸손이란 남을 나보다 낮게 여기는 것입니다(빌 2:3). 남의 인격을 존중하는 태도입니다(롬 12:10). 연약한 자의 약점을 담당하는 것입니다(살전 5:14). 나보다 남을 기쁘게 하는 태도인 것입니다(롬 15:2-3). 나의 유익보다 남의 유익을 도모하는 태도이기도 합니다(고전 10:24, 33).

넷째, 사랑의 은사가 있어야 합니다. 사모는 "이 모든 것 위에 사랑을 더하라 이는 온전하게 매는 띠니라"(골3:14)는 말씀에 집중해야 합니다. 왜냐하면 사랑은 모든 허다한 죄라도 덮을 수 있기 때문입니다. 만약 사모가 모든 사람의 허물을 덮어 줄 수 있는 인품의 소유자라면 그 교회는 복된 교회이며 그 목사는 행복한 목사일 것입니다.

좋은 사모가 되기 위해서는 또 오래 참음과 친절, 관대함, 겸손, 바른 예의, 욕심 없는 마음, 좋은 기질, 의로움, 진실함, 덕 등을 소유할 수 있으면 더할 나위가 없을 것입니다.

다섯째 사모는 말조심을 해야 합니다. 말은 책임을 져야 하고 말은 퍼져 나가면서 커다란 영향력을 미치기 때문입니다. 또 외모도 단장해야 하지만, 마음에 숨어 있는 속사람을 치장하는 데 더욱 신경을 써야 합니다. 이것이 훨씬 값진 단장이기 때문입니다(벧전 3:3-4, 딤전 2:9-10).

여섯째, 인사성이 밝아야 합니다. 교우들을 대하는 사모의 얼굴이 우울하거나, 자기와 친한 교우들에게만 인사하거나 혹시 어떤 감정에 의해 인사를 안 받는다면 이는 큰 문제입니다. 왜냐하면 상대방에게 상처를 주기 때문입니다. 한 그러나 사모가 교우의 손을 한 사람 한 사람 마주 잡고 밝은 미소로 인사를 나눈다면 그 교회는 평화로울 것이며 부흥에도 크게 보탬이 될 줄 믿습니다.

마지막 일곱째, 시간관념이 확실해야 합니다. 모든 예배 시간이나 약속에서 사모가 조심해야 할 부분입니다. 예배 시간에 늦어 바쁘게 들어오는 사모의 모습은 결코 아름답지 못합니다.

앞의 글에서 사모에게 너무나 많은 것을 요구해 스트레스를 받으실 것 같습니다. 그러나 이렇게 완벽한 조건을 다 갖춘 사모는 아마 한 분도 없을 것입니다. 사모도 같은 신앙인의 한 사람입니다. 교회 성도들도 너무나 많은 부담을 주어선 안되며 사모도 자신의 부족한 부분을 인정하고 사모로서 앞에서 제시한 부분들은 하나 하나 지키고 고쳐보려 노력하는 자세가 무엇보다 중요할 것입니다.

절망의 순간에
찾아 오신 주님

저는 오랜 기간 사모들이 모인 수련회나 행사에 자주 강사로 초청되었습니다. 또 제가 매주 인도하는 사모 모임인 응답선교회에서도 전국 사모들을 초청해 사모들을 위한 영성수련회를 오랫동안 개최했습니다. 이 때 사모들에게 전한 메시지와 당시 상황을 전함으로 함께 은혜가 되었으면 해서 이 강의의 내용을 함께 나누고자 합니다. 강의 내용은 전체 내용이 아닌 일부분만 발췌하였습니다.

열패감에 사로잡힌 사모들

30년 전인 1994년 5월 16일부터 19일까지 '영적 전쟁과 승리의 비결'이라는 주제로 백봉산기도원에서 목회자영성수련회가 열렸습니다.

저는 영적으로나 육적으로 곤고한 사모님들만 모시고 공식 수련회 집회 외에 따로 시간을 배정받아 설교하게 되었습니다. 사모님들을 만나니 자신들이 기도 가운데 영적으로 늘 깨어 있어야 목사님을 잘 보필할 수 있음을 누구보다 잘 알고 계셨습니다.

그런데 막상 설교를 시작하려 하니 사모들이 영적으로 지쳐서 축 늘어져 있는 것을 느낄 수 있었습니다. 그만큼 교회사역이 힘들고 어렵다는 것을 사모들의 표정이 말해주고 있었습니다. 모처럼 교회 밖으로 나왔는데 숨이라도 좀 크게 쉬고 싶은데 또 지겨운 설교를 한다고 하니 모두 따분해 하는 표정이었습니다.

내가 보기에 이날 모인 사모들 상당수가 열패감에 사로잡혀 계셨습니다. 표정이 마치 "다른 사람은 교회를 부흥시킬 수 있을지 모르지만 나와 남편은 너무 힘들고 지쳤고 교회부흥을 시킬 수 없다"는 절망감에 빠져 있는 모습이 보였습니다.

그래서 사실 이번 세미나에서 새로운 목회 돌파구를 마련할 수 있을까 하는 심정으로 남편 목사와 참석한 것이었는데 별다른 도전을 받지 못하고 체념 상태로 있었던 것입니다.

나 역시도 사모님들의 현재 심정이 십분 이해가 되어서 안타까웠고 그래서 내가 먼저 "주가 내 안에 내가 주 안에 거하므로 믿는 자에게는 능치 못함이 없다"는 언약의 말씀을 꽉 붙잡았습니다. 그리고 내 안의 모든 열정과 믿음을 쏟아 인내와 기도로 승리케 하시는 하나님의 역사를 힘 있게 간증했습니다.

성령충만한 설교로 마음이 움직여

나 역시 사모로써 사모들의 입장을 다 이해하며 최선을 다해 설교했습니다. 진성성은 통했고 성령으로 충만해진 설교는 사모들의 마음을 움직이게 했습니다.

사모들이 성령의 열기를 느끼며 제 설교를 집중해 들어 주었습니다. 성령의 역사로 인해 새로운 소망과 용기를 갖는 모습을 보게 되었습니다. 저는 희망을 보는 것 같아 더 열정적으로 메시지를 전했습니다.

하나님은 설교를 하는 중에 넓은 논에 파릇파릇하게 심겨진 벼들의 아름다운 모습을 환상으로 보여 주셨습니다. 그리고 난초가 너무 뜨거운 햇볕 때문에 시들어 있다가 다시 생기 있게 피어나는 환상도 보게 하셨습니다.

환자를 위한 기도시간에는 위장병, 가위 눌림, 불면증, 각종 성인병을 치유하는 기적의 역사가 강하게 일어났습니다. 이 곳에 오신 사모님들을 사랑하시는 하나님께서 "내가 너희와 함께 하나니 이제는 절망하지 말라"고 하시며 손 내밀어 잡아 주신 것입니다.

이날 세미나에 참석하신 한 사모님은 제가 강의할 때 등 뒤편에서 무지개가 보이며, 자신에게로 다가오는 모습을 환상으로 보았다고 간증했습니다. 그리고 "내가 내 무지개를 구름 속에 두었나니 이것이 나의 세상과의 언약의 증거니라"(창 9:13)는 말씀을 잡았다고 했습니다.

그때부터 그 사모님은 이 언약을 붙잡고 기도할 때 기도의 줄이 잡혔고 남은 집회 기간 내내 큰 은혜를 받았다고 합니다. 그 후 저는 그 사모님과 계속 교제하며 은혜를 나누고 함께 기도하게 되었습니다.

이 사모님의 남편 되시는 목사님은 수동금식기도원에서 40일 금식기도를 하셨습니다. 그런데 금식 20일째부터 제가 그 목사님이 시무하시는 교회의 주일예배 설교요청을 받아 말씀을 전하며 함께 예배드렸습니다.

당시 이 교회는 습기 때문에 곰팡이가 가득 찬 지하교회였는데 목사님과 성도들이 하나가 되어 열심히 기도한 결과 그 후 성장이 되어 지하교회를 청산하고 지상 임대교회로 옮기게 되었습니다. 아담하고 예쁘게 건축된 교회였습니다.

저는 교회가 빠르게 부흥되는 놀라운 역사를 옆에서 지켜보며 이전 감사예배까지 참석해 축하드리는 은혜를 체험하게 되었습니다. 기도는 그 어떤 어려움도 넘어서게 하는 하늘나라의 비밀인 것을 믿습니다. 그리고 이것은 이 사모님과 목사님을 통해 다시 한번 증거 되었습니다.

깊은 절망과 포기의 순간에 만난 하나님, 위로하고 치유하시는 긍휼의 하나님, 기도하며 부르짖을 때 더욱 차고 넘치는 것으로 채워 주시는 하나님을 오늘도 발견하고 체험합니다. 살아 계셔서 일을 행하시고 그 언약을 성취하시는 하나님께 모든 영광을 돌립니다.

문제 목사에 문제 사모

전국교역자사모초청세미나가 1994년 9월6일부터 9일까지 "국제화 시대에 사모들도 성장해야 한다"는 주제로 경기도 파주 오산리최자실 기념금식기도원에서 열렸습니다. 부족한 제가 하나님의 은혜에 순종 하는 마음으로 설교 승낙을 하고 강단에 섰을 때 아주 마음이 답답 했습니다.

그것은 이번 세미나에 참석하신 사모님들의 일부가 참으로 안타깝 게도 영적 교만으로 가득 차 있는 것을 현장에서 피부로 느끼게 되었 기 때문입니다.

사모님들은 기도를 통해 무릎을 더 꿇어야 하고, 기도를 더 많이 해야 하는데 자신들이 마치 최고인 양 착각하며, 모든 것이 다 된 것 처럼 영적 교만이 가득 차 있는 모습들이 제게 보였던 것입니다. 사모 도 하나님의 허락하신 성직자로 생각하고 목을 꼿꼿하게 세우고 있는 것이 영적으로 느껴졌던 것입니다.

저는 사모님들에게 차분하게 기도의 중요성을 메시지로 강조하는 가운데 문제가 있는 사모의 남편 목사님 대부분도 주의 종으로 하나 님 앞에 바로서지 못하고 교만과, 권위주의, 음란세력이 가득 차 있음 을 성령께서 보여 주셨기에 저는 피를 토하는 심정으로 강단에서 혼신 을 다해 목소리를 높였습니다.

남편 목사가 영적으로 문제가 있으니 아내 사모도 문제가 있는 것 이었습니다. 그 반대이기도 했습니다. '문제 목사에 문제 사모 있다'란 말이 생각났습니다. 저는 이날 메시지를 전하는데 혼신을 다했습니다. 그러자 사모들의 견고한 진이 조금씩 허물어지는 것이 보였습니다.

사모님은 목사님과 부부간 대화를 자주 해야 합니다. 그리고 부부 간에 서로 평등해야 합니다. 남편의 마음을 거울 보듯이 보아야 합니다. 부부간에 설령 다투었다 해도 최소한 예배를 앞두고는 화해해 싸우기 전의 상태로 돌아가야 합니다.

저는 남편에게 사랑받는 아내가 되려면 다음 7가지 역할이 대단히 중요하다고 생각하며 메모를 해 말씀을 전했습니다. 사모는 힘이 들어도 다음과 같은 역할들을 잘할 수 있다면 남편의 목회를 돕고 가정을 잘 세우는데 부족함이 없다고 본 것입니다.

사모가 감당할 7가지 역할

첫째는 사모가 부름받은 사명자로서의 역할을 잘 해야 합니다. 아내의 위치를 벗어나 사명을 받은 측면에서도 남편을 존경하며 우대해야 합니다.

둘째, 제자의 역할을 잘 해야 합니다. 부부가 동등한 입장이 아니라 남편은 선생이 되고 아내는 학생이 되어 남편을 선생으로 존경하고 섬기며 아내는 겸손히 순종하는 것이 성경적이라고 저는 생각합니다.

셋째, 누이동생 역할을 잘 해야 합니다. 혈육을 나눈 남매처럼, 부부가 동심으로 돌아가서 서로 어루만져 주고 상처를 감싸 주며 위로해 줄 필요가 있습니다. 서로 간에 거리감이 없이 장점을 서로 자랑할 수 있는 격의 없는 사이가 되기도 해야 합니다.

넷째, 사랑받는 아내의 역할도 잘 해야 합니다. 이는 진정 부부만이 가질 수 있는 한 몸이 되는 역할입니다. 세상 누구도 할 수 없는 것을 아내로서 채워 주는 부분입니다. 심적으로, 육적으로 달콤함을 만끽할 수 있는 행복의 보금자리를 사모는 남편에게 만들어 주어야 한다는 것입니다.

다섯째, 어머니 역할을 잘 해야 합니다. 헌신과 희생과 자비와 용서만이 아가페의 진정한 사랑을 이루는 용어입니다.

여섯째, 친구 역할도 잘 해야 합니다. 아무리 어려운 일이 생겨도 부부는 같은 길을 가는 동반자로서 마음과 생각과 행동이 같아야 합니다. 상대를 향한 비난 불평을 삼가고 격려와 칭찬만 해 주어야 합니다.

일곱째, 현숙한 여인의 역할을 잘 해야 합니다. 아내의 역할, 어머니의 역할 자식의 역할 등 모든 주어진 위치에 최선을 다하고 이를 잘 감당하는 여자는 성령의 9가지 열매를 맺게 되고 결국 지혜로운 여자, 칭찬받는 사모가 될 것이라 믿습니다.

저의 이 설교에 사모님들이 처음엔 무슨 말씀을 전하나 평가하는 눈으로 저울질을 하다가 안타깝고 진솔한 마음으로 전하는 메시지에 교만했던 자신들의 모습을 점차 자각하는 것 같았고 갑자기 공손한 자세가 되어 설교를 경청했습니다.

그리고 자신들도 이 7가지의 역할을 메모하며 무엇인가 변화를 시도해 보겠다는 표정을 읽을 수 있었습니다. 제가 당시 유명하지도 않았고 유명한 부흥사 부인이란 타이틀만으로 이 자리에 선 것이라 여겼던 사모들과 '참된 은혜'를 나눌 수 있었던 것은 바로 하나님이 함께해 주신 '성령의 임재'였습니다.

이 성령이 함께 하면 저의 목소리와 표정, 손짓까지 달라집니다. 그리고 그 모습에 은혜는 바이러스처럼 퍼져 믿음의 공감대가 형성되고 마음에 소원과 다짐을 이끌어 내는 힘으로 연결이 되는 것입니다.

이 집회는 자만심 높고 영적우월감에 사로 집혀 있었던 일부 사모들에게 사모의 역할과 책임, 중요성을 다시 한번 일깨우고 설명한 집회로 아주 보람이 있었습니다.

하나님께
쓰임 받는 사모

1997년 7월4~7일, 경기도 수동금식기도원에서 '교회성장을 위한 사모의 역할'이란 주제로 사모세미나가 개최되었습니다. 저희 사모들의 모임인 응답선교회가 주최한 행사였습니다.

오랫동안 이 세미나를 회원들과 준비하고 열심히 기도해서인지 하나님께서 행사를 앞두고 영안(靈眼)을 열어 주셨습니다. 그래서 이 행사에 참석한 사모님들과 전도사님들이 궁금해 하는 일을 영적으로 알게 하셨고 강단에 오르면 어떤 말씀을 전해야 하는지 지혜를 얻을 수 있었습니다.

궁금한 기도응답의 비밀

참석 사모들은 제 메시지를 통해 남편이 사역하는 성복교회와 수동 금식기도원이 급성장한 비결과 목사님을 사모가 어떻게 내조했는지, 또 기도 응답의 비밀이 무엇인지 알고 싶어 한다는 것을 알았습니다.

저는 사모들의 비장한 각오를 참석한 이들의 표정에서 읽고 미리 준비했던 설교원고는 던져 버리고 그들이 원하는 초점에 맞추어 메시지를 즉석에서 감동이 오는대로 전했습니다.

"여러분, 예수님이 귀신 들린 아이를 고쳐 주셨을 때 제자들이 '우리는 어찌하여 능히 그 귀신을 쫓아내지 못하였나이까'(막 9:28) 하고 물었습니다. 그때 주님께서 "기도 외에 다른 것으로는 이런 종류가 나갈 수 없느니라"(막 9:29)고 하셨습니다. 이 말씀과 같이 제자들은 이미 예수 그리스도로부터 귀신을 내어 쫓는 권능을 부여 받았지만(막 16:17) 이 능력을 쓸 줄 몰랐던 것입니다.

또 그들에게는 경험도 있었는데 왜 그러한 권능을 자신들이 행할 수 없었는지 궁금해 합니다. 분명히 귀신을 쫓아내는 능력이 자기들 안에 잠재되어 있다고 생각했을 것입니다. 그래서 그들은 더 이상 하나님을 의지하지 않았고 도움도 요청하지 않았던 것입니다."

저는 이렇게 메시지 서두를 시작한 뒤 그 이유를 "너희 믿음이 적은 연고니라"(마 17:20)고 말씀하셨던 것과 연결시켰습니다.

믿음이 적은 사람은 기도도 적게 하기 마련입니다. 그러나 순종하고 끝까지 인내하며 확고히 믿고 꾸준히 기도할 때에 하나님은 반드시 역사하십니다. 외부 조건이나 문제는 중요하지 않습니다. 기도의 탑을 쌓아야 합니다.

기도의 중요성에 대해 기도의 사도인 야고보는 "오직 믿음으로 구하고 조금도 의심하지 말라"(약 1:6)는 말씀과 함께 "너희 죄를 서로 고하며 병 낫기를 위하여 서로 기도하라 의인의 간구는 역사 하는 힘이 많으니라"(약 5:16)고 강력하게 권면한 것입니다.

그러므로 우리는 스스로 해결할 수 없는 문제들이 산적해 있는 일상생활 속에서 항상 기도에 힘써야 하며 매사에 끝까지 믿음으로 매달리지 않으면 안 됩니다. 주님이 내 안에 오셔서 주님의 일을 '나'라는 도구를 통해 성취하시는 것입니다.

이 때 내 모습, 내 생각, 내 경험과 지식을 내려놓고 그리스도께서 일하실 수 있도록 나라는 그릇을 비워 놓을 때 주님의 사역에 동참하는 도구로 쓰여지는 것입니다.

뒤에서 조용하고 간절하게 기도하는 사모

저는 사모로써 교회 일에 전혀 관여하지 않습니다. 1부 오전 7시 예배에 조용히 왔다가 가곤 하므로 교회를 창립한 지 벌써 오랜 기간 되었지만, 제가 사모인지 아직도 모르는 성도들이 많습니다. 그렇지만 저는 뒤에서 끊임없이 기도합니다. 하나님께서 친히 이 교회와 목사님을 통해 일하시고 역사하시도록 말입니다.

강의를 계속하고 있던 중에 맨 앞에 앉아서 계속 눈물뿌려 울고 계시는 한 사모님을 발견하게 되었습니다. 알고 보니 그 사모님은 나와 같이 신학공부를 했던 동창이었습니다. 저 역시 그 사모를 보면서 어려웠던 옛 시절이 떠올라 설움이 복받쳐 올랐고, 저도 모르게 세미나 중에 엉엉 울어 버렸습니다.

눈물 젖은 빵을 먹어 보지 않은 사람과는 인생을 논하지 말라고 했듯이 하나님의 연단과 훈련에서 끝까지 인내하며 승리하지 않고는 하나님의 뜻을 이룰 수 없습니다.

희생정신이 강하고 마음이 따뜻한 동창생은 시골의 아담하고 멋진 교회 사모님이 되어 있었습니다. 오래 전 결혼을 앞두고 꼭 필요한 혼수 준비 때문에 서로 손을 꼭 붙잡고 울며 애절하게 기도했던 기억이 났습니다. 하나님은 간구한 대로 친구 사모님께 필요한 모든 것을 사람을 통해 부족함 없이 채워 주셨습니다.

교회의 부흥은 목사나 사모가 하는 것이 아닙니다. 인간의 어떤 비결이 있는 것도 결코 아닙니다. 오직 주 예수 그리스도만을 바라보며, 주님이 일하시도록 뒤에서 필요한 것을 아뢰며 기도하는 것뿐이라고 저는 생각합니다.

"너는 내게 부르짖으라 내가 네게 응답하겠고 네가 알지 못하는 크고 비밀한 일을 네게 보이리라"(렘 33:3).

하나님의 보좌를 움직이게 만드는 우리의 간절한 기도는 나를 시작으로 가족과 주변을 변화시키고 교회를 변화시키며 하늘나라 일꾼들을 세우게 합니다. 이날 세미나를 통해 많은 사모들에게 영적 도전도 주었지만 잊었던 친구, 예전의 기도 동지를 만난 것이 제겐 가장 큰 기도선물이었습니다.

목사관 살림을 짜임새 있게 해야

저는 이날 설교에서 사모로써 목사님 내조를 어떻게 해야 할지에 대해 내 경험에 비추어 강의 했는데 이것이 큰 호응과 공감을 이끌어 냈습니다.

목사의 아내는 사모이기 전에 시부모를 모시는 며느리요, 한 남편의 아내이며 자녀들에게는 어머니가 됩니다. 즉 목사의 아내도 다른 가정에서와 같이 평범한 주부인 것입니다. 그러므로 사모지만 좋은 주부로서 가정 살림을 잘 챙겨 나가야 할 임무가 있습니다. 그렇다면 사모는 목사관의 살림을 어떻게 해야 할까요.

첫째, 계획적이고 짜임새 있게 살림을 해야 합니다. 무엇보다 사모는 주부로서 목사관의 살림을 할 때 지혜롭게 시간을 활용하는 것이 중요합니다. 이를 위해 조리 있게 계획을 세우고 매일 할 일을 하루 전에 잘 계획해서 질서있게 살림을 하는 것이 좋겠습니다. 목사관 즉 사택 살림은 목사님의 일정이나 계획에 잘 맞추어 계획을 짜는 것이 중요합니다.

둘째, 효과적인 재정 관리를 해야 합니다. 목사관의 모든 재정은 성도들의 헌금을 사용해 이뤄짐으로 절약과 검소함을 기본으로 하나님의 영광을 위해 효과적으로 쓰여져야 성도들에게도 덕이 됩니다. 지나치게 물질에 인색해서는 안 되며, 목사님이 받으시는 사례비에 따라서 지출을 규모 있게 해야 하며 사택에서 필요한 모든 것을 교회재정에서 전부 지출하게 하는 것은 삼가야 할 부분입니다.

셋째, 식생활과 건강관리에 힘을 기울여야 합니다. 한 가정의 가장 화목한 시간은 식탁에 둘러앉아 있을 때입니다. 사모는 음식 조리에 익숙하여 그 자리를 기름지게 해야 할 의무가 있습니다. 음식조리 기술이 부족하다면 배워서라도 열심히 식사준비를 할 자세가 되어야 합니다.
사모는 온 가족의 건강을 잘 보살펴야 합니다. 적극적인 사고방식은 정신 건강을 지켜주고 심령을 강건하게 하며 육신의 건강을 향상시켜 준다는 사실을 알아야 합니다..

넷째, 의복 관리를 잘해야 합니다. 목사는 많은 종류의 옷을 갖고 있습니다. 가운도 절기 따라 다르며 여러 가지 신경 써야 할 부분들이 많습니다. 또한 목사는 여러 사람 앞에 서는 공인의 위치에 있기에 상황이나 분위기에 맞는 의복을 챙김으로 존경받을 수 있으며 양말, 손수건, 내의, 구두 등 수시로 더 챙길 여분도 준비해 두어야 합니다.

다섯째, 집안 환경 정리에도 각별히 신경을 써야 합니다. 좋은 환경은 심신을 안락하게 하고 편안 휴식을 가져다 줍니다.

여섯째, 오락과 정서생활에도 주의를 기울여야 하는데 아무리 성직자라도 24시간 내내 경건할 수 없습니다. 오락을 통해 기분전환도 하고 여러 정보도 알 수 있는 뉴스와 정보도 챙겨보는 것도 필요합니다.

일곱째, 손님 대접에도 각별해야 합니다. 목사님을 찾아오는 분들이 많습니다. 성도들도 있지만 외부 손님, 선교사 등 많은 분들이 오시는데 너무 기다리게 하거나 손님대접을 못받았다는 느낌을 갖게 해서는 교회 이미지를 추락시키는 원인이 됩니다. 누가 오더라도 밝고 환하게 맞으며 차도 대접하는 등 신경을 써야 하는 것도 사모의 몫이라 생각합니다.

목회는 가정생활과 직접, 간접적으로 밀접한 관계를 가지고 있습니다. 아무리 유능한 목사라 할지라도 그의 가정생활에 문제가 있다면 목회에 큰 지장을 받기 마련입니다. 그러므로 목사의 가정생활은 목회와 직결되어 있다는 점에서 대단히 중요합니다. 남편인 목사를 도와 가정생활을 잘 꾸려가기 위해 해야 할 일은 너무나도 중차대하다고 할 것입니다.

목사이기 이전에 사랑스런 남편

목사는 성직자이기 전에 한 인간입니다. 그러기에 특히 부부생활이 원만해야 합니다. 원만한 애정 생활은 행복한 가정이 되게 하는 기본 요소 중의 하나입니다. 이와 같은 점을 사모는 잘 명심할 필요가 있습니다.

특히 침실은 부부간의 애정을 표현하는 매우 중요한 처소입니다. 사모는 바쁘고 기상시간이 다르다는 이유로 남편과 침실을 따로 쓰지 말아야 합니다. 그리고 침실에 들어가서는 남편에 대해 성직자란 선입감을 가질 필요가 없습니다. 그저 평범한 남편, 사랑스런 한 남자로 대하는 것이 좋습니다.(고전 7:1-4)

그러나 부부간의 애정은 반드시 육체적인 면에만 국한되는 것이 아닙니다. 정신적으로도 서로에게 매료될 수 있어야 합니다. 이를 위해 남편과 초점을 같이 맞추는 노력이 필요합니다.

예를 들면 재정 관리나 물건 구입을 상의하거나 성경을 함께 읽고 개인의 영적 문제를 같이 토론하며 사역에 같은 초점을 맞출 필요가 있는 것입니다.

또한 서로를 존경하고 이해해야 하며(골3:18-19) 부모를 공경할 줄 알아야 하며(엡 6:1-3), 자녀를 잘 교육시켜야 합니다(딤전 3:4).

아울러 늘 가정예배를 드려야 하며(삼상 3:13), 형제간에 우애하고 화목해야 하며(히 13:1, 롬 12:10), 대화의 분위기를 조성할 줄 알아야 합니다. 대화를 나누려면 진실하고 개방적이어야 하는데 사모는 원만한 대인관계를 위해 대화훈련을 해야 할 필요도 있습니다.

남편과 대화 분위기를 잘 조성하려면 몇 가지를 유의할 필요가 있습니다. 그것은 자기 자신과 내적인 대화를 할 수 있어야 합니다. 내적 대화는 자기를 향해 스스로 평가하고 다짐하며 적응하는 노력을 되풀이하는 것입니다.

이렇게 자기를 상대로 한 내적 대화가 좀 더 발전되면 상호간의 대화로 확대되어야 하는데 우선 상대방의 말을 경청하고 서로가 충분한 대화를 나눈 가운데 교제를 가지도록 해야 합니다.

여기서 대화가 무르익으면 폭넓은 대화로 발전하게 되고 이렇듯 모든 과정을 거치면 궁극적으로 신앙 안에서 하나님과의 영적인 대화 영역까지 승화시키는 것은 어렵지 않을 것입니다.

목회 성공과
내조

사모의 임무와 역할 가운데 가장 중요한 분야를 손꼽는다면 성실한 내조자로서 목사인 남편의 사역을 돕는 일이라고 할 수 있습니다. 아내가 남편의 사역을 내조하는 것은 매우 중요합니다. 이는 목회의 성공에도 크게 기여한다고 할 수 있습니다.

목회자의 직무와 사명을 잘 이해해야

첫째, 사모는 목사의 직무가 무엇인지 잘 인식해야 합니다. 그래야만 목사가 하는 일에 방해가 되지 않도록 할 것이며, 적극적으로 협조할 수 있습니다.

그렇다면 목사의 직무는 무엇인가요? 기도하고 성경 연구하며, 말씀을 증거하는 일입니다. 그 밖에 가르치고 교육하는 일, 상담, 심방, 찬송, 성찬예식 거행, 봉사, 행정 처리, 치리 등이 있습니다. 이런 전반적인 이해를 바탕으로 도움을 줄 수 있는 한계를 정해야 합니다.

둘째, 목회의 바탕과 본질을 이해해야 합니다. 기독교 교육학자인 갱글(Kenneth O. Gangel) 박사는 '교회교육을 위한 리더십'이란 그의 저서에서 교회교육의 성경적 철학의 방향을 다음과 같이 제시했습니다.

- 목회에 대한 형이상학은 하나님 중심이어야 한다.
- 목회에 대한 인식론은 계시(성경) 중심이어야 한다.
- 목회에 있어서 인간론은 하나님의 형상이 중심이 되어야 한다.
- 목회의 가치론은 영원한 것이 중심이 되어야 한다.
- 목회의 목적은 그리스도 중심이 되어야 한다.
- 목회의 교육 과정은 성경 중심이 되어야 한다.
- 목회의 방법론은 상호 작용이 중심이 되어야 한다.
- 목회의 규율은 사랑이 중심이어야 한다.
- 목회자는 성령을 중심으로 목회를 해야 한다.
- 목회의 평가는 성장이 중심이 되어야 한다.

셋째, 사모는 내조의 큰 몫인 기도를 무엇보다 열심히 해야 합니다.

제가 가장 강조하는 분야이기도 하지만 기도는 복과 능력을 받는 길이요, 성장을 위한 유일한 비결이라고 확신합니다.

아마 사모가 직접 할 수 있는 목회의 가장 중요한 내조는 기도하는 일이라고 할 수 있겠습니다. 사역자 남편들이 필요로 하는 것은 사모가 부단한 기도로서 내조하는 것입니다(슥 4:6).

넷째, 즐거움으로 일하도록 남편을 도와야 합니다.

다섯째, 소신껏 일하도록 수시로 용기를 주고 격려해야 합니다(막 9:23).

여섯째, 남편에 대해 깊은 관심을 가져야 합니다.

일곱째, 피곤하여 지치지 않도록 쉬게 해야 합니다(막 6:31).
'쉬다'라는 단어는 원어로 '아나파웨스데(ἀναπαύσασθε)'인데, 여기에는 세 가지 귀한 뜻이 들어 있습니다. 즉 일을 멈추고 휴식을 취해 피로를 푼다는 뜻과 복잡한 마음을 가라앉힌다는 뜻이 있으며, 새로운 삶의 기초를 찾는다는 뜻도 담겨 있습니다.

여덟째, 사모는 지혜로운 조언을 할 줄 알아야 합니다. 조언할 때는 몇 가지 유의할 점이 있습니다. 남편이 처음으로 어떤 잘못을 했을 때에는 비판하는 말을 삼가야 합니다.

남편의 잘못에 관해 스스로 감정이 상해 있을 때는 결코 말하지 말아야 합니다. 그리고 남편이 시장하거나 피곤할 때, 어떤 복잡한 생각에 골몰해 있을 때는 말도 꺼내지 말아야 합니다.

또한 다른 사람들 앞에서 자기 남편을 절대로 비판하지 말아야 합니다. 남편에게 꼭 하고 싶은 말이 있으면 우선 하나님 앞에 간절히 기도하고 마음을 정돈한 뒤 후차적으로 하는 것이 중요합니다.

상담자로서의 사모 역할

현대 목회에서 사모는 개인을 위한 상담자로 알려져 있습니다. 성도들이 목사에게 말하기 거북한 것이라도 사모에게는 흉금을 털어놓고 얘기할 수 있을 때 사모를 찾게 됩니다. 또한 목사는 상담을 원하는 내담자인 부녀자들과 직접 말하기 곤란한 경우 자기의 아내를 만나게 하는 것이 좋을 때가 많습니다.

그러므로 사모는 목회 상담에 관한 충분한 지식을 가지고 있지 않으면 안 됩니다. 여기서 사모가 알아 두면 좋을 보편적인 상담 기법에 대해 간단히 말씀드리고자 합니다.

첫째, 상담 분위기를 압도할 수 있어야 합니다. 상담을 위해 반드시 필요한 기초는 상담자와 내담자간에 흉금을 털어놓고 얘기할 수 있는 분위기를 만드는 것입니다. 사람들은 대개 자기를 보호하려는

충동을 느끼기 때문에 무의식적으로 자기의 문제를 감추려고 합니다. 그러므로 그 얼음 같은 마음이 녹지 않으면 상담 관계는 이루어질 수 없습니다. 이것은 곧 신뢰 관계를 의미합니다.

둘째, 억압된 감정을 정화해 줄 수 있어야 합니다.

감정의 정화는 모든 상담 유형에서 치료 효력을 나타내는 데 결정적으로 작용하는 부분입니다. 긴장이 고조된 감정을 깨끗이 씻어 내는 작업은 맑은 정신을 가다듬게 하는 데 퍽 유익합니다. 예를 들어 가슴속에 묻어 두어 괴로웠던 죄를 자복하는 일은 억압된 고통을 씻어 버리는 가장 핵심적인 카타르시스안 것입니다(잠 17:22, 18:14, 32:16-20).

셋째, 들어줄 줄 아는 너그러움이 있어야 합니다.

교회 지도자들은 대개 많은 시간을 말하는데 소비하고 있습니다. 그러나 상담자가 내담자보다 말을 더 많이 해서는 안 됩니다. 만약에 우리가 다른 사람이 말하고 있을 때 조용히 귀담아 듣는 훈련을 하지 않는다면 상담 도중 내담자가 말하는 가장 중요한 부분을 파악하지 못하고 쓸데없는 잡담만 나누는 결과가 되기 쉽습니다. 긍정하며 관심있게 들어주는 그 자체만으로도 내담자는 감격하게 되는 것입니다.

심방 효과를 높이는 사모의 내조

사모가 하는 교회 일 중 가장 많은 부분을 차지하는 것이 목사인 남편을 따라 다니며 심방을 돕는 일일 것입니다. 사모가 남편을 따라 심방길에 나서는 것은 남편을 도와서 심방 효과를 증대시켜 주는 데 그 목적이 있습니다. 거기에는 사모의 재치 있는 노력이 뒤따라야지 덮어놓고 따라다니는 것만이 능사가 아닙니다.

첫째, 성령님이 함께 일하도록 기도해야 합니다. 사모는 심방 중에 직접 나서서 기도를 하거나 말씀을 전하거나 하지 않습니다. 그러나 직접 나서는 남편 못지않게 배후에서 간곡한 기도를 드림으로써 심방의 효과를 도모할 수 있는 것입니다.

둘째, 심방자의 영혼에 관심이 있어야 합니다. 만약에 심방할 때 영혼을 보살피는 일보다 세상적인 일이나 사회적인 것들, 사무적인 것들에 중점을 둔다면 그 심방은 낙제일 수밖에 없습니다.

'지금 성도의 영혼 상태가 어떠한가? 영혼이 십자가의 복음 안에서 성장하고 있는가? 영혼이 싱싱하게 믿음으로 움직이고 있는가? 혹시 영혼이 피곤해서 잠들어 있지는 않은가? 사단의 세력에 지배되지 않았는가?' 등등 영적인 상황을 파악할 수 있어야 합니다. 그래서 그 영혼의 상태를 바로 진단하고 필요한 말씀으로 굳게 붙들어 주어야 합니다.

셋째, 예수 사랑을 가지고 가야 합니다. 사모가 성도들의 가정을 찾아 심방할 때 반드시 지녀야 할 것은 각 사람의 마음을 포근하게 감싸 줄 수 있는 주님의 사랑입니다. 이것이 몸에 배어 있어야 합니다.

예수님의 사랑은 무조건적이요 절대적입니다. 세상에는 참된 사랑에 굶주린 사람들이 많이 있습니다. 어느 누구 하나 예수님의 뜨거운 사랑을 필요로 하지 않는 사람이 없습니다. 그러기에 사모의 사랑에서 예수님의 향기가 나야 하는 것입니다.

넷째, 차별 없이 대해야 합니다. 이는 성도들의 외모나 학식의 차이나 빈부의 차이나 직분에 차별을 두지 말라는 것입니다(약 2:1-9).

다섯째, 동고동락하는 그리스도의 지체들을 돌보아야 합니다.

여섯째, 화평을 도모하는 심방이 되어야 합니다.

일곱째, 말을 삼가고 조심해서 해야 합니다(딤전 5:13. 약 1:19. 잠 18:13). "두루 다니며 한담하는 자는 남의 비밀을 누설하나 마음이 신실한 자는 그런 것을 숨기느니라"(잠 11:13) 말씀을 잘 기억해야 합니다.

사모가 걸어가는
십자가의 길

　사모가 걸어가는 길은 십자가의 길입니다. 쓰리고 아픈 고통이 있고, 견디기 어려운 무거운 짐이 있습니다. 진정 눈물이 아니고는 감당하기 어려운 멍에들이 가냘픈 한 여인의 양 어깨를 무겁게 짓누르고 있는 경우가 많기 때문입니다.

　때로는 오해를 받고 욕을 먹어도 변명할 수 없으며, 억울한 소리를 들어도 입 속으로 꿀꺽 삼켜야만 하는 것이 사모입니다. 사모의 길은 예수님께서 죄 없이 당하신 고난의 길과 같다(사 53:7, 고전 4:9-13)고 저는 생각합니다.

사모의 아픔과 고충

사모는 또 심리적 압박감에서 오는 고충이 있습니다. 사모란 자리는 감당하기 어려운 자리임에 틀림없는 것이 사모가 아무리 잘한다 해도 만인의 기대에 흡족하도록 처신하기란 실로 어렵습니다.

외모나 옷차림. 심지어 먹는 것, 걸음걸이까지 트집을 잡는 시어머니들(?)이 많기에 심리적으로 상당한 압박감을 받게 됩니다. 이러다보니 급기야 정신병원에까지 가는 경우도 있었고 정신과 치료를 받는 사모는 아주 많았습니다.

이어 사모로써 사표(師表) 되지 못하는 송구스러움에서 오는 고충이 있습니다. 때로 무능하고 부족하다는 느낌이 사모에게 있을 수 있습니다. 그래서 사모는 이중의 고통을 받는데 그 하나는 사모 자신이 일반 성도들보다 더 높은 신앙을 소유하려는 씨름입니다. 그러나 그렇지 못할 때 사모는 초조함과 불안감, 또는 창피함이나 수치를 느낄 수 있습니다.

사모는 자신의 부족함이나 무능 때문에 비난을 받을 뿐 아니라 자기 자녀들의 행실에 대한 비난이 가해져 올 때 괴로움을 겪게 됩니다. '목사관의 개까지 완전해야 해 사모는 괴롭기만 하다'는 우스개 소리도 있을 정도입니다.

이외로 경제적 어려움에서 오는 고충이 있고 과다한 일과에서 오는 어려움도 있습니다.

사모가 받을 상급

모든 성도들도 그렇지만 특히 사모는 하나님의 나라에서 장차 받을 큰 상급을 바라보고 이 땅에서 사역을 감당해야 합니다. 이 세상에서 주님의 복음을 위해 많은 고초를 감수했기에 하늘에서의 상급이 클 것입니다. 다음의 성경 구절을 참고하기 바랍니다(마 5:12, 계22:12, 마16:27, 딤후4:8, 마6:1-6, 고전15:19).

아울러 사모에게 목회를 방해하는 12가지 상황이 있습니다. 잘 기억하고 해당되지 않으려 노력하시길 바랍니다.

- 목사를 좌우하는 자가 되려는 것
- 남편의 자존심을 상하게 하는 일로 목사의 선생이 되려는 것
- 비현실적인 이상으로 완전론을 펴 남편을 어렵게 만드는 것
- 함부로 비난하는 것
- 세상을 사랑하는 허영심
- 과거에 대한 집착
- 뼈를 썩게 하는 시기심
- 눈 가리고 아웅하는 거짓말
- 주일 아침에 남편과 다투는 것
- 중요사항을 잊어버리는 건망증
- 위험한 돈거래
- 기도하지 않는 것

바람직한 사모가 되려면

첫째, 소명에 의한 헌신이 있어야 하며(사 6:8, 마 4:19, 욘 3:1-3, 요 21:15-19) 둘째, 십자가를 자랑할 수 있어야 합니다(갈 6:14, 마 16:16, 마 16:21-24). 셋째, 올바른 교회관을 가져야 하는데 다음 관련 성구를 참고하면 좋습니다.

- 교회는 하나님의 것이라는 사실(딤전 3:15).
- 하나님의 교회에 소속된 모든 성도는 하나님이 택해서 부르신 하나님의 자녀들이요 권속들이며, 또한 목자장 되신 예수 그리스도의 양무리이며, 하나님의 양무리임라는 사실(벧전 5:2-4).
- 교회는 천국의 모형이라는 사실(마 21:12-13).

넷째, 자기의 위치와 본분을 지킬 줄 알아야 합니다(유 1:6, 민 7:5, 롬 12:4, 요 15:4).

다섯째, 현숙한 여인이 되어야 합니다. 잠언 31장에 나타난 현숙한 여인들의 특성을 알아봅니다.

- 도덕적으로 완전하다(10절).
- 진주보다 귀한 가치를 지닌다(10절).
- 높은 신뢰성을 가진다(11절).

- 성품이 선하고 진실하다(12절).
- 꾸밈없이 자연스럽다(13절).
- 알뜰하기 위해 노력한다(14절).
- 책임감과 인정이 많다(15절).
- 재주가 많으며 현명하다(16절).
- 피곤치 않으며 강건하다(17절).
- 기쁨이 있으며 능률적이다(18절).
- 조심성이 있으며 신중하다(18절).
- 검소하며 기교가 많다(19절).
- 자비심이 많으며 친절하다(20절).
- 아량이 있으며 구제를 잘 한다(20절).
- 두려움이 없고 선견지명이 있다(21절).
- 장식하며 비치해 둘 줄 안다(22절).
- 풍취가 세련되어 있다(22절).
- 존경을 받으며 평판이 좋다(23절).
- 생산적이며 번영케 한다(24절).
- 신뢰할 수 있으며 정직하다(25절).
- 확신과 소망이 가득하다(25절).
- 지혜롭고 분별력이 있다(26절).
- 친절하며 이해력이 있다(26절).
- 빈틈이 없으며 실제적이다(27절).

- 정력적이며 활동적이다(27절).
- 이상적인 한 아내이며 어머니이다(28절).
- 가족들에게 치하를 받는다(27-28절).
- 정숙함이 탁월하다(28절).
- 겸손히 하나님을 경외한다(30절).
- 성공하기에 넉넉하며 공적이다(31절).
- 모든 사람에게 높임을 받는다(31절).

여섯째, 날마다 배우며 경험을 넓혀야 합니다. 한마디로 사모는 자신을 다스릴 수 있는 능력을 키워야 합니다. 이것이 무엇보다 사모의 품위를 빛나게 해줄 것입니다. "노하기를 더디하는 자는 용사보다 낫고 자기의 마음을 다스리는 자는 성을 빼앗는 자보다 나으니라"(잠 16:32)는 말씀을 묵상하며 기도의 은사는 누구에게나 있다는 것을 잊지 마시기 바랍니다.

하나님께 초점을 맞추어야

에베소서 6장 12절에 "우리의 씨름은 혈과 육에 대한 것이 아니요 정사와 권세와 이 어두움의 세상 주관자들과 하늘에 있는 악의 영들에게 대함이라"라고 한 것처럼 지금 우리는 세상 안에(in the world) 살고 있지만, 세상에 속한(of the world) 사람은 아닙니다.

그러므로 남편(목회자)을 바라보지 말고 초점을 하나님께만 맞추어야 합니다. 남편, 자녀, 교인, 시부모 때문에는 참을 수 없지만 하나님 때문에 참을 수 있습니다. 그분은 나와 사모님들을 위해 온몸에 상처와 찢김을 받으셨으며, 피 한 방울 남기지 않고 다 흘리기까지 사랑하셨습니다. 가시관을 쓰신 예수 그리스도를 바라보시길 바랍니다. 반드시 기도의 능력을 얻을 것입니다.

한창 기도의 열정이 불타올라서 오직 예수님을 생각하며 매일 저녁 5시에 삼각산 능력봉에 올라 그 이튿날 새벽 5시에 내려오곤 했던 적이 있습니다. 여름에는 장대비를 다 맞으며 부르짖었고, 가을에는 낙엽이 머리까지 올라와도 모르고 기도했습니다. 추운 겨울에도 내리는 눈을 이불 삼아 기도하곤 했습니다.

사모들은 공적 예배 외에도 금식기도, 철야기도 등에 열심을 내어 특별기도를 해야 한다는 것이 저의 지론입니다. 남편이 1982년, 집회 도중 쓰러져 간경화로 두 달밖에 살 수 없다는 사형선고가 내려졌을 때 저는 목사님에게 달려가지 않고 먼저 하나님께 달려갔습니다.

예수님께서 내게 주신 말씀이 "너희가 내 이름으로 무엇을 구하든지 내가 시행하리니 이는 아버지로 하여금 아들을 인하여 영광을 얻으시게 하려 함이라 내 이름으로 무엇이든지 내게 구하면 내가 시행하리라"(요 14:13-14)였습니다.

이 말씀을 붙잡고 저는 삼각산에 올라가 소나무를 세 그루나 뽑으며 끝까지 기도하니 마침내 하나님의 응답이 떨어졌습니다. 눈을 떠보니 산에 오른 지 7일 만이었습니다. 남편은 하나님의 은혜로 병고를 물리치고 일어났고 이후 지금까지 사역을 잘하고 계십니다.

이렇게 기도의 끝장을 보고 반드시 응답받고 내려와야 합니다. 우리의 머리가 되신 그리스도께서 승리하셨으니 그의 몸 된 교회와 교회의 사명자인 우리 사모들도 큰 능력과 권세가 부여된 기도를 활용해 승리하시기 바랍니다.

기도 은사를
사역에 활용하라

　하나님께서는 하나님의 일에 쓰임받을 자를 뽑아 훈련시켜 적소에 쓰게 하십니다. 이 사역에는 인간적인 판단이나 기준이 전혀 적용되지 않습니다.

　이 사례는 저에게도 적용되는 것이라 아무리 부족해도 하나님이 들어 쓰시겠다고 하면 일꾼이 되어 쓰임받는 것이기에 모든 것을 감사로 받아들여야 합니다.

　하나님은 저에게 신학공부를 시키셔서 결국 경기도 평택대학에서 강의할 수 있게 만드셨고, 신앙수양에 도움이 된다고 여겨 시작한 붓글씨의 지경을 점점 넓혀주셔서 정통 서예가 모임인 국제난정필회에서 중국과 일본 등 외국에 내 작품을 출품시켜 하나님께 영광을 돌리게 하셨습니다.

기도 속에 나타나는 하나님의 손길

제가 세종문화회관과 운현궁에서 개인 서예전시회를 할 수 있는 기회를 얻었습니다. 여기서 생긴 수익금으로 교회 건축헌금을 드릴 수 있도록 은혜를 베풀어 주셨습니다. 저는 기도하는 자가 최종 승리자라고 생각합니다. 기도 속에 하나님의 손길이 나타나기 때문입니다.

사실 저는 뒤에서 조용하게 숨어 있는 것을 좋아하는 성격인데 하나님께서는 저를 드러내도록 하시고 또 높여 주심으로 하나님께 영광을 돌릴 수 있게 하셨습니다. 응답선교회 기도회의 사역도 놀라울 만큼 확대되도록 인도하셨습니다. 하나님의 사역은 더 크게, 더 멀리 퍼져 나가야 합니다.

진정으로 기도할 때 나 자신은 없어지고 오히려 상대의 심정과 처지가 되어서 애쓰고 힘쓰며 기도하게 됩니다. 이때 모든 문제의 해결자이신 하나님께서 역사하시는 것을 체험합니다. 그 누구 보다 자신을 자신이 잘 압니다. 지금의 나 자신을 진실하게 살펴보면서 항상 깨어 기도하고 있는가 스스로에게 질문해야 합니다.

나는 기도로 하늘보좌를 움직일 수 있는가? 아니면 주신 능력을 방치하고 있는가? 아니면 잃어버렸는가를 스스로 살펴보시길 바랍니다.

기도의 은사는 하나님을 찾는 누구에게나 주셨습니다. "진실로 다시 너희에게 이르노니 너희 중에 두 사람이 땅에서 합심하여 무엇이든지 구하면 하늘에 계신 내 아버지께서 저희를 위하여 이루게 하시리라 두세 사람이 내 이름으로 모인 곳에는 나도 그들 중에 있느니라"(마 18:19-20)고 하셨습니다.

이와 같은 약속의 말씀처럼 우리가 기도할 때에 하늘 문이 열리고, 주가 내 안에 내가 주 안에 거하므로 내 속에서 주님이 당신의 일을 행하시는 것입니다.

얼마 전에 남편 목사님이 해외 부흥회 인도차 출타 중일 때 급한 서류를 준비해야 하는 일이 생겼습니다. 교회 사무원, 전도사님, 장로님들이 차례로 가셨지만 본인이 아니면 절대 서류발급이 안 된다고 하는 것이었습니다. 그래서 결국 제가 간절히 기도한 후에 관청에 가서 제일 높은 분을 만나 이렇게 부탁했습니다.

"세계 만국이 하나님의 것이며, 세계 모든 권력이 하나님의 것이며, 세계 만물이 하나님의 것입니다. 그런데 저는 그 하나님의 사랑을 받는 외동딸입니다. 이곳 컴퓨터로 저희에게 필요한 모든 서류를 준비해 주십시오."

저의 엉뚱한 이 말에 그분은 기가 막히다는 듯 웃더니 순순히 서류를 준비해 주었습니다.

사람으로는 할 수 없으되 하나님은 모든 것을 하십니다. 왜냐하면 '하나님의 나라는 말에 있지 아니하고 오직 능력'(고전 4:20)에 있기 때문입니다. 그러므로 우리는 기도의 양을 채워야 합니다. 은행에 저축을 많이 한 사람이 필요할 때에 돈을 빼 쓸 수 있듯이 기도의 은행에 가득 채울 때 역사가 일어나는 것입니다.

기도원 집회에서 제게 딱 1시간만 말씀을 전해 달라고 연락이 오고, 여전도회에서도 1시간만 말씀 전해 달라고 연락이 와도 이날이 응답기도회가 있는 날이면 다 거절하고 기도회에만 제가 신경을 쓰는 이유가 있습니다.

그것은 이 기도회 인도가 하나님이 제게 맡겨주신 최고의 사명이며 기도가 많은 사람을 죽음에서 살리고 고통에서 건지도록 도와주기 때문입니다.

"나의 나 된 것은 하나님의 은혜로 된 것이니 내게 주신 그의 은혜가 헛되지 아니하여 내가 모든 사도보다 더 많이 수고하였으나 내가 아니요 오직 나와 함께하신 하나님의 은혜로라"(고전15:10)는 말씀을 기억하시면 좋겠습니다.

은혜는 더 큰 은혜를 부른다

필리핀 현지 사모들 50여명이 한국에 와서 응답기도회에 참석한 적이 있었습니다. 함께 기도하는데 통역하시는 분이 있어서 큰 어려움은 없었지만 제 설교 통역이 한 템포씩 늦어지다 보니 반응이 즉각 이루어지지 않고 한 박자씩 늦게 아멘이 터져 나왔습니다.

그런데 제가 외운 성경말씀을 영어로 즉석에서 암송하니 필리핀도 영어를 많이 사용해 모두 알아듣고 바로 바로 '할렐루야' '아멘'이 힘차게 터져 나왔습니다. 순간 그동안 제가 영어로 성경말씀을 외운 것이 다 이 때를 위한 것이었다는 생각이 들며 하나님께 감사를 드렸습니다.

기도하는 사람에겐 모든 상황이 은혜이고 이 은혜가 또 어느 상황에서 더 큰 은혜로 바뀌게 된다는 것을 체험하는 순간이었습니다. 저는 이날 필리핀 목사 사모들에게 기도의 중요성을 거듭 역설하고 이런 내용을 강조했습니다.

"여러분 기도는 만사를 변화시킵니다. 그러나 기도가 쉬운 것은 아닙니다. 그러기에 기도부탁을 마치 인사치례 하듯이 쉽게 부탁하는 것은 신앙의 초보자가 하는 것입니다. 기도하는 내용이 힘들고 어려울수록 기도하는 이의 혼과 진이 빠지는 사역이기에 감사한 마음으로 고마움을 표시해야 합니다. 말 뿐 아니라 물질적으로도 감사를 해야 하는 것입니다.

기도를 많이 하면 백만장자가 안 부럽습니다. 하나님이 중보자를 통해 이루시는 역사를 눈으로 보는 여러분이 되길 바랍니다. 깊은 기도에 들어갈 수 있는 것은 하나님의 은혜입니다. 또 인내하며 기도하는 기도훈련도 해야 합니다.

또 하나님이 하신 일을 마치 자신이 기도해 이룬 것처럼 포장하거나 자신이 기도로 다 이루어 줄 것처럼 자랑하는 것도 기도자가 유의해야 할 일입니다. 여러분! 눈이 다 녹은 다음에 걸어가는 자는 패배자이지만 눈을 치워가면서 걸어가는 자는 승리자입니다."

능력제한과 갈등을 부추키는 마귀

필리핀 사모들에게서 연신 '할렐루야'가 터져 나왔습니다. 피부색도 다르고 언어도 다르고 환경도 다른 필리핀 사모들이었지만 그리스도 안에서는 하나된 영 '성령'으로 통하는 은혜로운 시간이었습니다.

제 경험에 비추면 하나님은 한 번에 많은 은혜를 주시지 않고 조금씩 조금씩 점진적으로 은혜를 주시곤 합니다. 그래서 우리 죄를 사하시고 말씀을 먹고 자라도록 손짓하며 이끌어주시는 것을 체험하곤 합니다.

"여호와께서 말씀하시되 오라 우리가 서로 변론하자 너희 죄가 주홍 같을 지라도 눈과 같이 희어질 것이요 진홍 같이 붉을지라도 양털 같이 되리라"(사1:18)

우리가 기도할 때 내가 먼저 회개기도를 하고 다른 사람을 위해서도 기도해야 합니다. 내 안의 그릇이 청결해야 남을 위한 기도도 바르게 올라가는 것을 보게 됩니다.

내게 능력 주시는 자 안에서 내가 모든 것을 할 수 있는(빌4:13) 반면 마귀는 호시탐탐 하나님의 능력, 기도의 능력이 제한되도록 우리를 허물어 현실에 실망하도록 만듭니다. 기도하는데 왜 이런 결과가 나오느냐고 마음을 부추켜 시험에 들게 만드는 것입니다.

저희 교회가 성전건축을 할 때 관리를 교회 성도인 집사님께 다 맡기고 목사님은 부흥회를 가셨습니다. 그런데 공사를 관리하던 그 집사님이 목사님 이름으로 어음을 발행해 공사업자들에게 나눠주고 교회가 지불한 공사비(현금)를 가지고 사라져 버리는 엄청난 사건이 일어났습니다.

어음만기일이 다가오자 우리는 공사비를 주었지만 돈을 못받은 하청업자들이 몰려와 '목사 도둑놈'이라고 쓴 프랭카드를 걸고 교회 앞에 진을 치고 앉아 데모를 시작했습니다.

이 상황에서 교회 성도들은 3일간 금식하며 릴레이 기도를 하기로 마음을 모았고 한마음으로 사태해결을 위해 기도하기 시작했습니다. 우리 교회가 다시 공사비를 마련할 수 있는 형편은 안되었고 부도어음으로 공사비를 못받은 하청업자들도 충분히 이해되는 상황이라 기도밖에 달리 방법이 없었습니다.

저는 보통 하루에 3시간에서 많게는 15시간까지 산을 돌고 또 돌며 산기도를 했습니다. 이 문제를 해결해 주십사고 간절하고 또 간절하게 기도했습니다.

놀라운 중보기도의 능력

하나님께서는 이 때 특별히 성경 두 구절을 기억나게 하시며 기도를 쌓도록 하셨습니다.

"내가 진실로 너희에게 이르노니 누구든지 이 산더러 들리어 바다에 던지우라 하며 그 말하는 것이 이룰 줄 믿고 마음에 의심치 아니하면 그대로 되리라"(막11:23)

"그러므로 내가 너희에게 말하노니 무엇이든지 기도하고 구하는 것은 받은 줄로 믿으라 그리하면 너희에게 그대로 되리라"(막11:24)

이렇게 다시 기억하고 싶지 않을 정도의 고통스런 건축 문제가 어느 한 순간 정말 놀랍도록 신기하게 해결되는 것을 보며 새삼 하나님의 일하심과 기도의 힘, 중보기도의 능력을 절감하였습니다.

모든 우선순위를 하나님께 두고 기도하되 상황을 긍정적으로 보며 정말 낮아진 자세로 하나님께 매달렸을 때 응답해 주셨습니다.

은혜롭게 건축문제가 해결된 후 하나님은 출애굽기 33장 19절 말씀도 주셨습니다.

"여호와께서 가라사대 내가 나의 모든 선한 형상을 네 앞으로 지나
게 하고 여호와의 이름을 네 앞에 반포하리라 나는 은혜 줄 자에게
은혜를 주고 긍휼히 여길 자에게 긍휼을 베푸느니라"

하나님의 약속과 응답은 성경에만 있는 것이 아니라 지금 이 시간
도 현재 진행형입니다. 주님의 영광을 위해 그리스도의 은혜를 덧입고
기도마다 응답받음으로 하나님의 선한 일꾼이 되시길 주님의 이름으
로 축원드립니다.

룻의 신앙과
인생역전

"나오미가 또 가로되 보라 네 동서는 그 백성과 그 신에게로 돌아가
나니 너도 동서를 따라 돌아가라 룻이 가로되 나로 어머니를 떠나며
어머니를 따르지 말고 돌아가라 강권하지 마옵소서 어머니께서 가
시는 곳에 나도 가고 어머니께서 유숙하는 곳에서 나도 유숙하겠나
이다 어머니의 백성이 나의 백성이 되고 어머니의 하나님이 나의 하
나님이 되시리니"(룻 1:15~16)

사모들에게 룻기 말씀은 신앙에 큰 도전과 은혜를 줍니다.

룻이라는 여인의 삶은 고난으로 가득한 삶이었습니다. 자식도 없이
남편을 잃고 과부가 되었으니 무슨 소망이 있었겠습니까. "너희는 아

직 젊은데 나를 따라가서 무슨 소망이 있느냐"고 한 시어머니 나오미의 말처럼 룻이 베들레헴으로 쫓아가 보아야 아무런 소망이 없는 듯 보였습니다.

하지만 그녀는 완전한 인생역전에 성공하게 됩니다. 룻은 졸지에 과부가 된 이방 여인이었지만, 그녀는 하나님의 놀라운 은혜로 다윗 왕의 증조할머니가 되었고 예수 그리스도의 조상이 되었으니 말입니다.

실패와 절망 속에 있는 사람이라면 누구나 인생역전을 꿈꿀 것입니다. 모압 여인 룻은 인생역전에 성공한 대표적인 성경 속 인물입니다. 그녀를 보면 우리의 어떤 상황에서도 소망이 있습니다.

우리의 인생도 얼마든지 바뀌고 역전될 수 있기 때문입니다. 극적인 역전은 룻에게만 해당되는 것이 아니라 예수를 믿는 우리 모두에게도 충분히 가능한 일이기 때문입니다.

"찬송하리로다 하나님 곧 우리 주 예수 그리스도의 아버지께서 그리스도 안에서 하늘에 속한 모든 신령한 복으로 우리에게 복 주시되"(엡1:3)

나의 인생을 향한 하나님의 기대와 소망은 내 인생이 어떤 절망 속에 있더라도 바꾸어주셔서 찬송하는 자로 만들어 주심을 기억하시길 바랍니다.

우리의 실수와 허물까지도 속량해 주시고 하나님의 지혜와 총명으로 탁월한 사람으로 만들어 주시고 우리 한 사람 한 사람을 하나님의 기업으로 삼아주시는 것입니다. 그렇기에 이방 여인 룻도 인생역전에 성공할 수 있었습니다. 그렇다면 과연 무엇이 그녀의 삶을 역전시켰을까요.

고향으로 떠나는 인생결단

먼저 그녀는 인생역전을 위해 떠나는 결단을 했습니다. 시어머니 나오미의 고향으로 함께 떠나는 결단을 한 것입니다. 룻은 자신의 삶의 터전인 모압을 떠났고, 자기 백성들을 떠났으며, 자기 민족이 섬겨오던 신을 떠났습니다.

인생의 역전은 우리가 있던 곳에서 떠나는 결단에서부터 시작됩니다. 똑같은 신앙, 똑같은 예배, 똑같은 봉사를 가지고는 현재 당하는 고통을 해결할 수 없기 때문입니다. 인생의 역전을 위해서는 옛 것을 떠나는 결단이 있어야 합니다.

둘째, 그녀는 지혜로운 선택을 했습니다. 나오미의 첫째 며느리인 오르바도 룻과 마찬가지로 젊은 나이에 자식도 없이 과부가 되었습니다. 하지만 그녀는 룻과는 다른 선택을 했습니다.

시어머니 나오미의 말대로 자기 고향과, 가족, 그들이 섬기는 신에게로 돌아갔습니다. 룻과 오르바의 처음 처지는 같았지만, 나중 인생은 180도로 달라졌습니다. 전혀 다른 선택을 했기 때문입니다.

룻은 지혜로운 선택을 했기 때문에 예수 그리스도의 조상이 되는 축복을 받게 됐고, 오르바는 지혜롭지 못한 선택을 했기 때문에 예수를 모르는 이방 여인으로 살다가 저주 받은 죽음을 맞았습니다. 인생의 성공과 실패는 어떤 선택을 하느냐에 따라서 결정되는 것이므로 기도 가운데 늘 깨어서 지혜로운 선택을 해야 합니다.

셋째, 그녀는 시어머니 나오미에게 헌신했습니다. 룻은 자신의 생애를 시어머니 나오미에게 헌신하는 데 쏟았고, 시어머니의 백성과 시어머니의 하나님께 헌신했습니다. 그러니 아는 사람 한 명도 없는 베들레헴까지 따라와 이삭줍기까지 하면서 시어머니를 봉양했던 것입니다.

룻의 인생역전은 바로 헌신적인 사랑에서 비롯됐다고 할 수 있습니다. 참된 헌신은 믿음의 조상 아브라함이 백세에 얻은 귀한 아들 이삭을 번제로 드리라는 하나님의 요구에 아무런 원망 없이 내어놓은 것입니다.

또 주님과 그의 제자들이 유월절을 지내기 위해 방을 요구했을 때 의심 없이, 어떠한 확인도 없이, 계약서 한 장 쓰지 않고 그 방을 선뜻 내어준 주인 역시 참된 헌신을 한 것입니다.

진정한 헌신은 가장 소중한 것을 버리는 것이며, 가장 소중한 것을 드리는 것입니다.

넷째, 룻은 겸손했습니다. 룻은 시어머니를 봉양하기 위해 아주 작은 일이라도 마다하지 않고 겸손히 받아들였습니다. 그래서 가난한 고아와 과부, 이방인와 나그네를 위해 남겨둔 이삭을 줍기 시작했습니다.

이삭줍기는 인생의 밑바닥에 있는 사람들이 하는 일입니다. 여기서 룻의 겸손함을 본 하나님께서 낮은 자의 모습으로 작은 일부터 시작하는 룻을 높여주신 것입니다.

작은 일에 최선을 다한 룻

베드로전서 5장 5~6절에 "젊은 자들아 이와 같이 장로들에게 순복하고 다 서로 겸손으로 허리를 동이라 하나님이 교만한 자를 대적하시되 겸손한 자들에게 은혜를 주시느니라 그러므로 하나님의 능하신 손 아래서 겸손하라 때가 되면 너희를 높이시리라"고 했습니다. 마지막으로 룻은 작은 일에 최선을 다했습니다.

룻기 2장 6~7절을 봅니다. "베는 자를 거느린 사환이 대답하여 가로되 이는 나오미와 함께 모압 지방에서 돌아온 모압 소녀인데 그의 말이 나로 베는 자를 따라 단 사이에서 이삭을 줍게 하소서 하였고 아침부터 와서 잠시 집에서 쉰 외에 지금까지 계속하는 중이니이다"

이삭줍기는 율법에 당연히 허락된 일인데도 룻은 겸손히 허락을 구했으며 아침부터 하루 종일 최선을 다해서 이삭을 주웠습니다. 룻이 작은 일에 충성된 사람이었기에 예수님의 조상이 되는 '큰 일'을 맡기신 것입니다.

"그 주인이 이르되 잘하였도다 착하고 충성된 종아 네가 작은 일에 충성하였으매 내가 많은 것으로 네게 맡게 맡기리니 네 주인의 즐거움에 참여할찌어다 하고"(마25:21)란 말씀이 이를 뒷받침합니다.

우리에게도 룻처럼 문제가 있는 곳을 떠나는 결단과 하나님께로 향하는 지혜로운 선택을 통해 고난 많은 인생을 역전하는 놀라운 은혜와 축복이 있기를 바랍니다.

"마음을 같이하여 같은 사랑을 가지고 뜻을 합하여 한 마음을 품어 아무 일에든지 다툼이나 허영으로 하지 말고 오직 겸손한 마음으로 각각 자기보다 남을 낮게 여기고 각각 자기 일을 돌아볼 뿐더러 또한 각각 다른 사람들의 일을 돌아보아 나의 기쁨을 충만케 하라"(빌2:2~4)

성령과 동업하는
지혜로운 사모

옛 어른들이 하는 말씀 중에 하나가 친한 친구와는 절대 동업하지 말라고 했습니다. 자칫 잘못되면 돈도 잃고 친구도 잃기 십상이라는 것이 이구동성으로 하시는 말씀이었습니다.

이처럼 동업은 철저한 신뢰를 바탕으로 해야 하는데, 신뢰를 지키기가 그만큼 어렵다는 얘기입니다. 사람과 동업을 잘못하게 되면 이용당하기도 하고 배신을 당하기도 합니다.

그러나 성령님과 동업을 하게 되면 모든 일에 만사형통이 됩니다. 고린도후서 13장 13절에 "주 예수 그리스도의 은혜와 하나님의 사랑과 성령의 교통하심이 너희 무리와 함께 있을찌어다"라고 되어 있습니다.

여기서 성령의 교통하심이란 성령과 교제를 나누는 것을 말하는데, 교제란 함께 나누고 참여하며 공유하는 것을 뜻합니다. 성령과 교제를 나누고 교통하는 것은 바로 성령이 우리의 동업자가 된다는 말씀입니다.

결국 성령과 동업하는 것은 성령과 함께 의논하고 대화를 나누며 성령의 가르침에 따르는 것입니다. 우리가 성령과 동업을 하게 되면 성령은 하나님과 우리 사이를 이어주십니다.

성령의 음성에 집중하라

나의 어렵고 힘든 사정을 성령이 그대로 다 하나님께 아뢰어 주시고, 하나님의 뜻을 그대로 다 내게 감동으로 전해주는 것이 성령의 역할입니다.

고린도전서 2장 10절에도 "오직 하나님의 성령으로 이것을 우리에게 보이셨으니 성령은 모든 것 곧 하나님의 깊은 것이라도 통달하시느니라"고 되어 있습니다.

그렇다면 우리가 성령과 동업하려면 어떻게 해야 할가요. 무엇보다 부르짖어 중보기도를 해야 합니다. 속담에 우는 아이에게 젖을 준다고 했습니다. 울지 않으면 아이가 배고프다는 것을 알 수가 없습니다.

"모든 기도와 간구로 하되 무시로 성령 안에서 기도하고 이를 위하여 깨어 구하기를 항상 힘쓰며 여러 성도를 위하여 구하고"(에베소서 6:18)

특별히 목회자가 성령과 동업하며 사역을 하려면 무시로 성령 안에서 성도를 위하여 구하고 간구해야 합니다. 그런데 교회들이 어느 정도 기반을 잡게 되면 목사님도 그렇고, 사모님들도 중보기도를 게을리 하게 됩니다. 성도들을 위해 무릎 꿇고 엎드려 기도하기보다는 이곳저곳 세미나 쫓아다니며 지식 쌓기에 바쁘기 때문입니다.

이런 가운데 어느새 영성을 깨우는 기도는 뒷전이 되고, 이성적이고 논리적인 학문을 추구하면서 지성미 넘치는 사모님들이 되고자 애를 쓰는 것입니다.

물론 세미나에서 갖가지 이론들을 배우는 것이 나쁘다는 얘기는 아닙니다. 다만 그것이 기도보다 앞서서는 안 된다는 말입니다. 항상 깨어서 무시로 기도와 간구로 성도들을 위해 부르짖어 기도할 때 성령께서는 우리와 동업을 하시며 우리의 문제를 들어 응답하시는 것입니다.

지식은 우리가 노력해서 배우고 익혀 쌓아가는 것이지만, 지혜는 우리가 기도로 구할 때 성령께서 그때마다 우리에게 내려주시는 것입니다.

때문에 아무리 지식이 넘치는 사람이라 할지라도 지혜로운 사람을 이길 수 없습니다. 우리는 지성미 넘치는 사모보다는 지혜로운 사모가 되어야 할 것입니다. 성령께서 우리와 함께할 때 우리는 그 어느 때보다 가장 지혜로울 수 있다는 사실을 항상 잊지 말아야 합니다.

"우리가 이것을 말하거니와 사람의 지혜의 가르친 말로 아니하고 오직 성령의 가르치신 것으로 하니 신령한 일은 신령한 것으로 분별하느니라"(고전2:13)

성령이 주시는 지혜와 영성

그런데 우리가 기도를 게을리 하게 되면 지혜로울 수도 없고, 성령과의 동업도 기대하기 힘듭니다. 우리가 성령과의 동업에 실패하면 성령의 역사함이 없을 뿐 아니라 이 사실을 마귀가 기뻐합니다.

그리스도의 자녀로서 마귀가 기뻐하는 일을 해서는 안될 것입니다. 죄인들이 회개하지 않는 것이 죄가 되는 것처럼, 그리스도인이 성령충만하지 않는 것도 죄가 되는 것입니다.

성령과 동행하려면 또 집중기도를 해야 합니다. 대부분의 사람들은 집중기도의 중요성을 잘 알고 있지만 실천하지 못하는 경우가 많습니다. 우리는 종종 감나무 아래에서 입만 벌리고 있는 것과 같은 기도를 할 때가 있습니다. 너무나 막연하게 되면 되고 안되면 안되고 식의 기도에는 성령께서 쉽게 응답하지 않으십니다.

집중해서 기도를 하려면 언약의 말씀을 붙잡고 기도해야 합니다. 말씀을 모르면 신비주의에 빠지기 쉽고, 그 반대로 말씀은 있으나 기도를 하지 않으면 인본주의로 흐르기 쉽습니다.

그러므로 하나님의 말씀을 붙잡고 집중적으로 기도할 때 성령께서 우리와 함께 해 주시는 것입니다.

초대교회 역사를 보면 초대교회 성도들은 무엇을 하든지 기도로 시작하고 기도로 끝냈습니다. 늘 모여 기도하기에 힘쓰며 말씀과 기도 생활에 전력했습니다.

우리도 전도하기 전 기도하는 바울처럼 하나님이 맡겨주신 자녀에게 어려서부터 말씀훈련과 기도훈련을 시키기 위해, 사명주신 것을 회복하기 위해, 흑암 세력에 잡혀 있는 불신자를 위해 집중해서 기도해야 할 것입니다.

우리에게 가장 필요한 것은 하나님의 능력이며 성령과 동업하는 것입니다. 이것을 위해 끊임없이 집중기도를 할 필요가 있습니다. 하나님을 향한 뜨거운 사랑이 우리의 마음에 일어나도록 기도해야 하는 것입니다.

성경은 "육에 속한 사람은 하나님의 성령의 일을 받지 아니하나니 저희에게는 미련하게 보임이요 또 깨닫지도 못하나니 이런 일은 영적으로라야 분변함이니라"(고전2:14)고 말씀합니다.

성령과 동업하려면 또 우리의 사랑과 헌신을 드려야 합니다. 스펜서는 "세상의 혹독한 연단이 사실은 하나님의 다정함으로부터 나온

다"고 했습니다. 하나님께서는 형식적인 제사와 번제보다는 우리의 사랑과 헌신을 원하십니다. 우리는 온 마음을 다해 신실함으로 인내하며 기도하라는 하나님의 명령을 지켜야만 합니다.

기도로 얻는 풍성함과 평강

기도는 우리의 삶을 풍요롭게 하며 우리들의 교회에 평강과 위엄이 넘치게 하는 것입니다. 우리는 외모를 치장하는 데만 관심을 두고 있지 않은지, 안일하고 게으르지 않은지, 하나님을 공경하는 자로서 오늘 내가 더욱 힘써야 할 선행은 무엇인지, 주님을 더 사랑하지 못한 것이 내 죄악 때문은 아닌지 늘 점검하고 애통한 마음으로 기도해야 합니다.

우리가 구할 것은 눈에 보이는 육적인 것이 아니라 보이지 않는 영적인 것입니다. 성경에는 네 영혼이 잘 됨 같이 범사가 형통하리라고 했습니다. 세상에 굶주리고 시들어 인색한 영혼을 바라보게 될 때 우리는 기도하지 않을 수 없습니다. 오직 기도할 때만 진정한 헌신을 할 수 있으며 성령과 동업할 수 있기 때문입니다.

"우리를 구원하시되 우리의 행한 바 의로운 행위로 말미암지 아니하고 오직 그의 긍휼하심을 좇아 중생의 씻음과 성령의 새롭게 하심으로 하셨나니"(딛3:5)

우리는 하나님으로부터 부름받은 일꾼입니다. 이 사실에 자부심과 자긍심을 갖고 최선을 다해 하나님나라 확장에 앞장서야 합니다. 그래서 우리가 섬기는 교회를 통해 하나님께 영광을 돌리고 이곳에서 훈련된 많은 성도들이 세상으로 뻗어 나가길 기대하고 기도합니다.

시련과 연단으로
거듭나는 사모

우리는 신앙생활을 하면서 무엇보다 시련과 연단이라는 과정을 잘 이겨내야 끝내 승리합니다. 이것은 마치 멋진 도자기 작품이 만들어지는 과정과 비슷합니다. 모든 과정에 흠없고 최선을 다할 때 열매가 맺어지는 것입니다.

고운 흙을 이겨 모양을 빚고 문양을 새겨서 1차 유약을 바르고 초벌구이를 하고 다시 2차 유약을 바른 뒤에 재벌구이를 합니다. 특히 재벌구이 과정은 가장 중요한 작업인데, 무려 1,500도를 오르내리는 고온의 불 속에서 꼬박 하루를 견뎌야 합니다.

자연적으로 열이 식기를 이틀 정도 기다린 뒤에야 도자기를 꺼낼 수 있습니다. 이렇게 까다로운 과정과 고열을 견뎌내야만 도자기로서 그

빛을 발할 수 있는 것입니다.

연단을 통한 순도 100%의 신앙

우리 신앙도 이와 같다고 할 수 있습니다. 고난과 연단의 시간이 반복되면서 더욱 더 성숙하고 견고한 신앙인으로 성장해 가는 것입니다.

금은 용광로 속의 제련과정을 통해 순도 100% 금이 됩니다. 금보다 더 귀한 믿음으로 인정받으려면 불같은 시험 속에 들어가 통과를 해야 합니다. 그래서 시편 119편 71절에 "고난 당하는 것이 내게 유익이라 이로 인하여 내가 주의 율례를 배우게 되었나이다"라고 했던 것입니다.

뉴질랜드에는 날지 못하는 새 다섯 종류가 있다고 합니다. 왜 날지 못하는 새가 생겼을까요. 그 섬에는 새의 천적이 되는 다른 동물들이 없었기 때문입니다. 심지어 뱀들도 독이 없다고 하니 새들이 굳이 공중으로 날아오를 필요가 없었던 것입니다. 그저 나뭇가지나 땅에서 먹이를 구하다 보니 날개는 있어도 날지 못하는 새가 된 것입니다.

자신을 채찍질해 줄 연단과 시련이 없다면 안일하고 나태해져 퇴보하게 됩니다. 신앙생활 또한 우리를 단련시킬 시험과 환란이 없다면 금방 나태해져 기도를 게을리 할 것이 뻔합니다.

로마서 5장 4절에 "인내는 연단을 연단은 소망을 이루는 줄 앎이로다"라고 하신 말씀처럼 연단을 인내해야 합니다. 하나님께서는 시험과 연단을 주시되 우리가 감당할 수 있는 시험, 즉 견딜만한 연단을 주시는 분이십니다. 아무리 험난한 시험이라 할지라도, 결정적이고 치명적인 것으로 치시지는 않는다는 얘기입니다. 견딜만한 시험을 주실 뿐 아니라 피할 길도 함께 주시는 좋으신 하나님이십니다.

"사람이 감당할 시험 밖에는 너희에게 당한 것이 없나니 오직 하나님은 미쁘사 너희가 감당치 못할 시험 당함을 허락지 아니하시고 시험 당할 즈음에 또한 피할 길을 내사 너희로 능히 감당하게 하시느니라"(고전10:13)

그러므로 아골 골짜기와 같은 혹독한 시련을 통과하고 있더라도 절망하지 말고 담대해야 합니다. 소망의 하나님을 바라보고 이겨나가야 하는 것입니다. 그 안에 해법이 있기 때문입니다.

나를 돌아보게 만드는 연단

고난을 이기기 위해 최선의 노력을 다해야 하지만, 그것이 인간의 최선뿐이라면 결코 이겨낼 수 없습니다. 고난이 왔을 때 하나님을 바라봄으로, 하나님을 의지함으로 이겨낼 수 있는 것입니다.

특히 사명자라면 연단의 시험이 더욱 필요합니다. 연단 받는 동안 자신을 돌아보게 되고, 기도를 많이 하게 되며, 말씀을 통해 많은 것을 깨닫게 되기 때문입니다. 이를 통해 마음이 넓어져 사랑과 이해, 용서할 줄 아는 사람이 되므로 사모로 쓰임 받기에 충분한 그릇이 될 수 있는 것입니다.

연단 받은 자와 안 받은 자는 하늘과 땅 차이가 납니다. 어떤 사모는 저를 보면 어떠한 험난한 문제가 생겨도 조금도 두려워하지 않고 묵묵히 잘 감당해 나가는 모습이 너무 부럽다고 말한 적이 있습니다.

그분은 어떻게 혹독한 시련을 통과했는지 자신도 배워서 그 연단 과정을 빨리 끝내고 하나님께 칭찬받는 사모가 되었으면 좋겠다는 것이었습니다.

하지만 저도 연단 받는 것이 힘들어 울기도 참 많이 울었습니다. 금식하면서 철야기도도 많이 하고 성경도 열심히 읽고 성경 연구도 하다 보니 그 연단을 감당할만한 힘이 생겼던 것입니다.

시련과 연단을 통해 얻어지는 믿음

이처럼 두려워하는 마음이나 어려움 없이 연단을 이겨낼 수 있었던 것은 내가 하는 것이 아니라 주님의 은혜로 살았기 때문입니다. 내 힘으로는 감당할 수 없지만 주님의 이름으로 이겨낼 수 있는 것입니다.

여러 사모님들도 이처럼 연단의 시험을 무사히 이겨내고 승리하게 되면 하나님께서는 그 즉시 우리의 기도에 응답하시고 축복을 내려 주실 것이라 믿습니다.

"우리의 잠시 받는 환난의 경한 것이 지극히 크고 영원한 영광의 중한 것을 우리에게 이루게 함이니"(고후4:17)

우리가 어렵고 힘든 연단을 잘 견뎌냈기에 하나님께서 영광과 축복을 주시는 것입니다. 사람을 의지하지 아니하고 환경을 의지하지 아니하고 오직 주님을 바라보며 이겨낸 우리들의 믿음을 기뻐하시며 축복하시는 것입니다.

그런데 이렇게 축복을 받은 후 방심을 하면 안 됩니다. 자칫하면 힘들게 견뎌온 연단의 시간들을 헛되게 만들 수 있기 때문입니다. 더욱 열심히 기도하며 날마다 더욱 엄격하게 내 신앙의 가지치기를 해야 할 것입니다. 야고보서 말씀으로 말씀을 마칩니다.

"시험을 참는 자는 복이 있도다 이것에 옳다 인정하심을 받은 후에 주께서 자기를 사랑하는 자들에게 약속하신 생명의 면류관을 얻을 것임이니라"(약1:12)

凡事感謝

너는 몸의 근원이 될지라

창세기 십이장 일절

오직 예수

Part 4

기도만이 살 길이다.
응답기도회

예오
수직

二〇一六年 文岩

응답기도회를 시작한
7명의 동창생

강력한 성령이 임한 기도모임

2023년은 제가 하나님의 일꾼으로 부름받아 사역한지 50년이 되었습니다. 그전에도 모여 기도모임을 갖긴 했지만 기도가 불이 붙어 기도회를 본격으로 시작한 것은 신학교 동창생들 때문이었습니다.

어느 늦가을 날이었습니다. 결혼 직후였고 남편은 전도사 신분으로 기도원에서 일주일이나 2주에 한 번씩 집에 오곤 했습니다. 당시 월급이 없어 당연히 생활비도 가져다 주지 못했습니다.

그날 따라 저녁밥을 지을 쌀도, 연탄도 다 떨어지고 없었습니다. 마루에 있던 연탄난로에 불을 피워야 하는데 연탄이 없으니 고스란히 추위에 떨어야 할 상황이었습니다.

바로 그 때 7명의 신학교 친구들이 동창회에 가자며 우리 집을 예고 없이 덜컥 방문했습니다. 이들은 얼마 전 결혼한 내가 어떻게 사는지 궁금해 우리 집을 아는 친구를 하나 앞세워 방문한 것입니다.

신학교 동창들이니 교회에서 사역하는 전도사로 있거나 이미 결혼한 사모들이 대부분이었습니다. 친했던 친구들의 방문이 무척 반가웠으나 지금 형편으론 선뜻 그들을 따라 나설 수 없었습니다.

사는 모습도 창피했고, 어려운 형편을 차마 이야기하지 못하고 친구들에게 그냥 집에서 함께 예배를 드리자고 권했습니다. 친구들은 나의 학창생활이 모범적이었고 기도를 많이 하는, 영성 깊은 친구라 여겨 주었기에 내 속사정을 아는지 모르는지 기도하자는 내 말에 좋다며 바로 예배가 시작되었습니다.

사실 그 때 제 마음 한 구석에서 하나님을 향한 강한 섭섭함이 있었습니다. 은혜를 사모하며 열심히 기도했고 주의 종을 만나 결혼해 사모가 되었는데, 찾아온 친구들에게 맛있는 저녁 한 끼 조차 접대할 형편이 못 된다는 사실이 원망스럽기만 했던 것입니다.

당시 상황이 방을 따뜻하게 덥힐 연탄도 없고, 아이들을 먹일 쌀조차 떨어진 상황이어서 더 그랬던 것입니다.

이런 마음을 담은 채 친구들 앞에서 저는 예배인도를 시작했습니다. 곤고한 마음이 있었기에 제 기도는 더 뜨거웠습니다. 저의 간절함을 아신 하나님께서는 이날 제게 말로 형용할 수 없는 성령충만함과 큰 은혜를 예배시간에 부어 주셨습니다.

내가 전한 메시지는 힘이 넘쳤고 뜨거운 기도는 친구들에게 하나님의 임재를 강하게 느끼게 해 주었습니다.

사모가 사는 가난한 단칸방에 온 친구들은 강력한 은혜를 체험하곤 갑자기 자신들의 주머니에 있는 돈을 다 털어 내놓으면서 "참으로 오랜만에 가슴이 뻥 뚫리는 은혜를 받았다"고 했습니다. 그리고는 "아예 매주 월요일(교역자들이 쉬는 날)에 이곳에 모여 함께 예배를 드리자"고 했습니다. '기도의 맛'을 체험한 것입니다.

저는 친구들이 이날 내놓은 돈으로 쌀 한 가마니, 연탄 30장을 살 수 있었는데 그때 심정은 부자가 따로 없는 듯 했습니다. 난로에 연탄을 피우고, 아이들에게 음식을 배불리 먹이고 나니 감사의 눈물이 저절로 나왔습니다. 친구들의 사랑을 하나님께서 갚아 달라고 기도했습니다.

이렇게 2~3일 정도 지났을 때 함께 예배드린 친구들, 즉 사모와 전도사들에게서 연락이 왔습니다. 함께 예배드리며 받은 성령충만함이 이후 심방을 하거나 기도할 때 영적 능력으로 가슴에서 솟구쳐 나오는 것을 체험했다는 것이었습니다.

더구나 성령이 충만해서 사역하니 병자가 고침 받고 가는 곳마다 하나님의 놀라운 은혜가 나타났다며 다음 주 월요일에 꼭 다시 모이자고 다시 한번 다짐하고 당부했습니다.

매주 이어지며 발전해 온 응답기도회

바로 이것이 계기가 되어 매주 월요일 2시에 '응답기도회' 라는 이름으로 기도모임이 본격적으로 자리매김했던 것입니다. 그리고 현재 매주 목요일 오전 10시로 시간을 옮겨 이 기도회를 지금까지 계속하고 있는 것입니다.

이렇게 응답기도회가 매주 월요일이 열리면서 저 역시 이 시간이 기다려졌고 제겐 이 기도회 인도가 큰 사명이라 여겨져 늘 기도로 철저히 준비하며 모임을 이끌었습니다.

그런데 은혜를 체험한 친구들이 주변에 응답기도회를 자랑하기 시작하면서 우리 뿐만 아니라 주위의 많은 분들이 그 시간에 모여 함께 예배를 드리게 되었고 기도모임이 점점 더 발전할 수 있었습니다. 또 기도하고 말씀을 나누는 가운데 하나님의 역사가 계속해서 일어났기 때문입니다.

이렇게 사역자 뿐 아니라 권사님과 평신도 등 은혜를 사모하는 여러 사람들도 일부 참석하게 되면서 은혜를 받고 감사헌금을 하는 분들이 계셨고 재정도 좀 모아지게 되었습니다.

저는 기도동역자들과 상의해 형편이 어려운 신학생들에게 학비를 전달하고, 교회를 개척하시는 사모님들에게도 작은 물질로 돕기 시작했습니다. 그밖에 군부대, 양로원, 사회적으로 소외된 이들을 돕기도 했습니다.

그리고 응답기도회에서 하는 구제 활동은 "너는 구제할 때에 오른손의 하는 것을 왼손이 모르게 하여"(마 6:3)라는 성경말씀에 근거 하여 소문을 내지 않고 하는 것을 원칙으로 삼았습니다.

당시 내가 살던 와우아파트는 지대가 높은 곳에 있어 버스정류장에서 내려 한참을 걸어 올라와야 도착했습니다. 그래서 응답기도회의 회원들은 올라올 때마다 너무나 힘들다며 '골고다 언덕'을 올라 간다고 말하곤 했습니다.

게다가 집도 좁아 회원들이 많아질수록 예배드리는 데 불편했기에 우리는 '응답기도회'를 마음껏 계속할 수 있는 거처를 마련하기 위해 헌금을 모으기 시작했습니다.

당시 남편이 시무하는 성복교회는 답십리 2층 건물에 월세로 있다가 2000만원을 빚진 상태로 장안동에 대지를 구입해 예배당을 건축하기 시작했습니다.

그런데 건축자금이 너무 부족해 늘 전전긍긍하고 있었습니다. 그런데 응답기도회 회원들이 응답기도회 기도처를 마련하려고 모았던 헌금을 교회건축헌금으로 드리자고 해주어 교회로서는 큰 힘이 되었습니다. 저는 회원들에게 너무나 미안하고 또 감사했습니다.

이렇게 응답기도회 초창기에 같이 모여 기도하고 신학교에 다니던 이들은 시간이 흐르면서 지금은 사모, 전도사, 교수, 기도원 원장이 되어 각자의 사명을 멋지게 잘 감당하고 있으니 하나님께서 모두에게 은혜를 주시고 알맞게 사명자로 쓰시고 계심을 보게 됩니다.

이렇게 기도모임이 이어지던 어느 날이었습니다. 같은 아파트 5층에 사는 성도가 저를 찾아와 상담을 원했습니다. 대학에 떨어져 삼수하는 아들이 있는데 이 아들을 위해 10일 동안 금식하던 중 꿈에 응답 기도회 회원들의 기도하는 모습을 보았다고 했습니다.

곳곳에서 나타난 기도의 응답들

그래서 그 분은 여기서 기도모임을 가질 때마다 아들을 위해 같이 기도해 주면 좋겠다며 중보기도를 요청했습니다. 그 뒤로 그분은 기도모임에 항상 참석하여 우리 회원들과 함께 열심히 기도했고, 그 해 아들은 원하는 대학에 들어가 다같이 기뻐하며 축하를 받았습니다.

지방에서 호텔을 경영하고 있던 그분의 남편은 술을 너무 즐겼는데 밤낮없이 마셔대다가 급기야 중풍으로 자리에 눕게 되었다고 합니다. 이번엔 남편을 놓고 같이 기도하던 중 하나님의 은혜로 남편의 병이 낫는 역사가 일어났습니다.

기도를 사모하고 간절히 원하는 자에게 하나님은 은혜를 허락하시는 것을 알 수 있었습니다. 그분은 계속 신앙생활을 열심히 하다 더 큰 은혜를 받고 운영하던 호텔을 금식기도원으로 개조해 사용하게 되었고 이후 농어촌 선교활동을 활발히 하는 하나님의 일꾼이 되었습니다. 누구도 생각하지 못한 결말을 보며 하나님의 놀라운 섭리를 다시 한번 깨닫게 됩니다.

어느 교회 권찰이 응답기도회를 찾아와 상담을 요청했습니다. 그분은 소위 일류대학을 나오고 물질도 풍부해 교만하기 이를 데 없었습니다.

신앙인이면서도 물질이 많으니 먹고 마시고 놀러 다니는 향락에도 젖은 생활을 하고 있었습니다. 그런데 늘 밤만 되면 잠을 자지 못하고 가위에 눌리곤 한다고 했습니다. 꿈에 탈바가지를 쓴 악령이 나타나고 코끼리가 코로 목을 조이며 밤새 괴롭히기도 한다는 것이었습니다.

그래서 금식기도원을 찾아가 3일간 금식하고 내려왔는데 어떤 분이 응답기도회를 소개해 주어 찾아왔다면서 문제해결을 부탁 했습니다. 저는 그분과 함께 아침 금식에 40일 작정기도를 하면 좋겠다는 깨달음이 와서 같이 하자고 권유했습니다.

아침은 금식하고 밤 12시부터 1시 30분까지 하루 한 시간 이상 기도하기로 하고 작정기도를 시작했습니다.

그분은 기도 중에서 여전히 세상과의 신나는 줄을 끊지 못해 미련을 보였고 이런 날이면 어김없이 밤마다 기침과 가래가 끓어 잠을 잘 수 없다며 우리집을 찾아와 자주 자고 가곤 했습니다.

그렇게 함께 기도하고 신앙과 영적교제를 나누며 지내다 보니 3년이라는 시간이 흘렀습니다. 그런데 갑자기 그분이 팔지 못하고 묶여 있던 부동산이 풀려 팔게 되었고 응답기도회에 큰 액수의 감사헌금을 내 주었습니다.

그러더니 갑자기 신학을 공부했고 더 열심히 공부하더니 나중엔 신학교수가 되어 사역자로 온전히 서게 되었습니다. 하나님께서 일꾼으로 삼은 사람은 늦게라도 불러 훈련시켜 사용하시는 것을 볼 수 있었습니다.

하나님의 때에 응답되는 기도

온양에서 응답기도회의 소문을 들은 한 목회자 사모님이 찾아왔습니다. 사모님은 저녁 5시만 지나면 졸음이 와서 예배 때나 기도드릴 때 고통을 받는다며 상담을 요청해 왔습니다. 목사 사모가 예배시에 조는 모습을 보여주는 것은 전혀 덕이 안 되니 무엇인가 방법을 찾고자 찾아온 것입니다.

남편은 미국 LA에서 목회를 하고 있고, 사모도 명문대를 나와 온양에서 고아원을 운영하고 있었습니다. 딸은 대학에 떨어져 삼수를 하고 있다고 했습니다. 매주 월요일마다 우리 응답기도회에 와서 같이 기도하고 은혜받기를 원했기에 함께 기도하기로 했습니다.

그분은 예배 때마다 졸음을 이기지 못해 늘 목사님 뵙기가 송구스러웠는데, 놀랍게도 응답기도회에만 참석하면 졸음이 오지 않는다며 2년이 넘도록 열심히 다녔습니다. 그 사이 딸은 대학에 합격했고 사모님 또한 졸음을 완전히 물리쳤다고 합니다.

고아원을 다른 분에게 맡기고 미국으로 들어가 남편의 목회 사역을 잘 보필하고 있다고 들었습니다.

여기서 우리가 깨달아야 할 것은 기도는 며칠, 아니 한 달, 두 달에 응답이 되지 않는다고 안타까워해서는 안 된다는 것입니다. 물론 즉시 응답이 이뤄지는 경우도 있지만 우리는 하나님 앞에서 깨어지고 낮아지고 부르짖는 가운데 하나님의 깊은 은혜를 체험하면서 기도응답을 얻게 됩니다.

그리고 내가 원하는 응답이 이뤄지지 않는 것이 나중에는 더 큰 응답이었음을 깨닫게 되는 경우도 있습니다. 내 뜻, 내 의지, 내 욕심이 들어간 기도는 하나님을 영화롭게 해 드리는 기도가 아닙니다.

기도는 무소부재 하시고 전지전능하신 하나님의 보좌를 움직이는, 하나님이 우리에게 주신 가장 큰 선물입니다.

내 기도의 골방,
삼각산 능력봉

영력을 위해 산기도를 시작

지금도 선명하게 기억나는 것이 있습니다. 어렸을 적 무속일을 하신 친정어머니가 백일 정성을 드릴 때면 저녁 9시에 산에 올라가서 새벽 4시에 내려오곤 했습니다. 제 어린 눈으로 보기에도 비가 오나 눈이 오나 하루도 빠지지 않고 계속해서 치성을 드리는 모습이 예사로 보이지 않았습니다.

예수 믿고 열심히 신앙생활을 하면서 이렇게 정성을 보인 어머니의 모습을 생각하니 귀신을 섬기는 이들도 이렇게 헌신적으로 기도하는데 하나님을 믿는 우리는 영적으로 더 승리해야 한다는 생각이 들었습니다. 그래서 나도 '기도의 용사'가 되어야겠다는 생각이 들었고 담력을 키우느라 산 기도를 다니기 시작했습니다.

1980년대 서울 삼각산에는 밤마다 산에 올라 기도하는 사람들이 많았습니다. 저도 능력봉에 올라가 어머니가 새벽 정성을 올린 것처럼 눈이 오나 비가 오나 산에 올라 기도를 했습니다.

그런데 하루는 산에서 기도를 드리는 중에 문득 무언가가 나를 휘감고 있는 느낌이 들었습니다. 조용히 눈을 떠서 살펴보니 누런 구렁이 다섯 마리가 나를 휘감고 있는 것이 느껴졌고 저는 처음으로 느끼는 큰 공포심에 너무 놀라 기절을 하고 말았습니다. 물론 진짜 구렁이가 아니고 마귀가 나를 공격하는 환상이었지만 정말 몸으로 온전히 느껴지는 무서운 체험이었습니다.

기절했던 제가 다시 눈을 떴을 때는 어느새 새벽이 되었을 때였습니다. 구렁이는 사라지고 보이지 않았지만 "믿는 자들에게는 이런 표적이 따르리니 곧 저희가 내 이름으로 귀신을 쫓아내며 새 방언을 말하며 뱀을 집으며 무슨 독을 마실지라도 해를 받지 아니하며 병든 사람에게 손을 얹은즉 나으리라"(막 16:17-18)는 말씀이 떠올랐습니다.

그래서 이 성경말씀을 붙잡고 다시 기도를 시작했습니다. 그랬더니 갑자기 평소 올라가고 싶었으나 무서워 올라가지 못한 높은 바위 위로 올라가고 싶었고 실행에 옮겨 간신히 올라갔습니다.

에스더처럼 '죽으면 죽으리라' 하는 마음으로 바위로 기어 올라갔습니다. 이 바위는 올라가면 한 사람 정도 겨우 앉아 기도할 수 있는 장소가 있었습니다. 떨어지면 그대로 죽는 낭떨어지라 사람들은 잘 올라가지 않는 곳이었습니다.

이날은 왜 그런 용기가 생겼는지 힘들게 올라가 기도하던 중 마음이 뜨거워지면서 온 몸에 진동이 왔습니다. 그리고 그날 저는 정신을 잃을 정도로 강한 성령충만을 받았습니다. 마귀의 공격을 이겨내고 나니 더 큰 은혜가 입한 것이라 믿습니다.

하나님이 허락하신 성령충만의 은혜

저는 이 날 하나님이 허락하신 성령의 강한 능력을 받음으로 담대한 마음이 생겨 조금만 자세가 흔들려도 떨어질 것 같은 그 자리에서 무서운 것도 잊은 채 오후 4시가 넘도록 있었습니다. 힘든 줄도, 배고픈 줄도 모르고 기도했습니다. 거의 하루를 삼각산에서 보낸 셈입니다. 입에서도 찬송이 넘쳤습니다.

참 아름다워라 주님의 세계는
저 솔로몬의 옷보다 더 고운 백합화
주 찬송하는 듯 저 맑은 새소리
내 아버지의 지으신 그 솜씨 깊도다

저는 하나님이 지으신 만물의 아름다움과 사랑의 주님을 마음껏 찬양했습니다. 온 천하보다 귀한 영혼을 인도하는 도구로 삼아주신 하나님의 은혜에 감사하며 내려오는데 발걸음이 그렇게 가벼울 수가 없었습니다. 마치 솜털을 밟는 것 같았고 길가의 나무들은 춤을 추며 나를 반겨주는 것 같았고 모든 사물이 그렇게 아름답고 사랑스러울 수가 없었습니다.

제가 이날 이렇게 능력을 받고 기도의 힘을 받게 되자 이 때부터 응답기도회를 더 힘있게 인도할 수 있게 되었습니다. 기도할 때 제게 강한 성령이 임하고 그 충만함으로 기도하면 성도들이 쓰러질 정도였습니다.

응답기도회 초기에는 매주 월요일 2시에 예배를 시작하면 보통 5시가 넘어서야 끝났습니다. 그런데 기도할 때 통성으로 하는 기도 소리가 집 밖에까지 크게 들려 동네 사람들이 시끄럽다고 항의하기 시작했습니다.

아파트도 작지만 지금처럼 방음도 잘되지 않아 이웃에 피해를 주는 것은 어쩔 수 없었습니다. 그러나 회원들도 기도를 하다가 은혜가 충만해지고 성령이 강하게 역사하면 기도가 제어되지 않아 저도 예배를 인도하면서도 이웃주민들에게 미안한 마음이 있었습니다.

주민들의 항의를 잠재워 주신 주님

어느 때 부터인가 주민들은 예배시간이 되면 기도회를 본격적으로 방해하기 시작했습니다. 밖에서 소리를 지르거나 아우성을 치기도 했고 집 현관에다 물을 붓고, 모래를 뿌렸고 나중엔 농약을 뿌리기도 했습니다. 온갖 소란을 피우면서 기도회를 방해하며 몹시 괴롭혔습니다.

하지만 저는 하나님의 약속의 말씀 이사야 41장 10절 "두려워 말라 내가 너와 함께함이니라 놀라지 말라 나는 네 하나님이 됨이니라 내가 너를 굳세게 하리라 참으로 너를 도와주리라 참으로 나의 의로운 오른손으로 너를 붙들리라"는 말씀을 붙잡고 기도회 모임을 계속해 나갔습니다.

드디어 아파트 주민들은 한 달 안에 이사가거나 예배를 드리지 말거나 양단 선택을 하라며 최후통첩을 보내 왔습니다. 저는 기도회원들에게 이 문제를 광고하고 하나님께서 이 문제를 해결해 주시도록 함께 기도하자고 했습니다.

이런 어느 날, 아파트 1층 한 집에서 불이 났습니다. 나중에 알게 된 일이지만 그 집 주인은 우리를 내쫓으려 하는데 가장 앞장섰던 주민이었고 그 집에는 아파트 주민들에게 일일이 받아 놓았던 우리집 퇴출 진정서가 있었다고 합니다.

그 후 2개월 정도 기도회 방해는 잠잠했습니다. 그런데 다시 3층에 사는 무당이 주민들을 찾아다니며 진정서를 다시 받았습니다. 그날 무당은 자신의 집에 차려 놓은 신당에 그 진정서를 올려두고 잠자리에 들었다고 합니다.

그런데 밤에 잠을 자는데 자꾸 이상한 꿈을 꾸었다는 것입니다. 꿈에 흰 옷 입은 할아버지가 나타나 빨리 진정서를 내놓으라고 호통을 쳤다고 합니다. 그리고 흰 옷을 단정하게 차려 입은 여러 사람들이 진흙 속에서 허우적거리는 사람들을 살려 내려고 온갖 힘을 다 쓰는 모습을 보여 주었다고 합니다.

할아버지는 무당에게 "너도 저들과 함께 저 불쌍한 사람들을 살려 내야 한다. 그렇지 않으면 너는 죽는다"고 호통을 치는데, 그 소리에 놀라 잠에서 깼다고 합니다.

이 꿈 내용을 잘 깨닫지 못한 무당은 평소대로 다른 곳의 요청을 받아 굿을 하고 집으로 돌아왔습니다. 그런데 갑자기 꿈에 보였던 그 할아버지가 나타나 "너 정말 말 안 들을래?" 하시면서 어깨를 툭 쳤다고 합니다.

무당은 순간 집에서 정신을 잃고 쓰러졌고 얼마 뒤 아들이 자신의 어머니를 발견하고 곧바로 병원으로 옮겼는데 뇌졸중으로 입이 돌아가고 몸 한쪽을 전혀 쓰지 못하는 반신불수가 되었습니다.

병원에서 치료를 받았으나 낫지 않아 하는 수 없이 퇴원하여 집으로 돌아왔습니다. 그 뒤 그 무당이 아들에게 무언가를 말했는데, 아들이 알아듣지 못해 종이와 연필을 주었더니 105호에 사는 아주머니인 저를 집으로 데려와 달라고 부탁했다는 것입니다. 그래서 아들이 그 종이를 들고 나를 찾아와 어머니를 만나줄 것을 요청해 저는 무당

집을 방문하게 되었습니다.

유명한 무당의 놀라운 변화

그 무당은 사실 인근 동네에서 모르는 사람이 없을 정도로 유명했습니다. 그녀는 항상 나를 보면 입을 삐쭉거리고 고개를 흔들고 비웃으면서 "기도한다고 소리만 지르면 모든 것이 다 되는 줄 아느냐"고 비아냥거렸던 이였습니다.

또한 동네 사람들에게는 "젊은 것들이 일하기가 싫으니 모여서 소리나 지르고 먹고 놀기나 한다"고 흉을 보았습니다. 그리고 우리 회원들이 모여 예배드릴 때면 몇 사람을 데리고 와서 기도하는 모습을 몰래 훔쳐보곤 했다는 이야기도 들었습니다.

제가 무당이 사는 집에 들어서는 순간, 무당은 눈물을 흘리며 움직일 수 있는 한쪽 손으로 비는 모습을 보였습니다. 그도 귀신의 힘을 빌려 일하는 무당이라 내게 나오는 영적인 부분을 감지했는지도 몰랐습니다.

그때 저는 무당의 영혼이 얼마나 불쌍하게 느껴졌는지 그녀를 붙잡고 함께 울었습니다. 저는 그녀를 붙잡고 한 시간 가량 그녀가 병에서 나음을 받을 수 있도록 방언으로 간절히 기도했고 그녀도 내 기도에 순응하는 자세로 받아 주었습니다.

"하나님. 하나님께서 이 무당을 고쳐 주셔야 우리 응답기도회가 계속해서 예배드릴 수 있고 이 아파트 주민들도 전도할 수 있습니다. 주님 치유의 광선을 발하여 주세요."

참으로 놀라운 하나님의 은혜였습니다. 즉시 무당의 입이 돌아오고 말도 할 수 있게 되었습니다. 무당은 하나님이 자신을 고쳐 주셨음을 믿게 되었고 그 후로 월요일마다 응답기도회에 참석하는 가운데 점점 더 몸이 좋아졌습니다. 나중에는 우리 교회에도 출석하게 되었습니다.

이 사건 후 소문이 주민들에게 쫙 퍼져 나갔고 이 아파트에서 응답기도회는 주민들의 인정을 받게 되어 아무도 예배를 방해하는 사람이 없게 되었습니다.

월요일이면 이 사람 저 사람이 맛있는 음식을 해오고, 핍박하던 사람들도 하나님이 살아 계신다고 말했습니다. 그리고 나를 만날 때마다 반가워하며 함께 웃고 이야기도 하면서 이웃주민으로 잘 지내게 되었습니다.

우리 응답기도회 회원들은 살아계신 하나님을 마음껏 찬양하며 감사기도를 올렸습니다. 이 때 부턴 아무런 장애도 없이 우리가 이사할 때까지 마음껏 찬양하고 기도할 수 있었습니다.

삶 속에서 역사하시는
하나님

악한 영에 휘둘린 정신병 환자

응답기도회가 활성화되고 기도회에 참석하는 이들이 더 늘어나면서 M이란 50대 여성이 기도회를 찾아왔습니다. 그녀의 이야기를 듣다보니 참으로 마음이 아팠습니다.

그녀는 이른바 용하다는 점쟁이를 찾아다니며 점을 보고, 또 점괘가 나쁘면 빚을 얻어서라도 굿을 해서 액땜을 해야 직성이 풀리는 여인이었습니다.

그녀가 그동안 굿판에 쏟아 부은 돈만 해도 몇 억은 족히 될 듯 싶었습니다. 그런데도 이 집안에는 우환이 끊이질 않았습니다. 슬하에 3남 1녀를 두었는데, 막내 딸이 초등학교 5학년 때 갑자기 교통사고로 세상을 떠나버렸습니다.

얼굴도 예쁘고 영리했으며, 재능이 많아 무엇이든 잘해 온 가족의 사랑을 독차지하고 있었던 아이였습니다. 여인은 딸아이를 잃은 충격을 이기지 못해 정신과 치료를 받아야 했습니다.

열심히 굿도 하고 절에 가서 불공까지 드렸지만 병세에는 차도가 없었습니다. 매일매일 불안한 상태로 정신이 오락가락하는 여인을 보다 못한 친언니가 같이 교회에 나가자고 권해 주일예배에 참석하게 됐다고 합니다.

그러나 여인은 교회에서 설교말씀을 들을 때는 하나님이 살아계신 것 같다가도 혼자 집에 있을 때는 믿음이 사라지고 이미 떠난 어린 딸이 보고 싶어 미칠 것 같았다고 합니다.

언니는 결국 마음을 잡지 못하는 동생을 데리고 응답기도회를 찾아왔는데 저는 그녀를 보자마자 정신적으로 심각한 문제가 있다는 것이 느껴졌습니다.

이런 분은 오랜 기도가 필요해 그 여인에게 응답기도회에 계속 참석해서 함께 기도하자고 권했습니다. 그러면 하나님께서 은혜를 부어주실 것이니 빠짐없이 기도회에 참석하라고 당부했습니다.

그녀는 이런 권유에 순응해 아주 열심히 기도 모임에 참석했고 기도의 분량이 빠르게 차더니 성령의 은혜를 덧입고 기도하다가 입신하는 특별한 은사까지 받았습니다.

그러자 그녀를 둘러싸고 있던 악한 영들이 물러가고 정신도 온전해지고 딸을 잃은 고통에서도 헤어나올 수 있게 되었습니다.

"여호와께서 자기 백성의 상처를 싸매시며 그들의 맞은 자리를 고치시는 날에는 달빛은 햇빛 같겠고 햇빛은 일곱 배가 되어 일곱 날의 빛과 같으리라"(사30:26)

그 분은 은혜를 받아 완전히 새사람이 되었습니다. 자신 뿐만 아니라 관절염과 심장질환으로 고생을 하던 셋째 아들도 교회에 다니면서 믿음이 생겨 병이 나은 후 신학공부를 해서 후일 목회자가 되어 주의 일에 충성을 다하고 있습니다.

온 가족이 그녀의 기도로 시작된 신앙생활로 인해 변화되어 구원을 받은 것입니다. 저는 팔자 이야기를 하는 회원들에게 강조하는 말이 있습니다.

"우리는 세상을 살면서 팔자 이야기를 많이 하는데 우리 그리스도인들은 예수 안에서 항상 기뻐해야 할 팔자입니다. 끊임없이 기도해야 할 팔자이기도 합니다. 어떤 어려운 환경 속에 놓일지라도 하나님께 감사로 반응해야 할 팔자인 것입니다. 예수 안에 있는 내 팔자는 세상의 영이 감히 건드리지 못하는 그런 팔자가 되는 것입니다. 오직 거룩하신 성령께서만 간섭하실 수 있는 팔자인 것입니다. 그러니 이제 팔자 타령은 그만하고, 오직 기도에 전념하는 여러분이 되시길 바랍니다."

환경을 초월하는 강력한 기도

우리는 환경을 초월하는 기도를 해야 합니다. 언제나 기도하기 좋은 환경이 조성되는 건 아니지만 그럼에도 불구하고 우리는 기도를 해야 합니다. 주변 환경이 나의 기도를 방해할지라도 그 환경을 초월해서 기도하는 것이 진정한 그리스도인의 기도생활인 것입니다.

좋은 환경이나 여건이 우리의 신앙을 붙들어주는 것이 아니라, 기도할 수 있는 하나님과의 관계가 우리를 붙들어주는 것이기 때문입니다.

우리가 기도를 많이 하면 하나님의 영과 하나가 될 수 있습니다. 그러면 세상의 파도가 아무리 거세도 하나님만 바라볼 수 있는 것입니다.

인도에서 선교사로 계셨던 P사모님은 응답기도회에서 자신들의 인도사역을 위해 기도를 많이 해달라고 부탁하면서 무엇을 많이 후원하고 싶지만 능력은 안 되고, 제가 입을 설교 가운 만큼은 맞춰드리고 싶다며 가운을 맞춰주고 선교지로 돌아가신 적이 있었습니다.

작은 것이지만 정성이 감사해서 P사모님을 위한 기도를 더 많이 하게 되었습니다. 그리고 얼마 후 자신이 원했던 사역들에 대한 기도응답을 모두 받았다고 감사하다는 연락이 왔습니다.

우리 신앙인들은 자신을 위한 기도를 많이 한다고 응답이 빨리 오는 것이 아님을 알아야 합니다. 제가 볼 때는 자신의 기도 보다 남을 위한 중보기도를 많이 할 때 자신의 기도도 덩달아 응답을 받게 되는 것이라고 여겨집니다.

그래서 하나님께서는 제가 힘들 때 다른 사람을 깨워서라도 저의 기도를 하도록 해 주십니다. 중보기도는 나의 정욕을 위해 구하는 것이 아니기 때문에 그 응답이 훨씬 더 빠르게 오는 것이라 생각됩니다.

"너희 중에 싸움이 어디로, 다툼이 어디로 좇아 나느뇨 너희 지체 중에서 싸우는 정욕으로 좇아난 것이 아니냐 너희가 욕심을 내어도 얻지 못하고 살인하며 시기하여 능히 취하지 못하나니 너희가 다투고 싸우는도다 너희가 얻지 못함은 구하지 아니함이요 구하여도 받지 못함은 정욕으로 쓰려고 잘못 구함이니라"(약4:1~3)

이처럼 중보기도, 남을 위한 기도를 많이 할 때 성령의 권능이 임하게 됩니다. 성령의 권능 없이 주의 일을 하려는 것은 열쇠도 없이 집에 들어가려고 하는 것과 같습니다. 열쇠 없이 집에 들어가려면 문을 뜯고 들어가야 합니다. 성령의 권능 없이 주의 일을 하는 것은 그만큼 힘이 든다는 뜻입니다. 힘이 들더라고 사역이 열매를 맺으면 좋겠지만 힘만 들고 열매가 없는 것 만큼 맥 빠지는 일은 없습니다.

응답기도회에서는 그동안 이 모임에 다녀간 분들의 이름과 기도 제목을 하나 하나 적어 놓고 기도회 때마다 시간을 할애해 기도하곤 했습니다. 기도회는 말 그대로 기도하면서 하나님의 임재를 체험하고 또 역사하심으로 영광을 돌릴 수 있었습니다.

그동안 응답기도회를 거쳐 간 분들도 많고, 또 응답기도회에 기도를 부탁해 오신 분들도 많기 때문에 그분들의 이름을 부르고 기도를 하는 데 꽤 오랜 시간이 걸립니다.

그래서 때로는 이름과 간단한 기도 제목만 읊고 지나갈 때도 있는데, 괜한 시간 낭비를 하고 있는 것 아닌가 하는 의구심이 들 때도 있는 것이 사실입니다. 이렇게 짧고 습관적으로 드리는 기도가 과연 제대로 된 응답을 받을 수 있을까 하는 의문이었던 것입니다.

하지만 우리의 머리카락도 세신 바 되시는 하나님께서는 우리의 작은 중보기도를 모두 들으시고 놀라운 은혜로 응답해 주셨음을 시간이 흐르면서 더 잘 알게 되었습니다. 그러므로 응답기도회 회원들의 기도는 더 힘있게 이어졌고 계속될 수 있었습니다.

인간의 한계는 하나님 섭리의 신호

저는 인간에게 마지막인 것이 하나님께는 시작이라고 말하곤 합니다. 인간의 힘으로 어찌할 수 없는 데까지 갔다면 그것은 인간의 마지막이기 때문입니다.

하지만 그 순간이 바로 하나님께서 역사하실 수 있는 시작이 되는 것입니다. 그러므로 주님의 일을 할 때는 인간적인 생각을 하지 말아야 합니다.

"내가 주의 신을 떠나 어디로 가며 주의 앞에서 어디로 피하리이까 내가 하늘에 올라갈지라도 거기 계시며 음부에 내 자리를 펼지라도 거기 계시니이다 내가 새벽 날개를 치며 바다 끝에 가서 거할지라도 곧 거기서도 주의 손이 나를 인도하시며 주의 오른손이 나를 붙드시리이다"(시139:7~10)

어느 날 한 사모님이 상담을 요청해왔습니다. 남편 되시는 목사님께서 여자문제로 인한 불미스런 일에 휘말려 교회에서 쫓겨나게 생겼다는 것이었습니다. 그런데 이런 일이 처음이 아니라 과거에도 여러 번 있었고, 교회를 사임하게 되면 사모님이 직장생활을 해서 생계를 꾸려왔다고 했습니다. 하지만 이번만은 더 이상 참을 수 없어 헤어져야겠다고 마음먹고 상담을 받으러 온 것이었습니다.

저는 "예수님께서 원수라도 일흔 번씩 일곱 번이라도 용서하라고 하셨으니 신중하게 생각해야 한다"고 하면서 목사님께 마지막 기회를 주는 의미로 둘이 기도원에 함께 올라가 기도를 해보라고 권했습니다.

그래서 목사님은 40일 금식기도를 작정하고 기도원에 올라갔는데, 금식 20일쯤 지났을 때 "이금자 사모에게 감사하라"는 음성이 들렸다는 것입니다. 그래서 금식 중에도 손수 차를 몰고 영광까지 내려가 굴비를 사가지고 와 내게 전해 주고 다시 금식기도를 하러 기도원에 올라갔습니다.

그때 사모님은 남편 목사님 곁에서 하루 한 끼만 금식하면서 남편이랑 헤어질지 아니면 새로운 목회지를 달라고 기도하고 있었습니다. 사모님은 결국 남편을 한 번 더 믿어보기로 결심했고, 교회에서 쫓겨나면 갈 곳이 없으니 새 목회지를 달라고 기도했습니다.

그런데 사모님과 목사님이 간절하게 기도하고 있는 광경을 옆에서 지켜보던 연세가 좀 많아 보이는 목사님이 쪽지를 적어주면서 금식 끝나고 기도원에서 내려오면 한번 들러 달라고 당부를 했다고 합니다.

부부가 40일 금식을 무사히 마친 후 그 목사님을 찾아갔더니 정말 기쁜 소식을 들을 수 있었습니다.

"제가 나이가 많아 후임자를 놓고 기도하러 기도원에 올라갔었는데, 두 분이 너무나 애절하게 부르짖으며 기도하는 모습에 감동을 받았습니다. 이제 저희 교회를 목사님께 맡기고 저는 원로 목사로 내려 앉아야겠습니다."

지금도 그 목사님과 사모님은 그곳에서 목회를 잘하고 계십니다. 이 모든 것이 '오래 참고 용서하라'신 말씀과 '주의 종을 대접하라'는 말씀에 순종했던 결과가 아닐 수 없습니다.

하나님은 없는 것을 있는 것같이 부르시는 하나님이시며 미련한 것을 지혜롭게 하시는 분이시므로 우리가 넉넉히 드리는 것으로 기도할 때 더욱 넘치는 은혜를 허락하시는 것입니다.

인간은 누구나 미약하고 연약합니다. 아무리 자신이 강심장이라고 자랑해도 실상 속은 두려움에 떨고 있는 경우가 많습니다.

진정한 담대함을 주님이 주십니다. 우리의 간절한 기도가 모이면 어떤 환경도 극복하며 놀라운 역사를 일으킵니다.

신앙과 물질과 기도

가장 극복이 힘든 물질

사람의 마음은 두 개로 똑같이 나뉠 수 없습니다. 물질을 사랑하게 되면 그만큼 하나님에 대한 사랑은 약해지기 마련인 것입니다. 하나님과 물질을 똑같이 사랑할 수는 없다는 이야기입니다.

그러니 무엇보다 기도 응답을 받으려면 물질에 대한 사랑은 포기하고, 그것을 내어놓고 구하는 것이 좋다고 생각합니다.

대부분의 신앙인은 물질이 풍부하게 있으면 하나님께 물질을 드리기 좋으니 부자가 되길 기도합니다. 그래서 부자가 되게 해 주시면 하나님께 마음껏 드리겠다고 다짐합니다.

하지만 물질이 없어 하나님께 드릴 수 없다가 물질이 더 들어오면 바로 하나님과의 약속을 지켜야 함에도 이것을 실천하기가 결코 쉽지 않습니다.

저는 설교할 때마다 "내 곳간에 물질을 많이 쌓아놓으면 무엇하겠습니까? 나중에 늙어 병들면 다 쓸데없는 것이니 쓸 수 있을 때 쓰고 드릴 수 있을 때 드리시라"고 권합니다. 물질을 하나님 앞에 차곡차곡 심어놓으면 그때 그때 필요할 때마다 하나님께서 더 많이 채워주신다는 사실을 전 깨달아 잘 알고 있습니다.

잠언 11장 25절에 "구제를 좋아하는 자는 풍족하여질 것이요 남을 윤택하게 하는 자는 윤택하여지리라"고 했습니다. 심을 때가 있으면 거둘 때가 있는 것입니다. 하나님께서 우리에게 물질이나 시간이나 무엇이든지 심으라고 신호를 주실 때는 바로 순종하는 것이 좋습니다.

그 신호를 무시하고 내 고집만 부리며 기도하지 않는다면 언제 물질이나 건강에 어려움이 닥치게 될지 모를 일이기 때문입니다. 그렇기 때문에 우리 응답선교회가 사람을 살리는 사역을 하는 것이라고 말할 수 있습니다.

주께서 쓰시겠다고 한 나귀를 풀어서 끌고 오는 것처럼 사람들은 기도하도록 주님 앞으로 모아오고 있으니 말입니다.

"이르시되 너희 맞은편 마을로 가라 그리로 들어가면 아직 아무 사람도 타보지 않은 나귀 새끼의 매여 있는 것을 보리니 풀어 끌고 오너라 만일 누가 너희에게 어찌하여 푸느냐 묻거든 이렇게 말하되 주가 쓰시겠다 하라 하시매"(눅19:30~31)

신앙의 길은 좁고 어려워

우리는 사람들을 기도의 좁은 문으로 인도하고 있기에 응답선교회에 들어오는 기도제목이 많을수록 감사하게 여기고 있습니다.

"좁은 문으로 들어가라 멸망으로 인도하는 문은 크고 그 길이 넓어 그리로 들어가는 자가 많고 생명으로 인도하는 문은 좁고 길이 협착하여 찾는 이가 적음이니라"(마7:13~14)

물질에 지나치게 얽매이지 마시길 바랍니다. 하나님께서 입히시고 먹이신다는 확실한 믿음이 있으면 우리의 삶은 작은 것에 연연해 하지 않고 하나님을 바라보며, 천성문을 바라보며 기쁘고 감사한 삶을 살 수 있습니다.

물질이 많아도 바른 신앙관이 정립되지 않으면 이것이 다 신앙생활에 방해요소가 될 뿐입니다. 내게 주신 하나님의 복, 물질을 하나님 사역을 위해 또 하나님이 기뻐하실 일에 마음껏 쓸 때 하나님은 우리에게 기쁨과 은혜, 믿음으로 채워주십니다.

그리고 이 모든 과정에는 하나님과 교통하는 기도가 반드시 있어야 합니다. 에배소서 말씀을 보겠습니다.

"그 영광의 풍성을 따라 그의 성령으로 말미암아 너희 속 사람을 능력으로 강건하게 하옵시며 믿음으로 말미암아 그리스도께서 너희 마음에 계시게 하옵시고 너희가 사랑 가운데서 뿌리가 박히고 터가 굳어져서 능히 모든 성도와 함께 지식에 넘치는 그리스도의 사랑을 알아 그 넓이와 길이와 높이와 깊이가 어떠함을 깨달아 하나님의 모든 충만하신 것으로 너희에게 충만하게 하시기를 구하노라"(엡 3:16~19)

말씀을 가장 두려워 하는 귀신

저는 유독 무속인, 즉 무당을 많이 전도해 기독교인으로 이끈 사례가 많은 편입니다. 아마 제가 이런 쪽으로 예민해 무속인의 상태를 잘 알기 때문인 것 같습니다.

30년 넘게 무속인으로 살아온 박 씨라는 사람이 있었습니다. 그녀는 30여 년 동안 무당을 자신의 팔자로 알고 그 일을 계속해 왔는데 어느 날 친척 동생으로부터 복음을 접하게 되었습니다.

순간적으로 주의 은혜를 강하게 깨달은 그녀는 이제 다시는 무당 일을 하지 않겠다고 마음을 굳게 먹고 보름 동안 집에서 쉬기만 했습니다.

이렇게 보름이 지나자 그녀를 부리던 귀신이 빨리 일하라고 하면서 몸 이곳 저곳을 때리고 발로 차서 아프게 했다고 합니다.

몸 구석구석 아프지 않은 곳이 없을 정도로 고통스러워지자 박 씨는 유명한 사찰의 스님을 찾아갔다고 합니다. 그러자 무당을 점령한 귀신이 자신을 통해 스님을 공격하고 밀치면서 발악을 하는 것이었습니다.

방법을 찾지 못해 전전긍긍했던 그녀는 이번엔 개척교회 목사님을 찾아갔는데, 거기서도 귀신이 목사님을 힘들게 했다고 합니다. 실망한 그녀가 집으로 돌아오자 귀신이 밤마다 나타나 무당 일을 계속하라고 닥달을 하면서 자신을 때렸다고 합니다.

견디다 못한 그녀는 결국 자신에게 처음 복음을 전해주었던 사촌 동생에게 어떻게 하면 좋겠냐고 의논을 했고 그러자 사촌동생이 좋은 방법이 있다고 하더니 며칠 후 성경말씀을 붓글씨로 쓴 큰 인쇄 종이를 보내주었습니다.

그녀는 뭔가 대단한 비법이 있을 것 같아 힘든 고통을 참고 기다렸는데 온 거라고는 달랑 종이 몇 장뿐이니 박 씨는 너무나 실망스러워 그 종이들을 방구석으로 던져 버렸습니다.

그날 밤도 귀신이 또 박 씨의 온몸을 못살게 굴며 괴롭히기 시작했습니다. 날이 갈수록 괴롭힘의 강도가 심해져 견딜 수가 없을 때 방구석에 던져 놓은 종이들이 눈에 들어 왔습니다.

박 씨는 물에 빠져 지푸라기라도 잡는 심정으로 그 종이들을 아픈 곳에 대보았습니다. 그러자 놀랍게도 말씀을 적은 종이를 붙인 곳만 아프지 않았습니다. 그래서 귀신이 때리는 곳마다 종이를 붙여보았더니 귀신은 말씀이 붙여진 곳은 손대지 못하고 그 사이사이만 때리는 것이었습니다.

늘 고통의 밤을 지내다 이날은 무사히 넘긴 박 씨는 사촌동생에게 "이 글을 쓴 사람을 만나야겠는데 어디로 가면 되느냐"고 물어 충청도에서 서울까지 나를 찾아왔습니다.

그런데 하필이면 방문한 날이 제가 쓴 책 출판기념사인회가 있었습니다. 사인하고 있는 데 그녀는 내 옆에서 한참 동안 기다리다가 이렇게 말했습니다.

"안녕하세요. 사모님. 저는 30년 동안 무당을 했던 사람입니다. 이제 무당 일을 하지 않겠다고 했더니 제가 섬기던 귀신이 난리가 났습니다. 제발 이 귀신을 좀 떼어내 주시면 안될까요."

오늘은 바빠서 어려우니 응답선교회 기도모임이 있는 날, 찾아오라고 했습니다. 다음 기도회 날, 박 씨는 맨 앞줄 강대상 앞에 앉더니 복채를 내야 한다며 감사헌금을 냈습니다.

곧이어 기도회가 시작됐고, 내가 말씀을 전하고 난 뒤 회원들에게 통성기도를 시켰습니다. 나는 회원들 한 사람 한 사람의 어깨를 짚어가며 기도를 해주었는데, 박 씨에게도 손을 얹고 기도했더니 그대로 쓰러졌습니다. 그리고 이리저리 뒹굴며 토하고 난리를 치다가 한참 만에 잠잠해졌습니다.

나중에 박씨의 이야기를 들어보니 귀신이 나가면서 '이금자'라고 내 이름을 열 번 정도 불렀다는 것입니다. 그러면서 박씨에게 이렇게 말했다고 합니다.

"너는 스승 잘 만난 줄 알아라. 그러니 무엇이든 잘 배워라."

그 뒤로 박 씨는 무속일을 청산하고 예수님을 정말 잘 믿어서 지금은 목회자가 되어 하나님 나라 확장에 힘쓰고 있습니다.

말씀을 믿고 의지해 기도해야

이처럼 하나님의 말씀에는 놀라운 힘과 능력이 있기 때문에 말씀의 깨달음이 먼저 있게 해달라고 기도하는 것이 좋습니다. 말씀의 깨달음이 있어야 마음과 영혼을 쏟는 기도를 할 수 있기 때문입니다. 그리고 깨달은 약속의 말씀을 붙들고 기도하게 되면 응답을 받을 수 있게 됩니다.

구약성경에 기록된 믿음의 사람들이 모두 자기 조상들에게 약속해주신 하나님의 말씀을 붙들고 기도했음을 기억할 필요가 있습니다.

여기서 무엇보다 중요한 것은 말씀과 기도의 균형을 유지하는 것입니다. 기도하지 않고 말씀의 은혜 속에서 살아가려는 사람은 씨앗을 심어놓고 물을 주지 않는 것과 같습니다.

또 기도만 할 뿐 하나님의 말씀을 통한 은혜를 모르고 사는 사람은 마치 씨앗 대신 구슬을 심어놓고 싹이 나라고 열심히 물을 주며 기다리는 것과 같다고 할 수 있습니다.

기도는 지렛대이고 말씀은 지레받침입니다. 우리가 지레와 지레받침을 통해 무거운 짐을 들어 올릴 수 있는 것처럼, 하나님은 기도를 통해 약속의 말씀이 성취되도록 하셨습니다. 말씀은 기도의 기초이며 기도하도록 감동을 주는 것입니다.

말씀이 심령 깊은 곳에 새겨질 때 우리의 마음에는 기도하지 않으면 안 될 것 같은 감동이 물결치게 됩니다. 우리 마음을 가득 채운 하나님의 말씀은 우리의 기도에 활력과 뜨거움을 제공하는 것입니다. 하나님의 말씀은 기도를 강하게 만들어주는 기도의 양식입니다.

요한복음 15장 7절에 "너희가 내 안에 거하고 내 말이 너희 안에 거하면 무엇이든지 원하는 대로 구하라 그리하면 이루리라"고 **했습니다.**

기도는 하나님의 뜻을 추적하는 과정이고 하나님의 뜻을 듣는 과정이기에 무엇보다 말씀 읽기가 중요합니다. 그러므로 매일 기도하기에 앞서 말씀 읽기를 습관화하는 것이 좋습니다.

응답받는 기도를 하기 위해서는 우리의 뜻이 아니라 하나님의 뜻에 맡기는 기도를 해야 합니다. 즉 성경 말씀 속에서 하나님의 뜻을 발견하고, 그 뜻에 맡기는 기도를 해야 하는 것입니다.

또 그 말씀에 순종하는 생활을 해야 합니다. 순종의 생활이 뒷받침되면 기도에는 저절로 힘이 붙기 때문입니다. 우리가 시냇가에 심긴 나무가 되기 위해서는 날마다 말씀으로 자라는 기도를 해야 할 것입니다.

"무엇이든지 구하는 바를 그에게 받나니 이는 우리가 그의 계명들을 지키고 그 앞에서 기뻐하시는 것을 행함이라"(요일3:22)

기도에
목숨을 걸어라

"그러면 어떻게 할꼬 내가 영으로 기도하고 또 마음으로 기도하며 내가 영으로 찬미하고 또 마음으로 찬미하리라"(고전14:15)

기도는 신앙인에게 호흡과 같아

저는 교회를 초청받아 말씀을 전하거나 매주일 모이는 응답기도회에서 말씀을 전할 때 가장 강조하는 것이 바로 기도입니다.

제 메시지의 처음도 기도요 마지막도 기도입니다. 기도 만이 기독교인의 특권이요, 사명이며, 하늘문을 여는 열쇠라고 귀에 못이 박히도록 강조하고 또 강조합니다. 기도는 신앙인에게 호흡과도 같습니다.

저와 함께 기도하는 응답기도회 사모들은 아마 이 기도훈련을 제일 많이 받았을 것이고 그래선지 기도를 몇시간씩 하는 사모님들이 주변에 많습니다.

그런데 이상한 현상이 있습니다. 뜨겁게 기도하는 사모님들은 연단과 시련이 더 심하다는 사실입니다. 기도하지 않는 사모들은 잘 지내는 것 같은데 왜 기도하는 사모들에게 어려움이 더 다가올까요.

그것은 기도하는 자가 주님의 뒤를 이어가고 세상을 변화시켜 하나님 나라를 확장하기에 마귀의 공격이 더 심하게 다가오는 것일 수 있습니다. 그러므로 우리가 이런 공격에 담대한 마음으로 이겨내고 어떤 상황에서도 감사를 잃지 않는다면 상황은 금방 역전이 됩니다.

성경 시편 50편 23절에 "감사로 제사를 드리는 자가 나를 영화롭게 하나니 그의 행위를 옳게 하는 자에게 내가 하나님의 구원을 보이리라"고 했습니다.

또 시편 50편 14~15절은 "감사로 하나님께 제사를 드리며 지존하신 이에게 네 서원을 갚으며 환난 날에 나를 부르라 내가 너를 건지리니 네가 나를 영화롭게 하리로다"고 하신 말씀을 우리는 마음에 잘 새겨야 합니다.

어떤 환경 속에서라도 감사하고 있으면 하나님께서 좋은 환경으로 잘 바꿔주신다는 사실을 믿으시길 바랍니다. 기도하면 하나님께서 좋은 아이디어를 주시고 해결 길을 제시하시며 문제를 풀어 주십니다.

우리는 물질이나 세상 문제에 얽히고 묶여서 전전긍긍하는 경우가 너무나 많습니다. 하나님께서는 우리의 중심을 보시기에 우리의 좁은 생각과 판단으론 그 크신 섭리를 헤아릴 수 없습니다. 바로 서서 때를 기다리고 또 내 모습이 하나님의 영광을 구하고 있는 것인지 잘 판단해 기도해야 할 것입니다.

말씀을 붙들고 몸부림치는 믿음

내가 잘못을 행하면 하나님께서 바른 길로 인도하기 위해 때론 경고도 하시고 예기치 못한 일을 통해 깨달음도 주십니다. 하나님은 내가 희생하고 내가 봉사해서 많은 사람들을 행복하게 만들어지는 것을 무엇보다 기뻐하십니다.

그러므로 우리는 삶 속에서 하나님 말씀을 확실하게 붙잡고 몸부림치며 뜨겁게 기도함으로 하나님이 기뻐하실 일, 하나님이 내게 원하시는 사명이 무엇인지를 잘 깨달아 행동으로 옮겨야 할 것입니다.

이 중심에 바로 기도가 언제나 있어야 하는 것입니다. 기도는 하나님과 나와 끈을 이어주는 영적 통로이기에 이 기도가 막혀 있으면 신앙생활은 우리에게 기쁨을 주지 못하고 오히려 부담을 주게 됩니다.

기도는 각 자의 몫이 있습니다. 깊은 영적 세계로 갈수록 기도도 깊어지지만 그 단계로 올라가는 것은 각자의 기도로 스스로 올라가야 합니다. 내가 아내를 위해, 남편을 위해, 타인을 위해 하는 기도는 어느 한계까지이며 각 자가 하나님과 깊은 기도, 영적 교통은 계속 더 깊게 가져야 하는 것입니다.

결론적으로 기도보다 더 귀한 보화는 없습니다.

베드로후서 1장 5~7절에 "그러므로 너희가 더욱 힘써 너희 믿음에 덕을 덕에 지식을 지식에 절제를 절제에 인내를 인내에 경건을 경건에 형제 우애를 형제 우애에 사랑을 더하라"고 했습니다. 이 역시 기도가 이끌어 주는 덕목입니다.

그동안 응답기도회를 통해 많은 주의 종들이 또 사모들이 못 살겠다며 이혼하겠다며 상담을 요청했습니다. 그런데 전 어느 누구에게도 뜻대로 하라고 이혼을 권유한 경우가 없습니다.

내가 보아도 너무나 잘못된 상황이고 당장 이혼을 하라고 하고 싶기도 했지만 이 가운데서 하나님의 뜻을 찾아보고 기도하면서 견디어 보자고 권면했습니다. 우리는 상황을 고칠 수 없으나 하나님께서는 고칠 수 있으니 함께 기도하자고 두 손을 꼭 잡아주곤 했습니다.

그저 하나님께 기도하자고만 했습니다. 그런데 문제가 있었던 이러한 가정들이 고난의 파도들을 잘 이겨내고 승리하는 것을 지켜볼 수 있었습니다. 그리고 자녀들이 잘 성장해 결혼하여 성공된 가정을 꾸려 나가고 있는 것을 볼 때 얼마나 감사한지 모릅니다. 기도가 그 가정을 살린 것이라 믿습니다.

또 기도하면 사치를 하거나 옛날의 나쁜 습관을 못 버렸던 사모들도 은혜로운 사모들로 바꾸어 주셨습니다. 그러나 이 모든 것이 저절로 거저 되는 것은 없습니다. 그만큼 기도가 쌓여야 덕을 끼칠 수 있는 기회를 잡곤 했습니다. 덕은 곧 희생이기도 합니다.

마태복음 9장 16절 말씀 "베 조각을 낡은 옷에 붙이는 자가 없나니 이는 기운 것이 그 옷을 당기어 해어짐이 더하게 됨이요"란 말씀은 하나님의 뜻대로 살려고 노력하지만 자칫 죄 가운데 앉게 된다는 뜻으로 이것을 이겨 내려면 시편 1편이 정답입니다. 하나님께서는 우리가 어떻게 살아야 할지를 이 시편 1편을 통해 정확하게 알려주고 계시기 때문입니다.

신앙은 삶의 변화로 나타나

"복 있는 사람은 악인들의 꾀를 따르지 아니하며 죄인들의 길에 서지 아니하며 오만한 자들의 자리에 앉지 아니하고 오직 여호와의 율법을 즐거워하여 그의 율법을 주야로 묵상하는도다 그는 시냇가에 심은 나무가 철을 따라 열매를 맺으며 그 잎사귀가 마르지 아니함 같으니 그가 하는 모든 일이 다 형통하리로다 악인들은 그렇지 아니함이여 오직 바람에 나는 겨와 같도다 그러므로 악인들은 심판을 견디지 못하며 죄인들이 의인들의 모임에 들지 못하리로다 무릇 의인들의 길은 여호와께서 인정하시나 악인들의 길은 망하리로다"

내게 닥친 상황에 한숨을 쉬지 말고 기도하며 하나님께 맡기시길 바랍니다. 그리고 나 스스로를 깨끗한 그릇으로 만드시길 바랍니다. 그리하면 하나님께서 이 그릇에 채워주실 것입니다. 신앙은 계속 성장 되어야 하는데 그 성장은 내 삶의 변화로 알 수 있습니다. 내 그릇에 하나님의 은혜와 사랑, 축복과 감사가 넘칠 때 우리는 그것을 내 주변과 나누며 진정한 기독교인의 삶을 누리며 기뻐할 수 있는 것입니다.

함께 기도하는 사모님 중에 손자가 셋이나 되어 이를 돌봐주기도 하면서 직접 하시는 사역도 많은, 바쁜 분이 계셨습니다. 그럼에도 응답기도회는 빠지지 않고 와서 열심히 기도하셨습니다.

그런데 어느날 갑자기 몸이 너무 피곤했고 순간적으로 병원에 가야겠다는 생각이 들어 진단을 받았는데 뇌졸증으로 쓰러지기 일보 직전의 상태였다고 합니다. 조금만 늦게 왔어도 쓰러져 큰 일이 일어날 뻔했다고 의사가 말했다는 것입니다.

저는 성령께서 몸 상태가 않 좋았던 사모를 병원에 가도록 이끌어 큰 사고를 막아주신 것이라 믿습니다. 지금은 치료받고 깨끗하게 완치되셨습니다. 누구는 이것이 우연이라고 말할 수 있겠지만 우리 신앙인들은 하나님의 보호 안에 있는 것이 얼마나 중요한지 모릅니다.

우리가 기도했다고는 하지만 하나님의 마음에 차지 않으신 엉터리

기도도 얼마나 많은지 모릅니다. 그리고 이 기도는 기도를 많이 해야만 이 속에서 하나님의 섭리를 깨닫게 됩니다. 하나님이 깨우쳐 주시고 일일이 가르쳐 주십니다.

결국 하나님이 입혀주신 밍크코트

어느 성도님 한 분이 제게 기도해 주시고 영적으로 큰 도움을 받고 있으니 감사하다며 이것은 헌금이 아니고 좋은 밍크코트를 한 벌 사서 입으시라며 제법 큰 금액을 가져 온 적이 있었습니다.

그런데 저 혼자 비싼 옷을 사 입자니 마음에 걸려 도저히 그분 뜻대로 할 수가 없었습니다. 그래서 전 그분께 양해를 구하고 당시 금전적으로 어려웠던 주변 여러 가족들에게 그 돈을 적절하게 나누어 드렸습니다.

그때서야 저도 마음이 편했는데 그런데 며칠 후 누군가 제게 밍크코트 한 벌을 선물해 주었습니다. 너무나도 놀랐는데 하나님께서는 모두의 마음이 흡족하도록 역사하신 것입니다.

"십자가의 도가 멸망하는 자들에게는 미련한 것이요 구원을 받는 우리에게는 하나님의 능력이라"(고전 1:18)는 말씀처럼 복받기를 원하며 기도하는 자는 다른 사람들의 마음의 맺힌 부분도 풀어줄 줄 알아야 합니다.

무엇보다 목회자 사모의 길은 고난과 가시밭길입니다. 그러나 영광과 사명의 길이기도 합니다. 그래서 사모가 선 곳은 아름답습니다.

기도하는 사모는 가는 곳마다 화평을 만들고 다닙니다. 칭찬받는 사모가 되려면 결국 기도해야 합니다. 기도를 많이 해야 소금의 역할을 잘 감당할 수 있고 주변에 내 놓을 수 있는 간증거리를 많이 주십니다.

하나님께 맞고, 혼나고 기도하지 말고 미리 납작 엎드려 기도하시길 바랍니다. 기도를 많이 하면 자녀들의 앞길도 밝게 비춰주시기에 저는 주변 사람들에게 기도를 쉬는 죄가 제일 무섭다고 이야기 하곤 합니다. 제가 기도를 안 하는 것을 죄라고까지 이야기 하는 것은 그만큼 중요하기 때문입니다.

우리가 24시간 호흡하는 것처럼 24시간 주님과 교통하는 길은 수시로 기도하는 것입니다. 성령께서 우리를 도우셔서 기도의 줄이 계속 이어지길 원합니다. 기도를 통해 삶과 신앙에서 승리하는 저와 여러분이 되길 간절히 원합니다.

기도의 끈을
놓치지 말라

시련을 이겨내는 믿음

요즘 세계는 하루하루가 위태롭다는 말이 실감이 날 정도로 수많은 사고와 전쟁, 기아, 기상이변으로 고통을 당하고 있습니다.

더구나 우리 개인의 삶도 날마다 많은 문제와 어려움에 직면하며 살고 있습니다. 그런데 그 문제와 어려움이 닥쳤을 때 대응하는 태도에 따라 인생이 180도로 바뀌게 됩니다. 환난이나 시련 같은 외부적인 문제뿐 아니라 자신의 잘못으로 인한 고통에 대해서도 마찬가지입니다.

이처럼 문제가 닥쳤을 때 속으로만 끙끙 앓으면서 지내는 사람이 있는가 하면, 그 가운데서 기도하기를 결단하는 사람이 있습니다. 문제는 보통 외부적 요인이라 혼자서 아무리 속으로 궁리해도 해답이 나오기 어렵습니다.

하지만 하나님 앞에 문제를 내어놓고 기도를 결단하는 사람의 경우는 다릅니다. 하나님께서는 어떤 원인이든지 우리들이 그 문제에 정복당하고 지는 것이 아니라 승리하기를 원하시기 때문입니다.

부모의 입장에서 보면 아이가 말썽을 피우지 않고 잘 자라는 것이 가장 큰 소망이지만, 그렇다고 문제를 일으킨 자녀를 돕지 않는 것은 아닙니다.

하나님께서도 마찬가지로 문제를 일으키지 않고 잘 믿고 순종하는 사람들을 사랑하시지만, 문제를 일으켜 수습할 수 없는 지경에 빠져 있는 자녀들을 모른 척 외면하지 않으신다는 것입니다.

그러므로 우리는 이제 기도를 결단해야 합니다. 기도는 머리나 입으로 하는 것이 아니라 무릎으로 하는 것이기 때문입니다. 요한복음 16장 24절에는 "지금까지 너희가 내 이름으로 아무것도 구하지 아니하였으나 구하라 그리하면 받으리니 너희 기쁨이 충만하리라"고 했습니다.

여기서 우리는 지금까지 전혀 기도하지 않은 우리의 모습을 볼 수 있습니다. 기도는 주님의 십자가와 부활의 진리를 믿는 자들이 주님을 의지해서 문제를 해결하고 살아보겠다는 신앙의 표현입니다. 그런데 많은 사람들이 문제가 없을 때는 그 신앙의 표현을 잊고 사는 것입니다.

스펄전은 "기도하지 않고 성공했다면 성공한 그것 때문에 망할 것"이라고 했습니다. 성공했다는 것은 문제가 없다는 것이니 사람들은 더더욱 기도를 하지 않을 것이고, 결국 이로 인해 패망에 이르게 될 것이라는 이야기입니다.

기도는 영적인 호흡이고 영적인 대화입니다. 호흡이 끊어지면 생명이 끊어지는 것처럼 영적 호흡인 기도가 끊어지면 신앙의 생명도 끊어지고 맙니다. 영이신 하나님과 은밀하게 나눌 수 있는 영적 대화가 끊어지면 하나님과의 관계도 끊어지고 마는 것입니다.

이것은 곧 신앙인으로서 죽음을 의미합니다. 따라서 신앙인으로, 주님의 자녀로 살기를 원한다면 이제 기도를 결단해야 합니다. 그렇다면 기도의 결단을 어떻게 해야 하는 것인가요?

첫째 죄를 끊어내야 합니다. '천로역정' 저자로 유명한 영국의 평신도 설교가 존 번연은 "기도는 죄를 멈추도록 이끌지만, 죄는 기도를 멈추도록 유혹할 것"이라고 말했습니다. 그러므로 죄를 끊어내는 결단이 있어야 합니다. 죄를 끊어내는 결단이란 죄로부터 완전히 돌아서서 회개를 행동에 옮기는 것이어야 합니다.

많은 사람들이 죄에 한 발을 담그고 살아갑니다. 거기서 발을 빼내야 하는 것을 너무나 잘 알고 있으면서 그것을 행동으로 옮기지 못하고 죄에 끌려 다닙니다.

죄를 회개하고 끊어내는 용기

지금 우리에게 필요한 것은 막연하게 죄를 회개하는 것이 아니라 그 것을 구체적으로 끊어내는 실천입니다. 이제 우리는 죄에서 발을 빼내어 그 발을 교회로 향해야 합니다.

왜냐하면 우리의 죄를 고백하고 회개하는 것에 그치지 말고, 교회로 첫발을 내딛는 실천이 있어야 비로소 죄를 끊어내는 결단이 시작되는 것이기 때문입니다.

둘째, 기도를 결단하려면 마귀의 유혹을 이겨내야 합니다. 앤드류 머레이는 "하나님의 자녀는 기도로 모든 것을 정복할 수 있다. 사탄이 교인들에게서 이 무기를 빼앗거나 그것의 사용을 제지하려고 최선을 다하는 것은 이상한 일이 아니다"라고 말했습니다.

사탄은 우리가 기도의 결단을 하지 못하도록 온갖 방법을 다 동원합니다. 마귀가 우리의 삶을 공격하고 파괴하는 존재라는 사실을 분명하게 인식해야 합니다.

만약 오늘부터 1시간 산 기도를 작정하고 산에 오르려는데 난데없이 폭설이 내립니다. 금식기도를 작정했는데 갑작스럽게 거절하기 힘든 식사 초대를 받습니다. 철야기도를 작정했는데 감기몸살에 걸려 꼼짝도 할 수 없습니다.

이상하게 우리가 기도를 작정하면 일이 꼬이고, 평상시 일어나지 던 일들까지 일어나 우리의 기도를 방해합니다. 이것이 모두 마귀의 궤계인 것입니다.

온 우주 안에서 마귀의 궤계를 깨뜨릴 수 있는 존재는 오직 주님 한 분 뿐입니다. 예수님만이 그것을 하실 수 있습니다. 하나님만이 마귀보다 높기 때문입니다. 그런데 주님이 이 땅에 오셔서 그 권세를 사용하신 후에 십자가에 죽으심으로 마귀의 권세를 파괴하셨습니다.

그리고 우리에게 마귀를 제어하고 깨뜨릴 수 있는 권세를 주셨습니다. 우리는 예수의 권세에 힘입어 마귀의 유혹을 깨끗이 끊어내야 하는 것입니다.

예배를 결단하라

"내가 너희에게 뱀과 전갈을 밟으며 원수의 모든 능력을 제어할 권세를 주었으니 너희를 해할 자가 결단코 없으리라"(눅10:19)

끝으로 기도를 결단하기 위해서는 무엇보다 먼저 예배를 결단해야 합니다. 시편 55편 17절에 "저녁과 아침과 정오에 내가 근심하여 탄식하리니 여호와께서 내 소리를 들으시리로다"라고 했습니다. '저녁과 아침과 정오'라는 것은 그의 삶 전부를 예배로 드리겠다는 말입니다. 즉 환난 당할 때 전적으로 기도하며 살겠다는 것입니다.

사람이 어려운 일을 당하면 새벽부터 잠자리에 들 때까지 근심과 염려, 고통의 시간을 보내게 됩니다. 그 시간을 한숨과 눈물로 흘려보내

봐야 아무런 해답이 없습니다.

"나는 하나님께 부르짖으리니 여호와께서 나를 구원하시리로다 저녁과 아침과 정오에 내가 근심하여 탄식하리니 여호와께서 내 소리를 들으시리로다"(시55:16~17)

해결의 열쇠를 쥐고 계신 하나님께 기도로 나아가야 합니다. 그러니 문제 해결을 위해 새벽예배를 결단하고 철야예배를 결심하는 믿음의 결단이 있어야 할 것입니다. 환난과 시련을 기도로 이겨낼 것이라는 믿음의 결단이 필요하다는 말입니다.

예수님은 그 결단의 모범을 성경에서 몸소 보여주셨습니다. 누가복음 22장 30절에 주님은 습관을 따라 기도하셨으며, 마가복음 1장 35절에 주님께서는 새벽 미명에 기도하셨고, 누가복음 6장 12절에는 밤새도록 기도하셨습니다. 또 누가복음 5장 16절에는 홀로 기도하셨고 또 들에서 기도하셨으며 누가복음 23장 34, 36절에는 산에서 기도하셨습니다. 새벽예배, 철야예배, 산상예배 등 예배의 결단을 몸소 보여주신 것입니다.

우리가 볼 때 전혀 기도하지 않으셔도 될 분이 무엇 때문에 이렇게 열심히 기도하셨을까요. 그것은 바로 우리에게 기도의 결단을 모범으로 보여주시기 위함이었던 것이라 여겨집니다.

우리가 결단하여 기도할 때 하나님께서는 제한 없는 응답을 주십니다. 여기서 '무엇이든지'는 내가 원하는 모든 것을 포함하며, 당장의 기도 제목까지 포함하는 것입니다.

그러므로 이 순간, 우리 모두가 기도를 결단하고 기도로 인생을 살아가며 인생의 문제를 기도로 풀어가는 은혜가 있기를 바라며 기도의 끈은 놓치지 말아야 할 것입니다.

"그 날에 너희가 아무 것도 내게 묻지 아니하리라 내가 진실로 진실로 너희에게 이르노니 너희가 무엇이든지 아버지께 구하는 것을 내 이름으로 주시리라"(요16:23)

환경을 뛰어 넘는 기도

"우리가 우리 하나님께 기도하며 저희를 인하여 파숫군을 두어 주야로 방비하는데"(느4:9)

지혜와 명철을 부르는 기도

기도를 많이 하는 사람은 하나님의 지혜가 임하게 되니 감당하지 못할 일이 없게 됩니다. 남편이 공무원이었던 한 성도가 있었습니다. 남편은 항상 많이 배우지 못한 부인을 무식하다고 구박하면서 온갖 심한 말로 부인의 마음에 큰 상처를 주곤 했습니다.

늘 자존심에 심한 상처를 입고 견디다 못한 부인은 자녀 셋을 두고 이혼을 하리라 결심하고 저를 찾아왔습니다. 저는 이혼을 할 때 하더라도 우선 아침 금식기도를 하면서 하루 1시간 이상 기도를 해보라고 권했습니다.

제 말을 듣고 아침 금식기도를 시작한 그 성도가 기도 응답을 받았는데, 바둑을 배워보라고 하나님이 말씀하셨다는 것입니다. 왜 뜬금없이 바둑을 배우라는 것인지 모르겠지만, 그 성도는 순종하는 마음으로 1년 동안 남편 모르게 바둑을 열심히 배웠다고 합니다.

그러던 어느 날 혼자 교회에 갔다 왔는데, 남편이 TV를 보며 누워 있었습니다. 그때 그 성도가 남편에게 오목이나 한 판 두자고 제안을 했습니다.

남편은 비웃으면서 "오목이 무슨 바둑이냐, 바둑 아니면 안 둔다"고 했습니다. 그래서 성도는 "그럼 바둑으로 내기 하자"고 제안했다고 합니다. 만약 남편이 지게 되면 군말 없이 교회에 나가야 한다는 조건이었습니다.

부인의 실력을 과소평가했고 아내가 바둑을 잘 모른다고 생각했던 남편은 코웃음을 치면서 바둑 내기를 하게 됐는데, 1년 동안 탄탄히 바둑실력을 쌓은 부인을 이길 수 없었습니다. 화가 난 남편은 계속 다시 두자고 했지만 계속 지기만 했습니다.

누구에게든 지고는 못 사는 성격이었던 남편은 분한 마음에 매일 일찍 귀가해 부인과 바둑 내기를 하게 됐고, 그 덕분에 무시하던 부인과 대화를 많이 하게 됐다고 합니다.

그러자 서로 대화가 통하게 되었고 남편도 더는 부인을 무식하다고 구박할 일이 없어져 이혼하지 않고 잘 살게 되었다고 합니다. 물론 내기에 졌으니 남편은 교회에 따라 나서게 됐고, 지금은 장로님이 되어서 교회를 잘 섬기고 있다고 합니다.

하나님께 온전히 향해야 할 기도

이렇듯 하나님께서는 우리가 기도할 때 지혜도 주시고 놀랍게 역사하심을 알 수 있습니다. 우리가 손 놓고 아무 일도 하지 않으면 하나님께서도 우리를 위해 하실 수 있는 일이 하나도 없다는 것을 알아야 합니다.

우리의 기도 자리까지 예비하시는 하나님께 쉬지 않고 끊임없이 기도할 때 우리는 하나님께서 예비하신 복을 받아 누릴 수 있는 것입니다.

그리고 우리가 유의해야 하는 것이 있습니다. 우리의 마음과 기도가 온전히 하나님을 향해 있어야 합니다.

우리는 "이 백성이 입술로는 나를 공경하되 마음은 내게서 멀도다 사람의 계명으로 교훈을 삼아 가르치니 나를 헛되이 경배하는도다"(마 15:8~9)라는 말씀에 늘 자신을 비쳐 보아야 합니다. 형식만 갖추고 진정성이 없는 기도가 많습니다.

또 우리의 기도가 환경을 초월할 수 있어야 합니다. "사람이 마음으로 자기의 길을 계획할지라도 그 걸음을 인도하는 자는 여호와시니라"(잠16:9)란 말씀을 잘 붙잡아야 합니다.

예로부터 조금만 일이 안 풀려도 팔자가 기구하다거나 팔자가 세다는 등 팔자타령을 합니다. 하지만 팔자 탓을 하거나 사주팔자에 현혹되는 사람은 아주 어리석은 사람입니다.

특히 우리 그리스도인들은 기도를 많이 하면 나쁘다는 팔자도 뛰어넘을 수 있고, 공부 많이 했다는 박사들도 알지 못하는 지혜를 얻게 되는 것입니다. 주님이 주시는 능력과 한계는 인간의 잣대로는 잴 수 없습니다.

오래 전에 제가 종합진단을 받았는데, 의사가 눈에 녹내장의 위험성이 있다고 전해 들었습니다. 혈압도 높고 안압도 높으니 재검진을 받아보라고 했습니다. 기도에 들어간 나는 주위에서 이상하게 볼지 모르지만 의사의 말보다 하나님이 주신 성경말씀을 믿기로 했습니다.

"그리하면 네 빛이 새벽 같이 비칠 것이며 네 치유가 급속할 것이며 네 공의가 네 앞에 행하고 여호와의 영광이 네 뒤에 호위하리니"(사 58:8)

이 때는 사택을 짓느라 한창 힘든 시기라 병원에 가지 않고 산 기도만 열심히 했는데, 그렇게 2년이 흐른 후 다시 병원에 갈 기회가 있어 재검을 받게 됐습니다. 검진 결과 하나님의 은혜로 모든 증상이 깨끗이 사라지고 없었습니다. 할렐루야!

우리를 괴롭히는 세상의 모든 일을 판단할 때는 믿음을 가지고 해야 합니다. 인간적인 눈으로 세상을 보지 말고, 믿음의 눈으로 세상을 바라보며 시대 흐름을 포착하고 기도를 해야 합니다. 그러면 모든 것이 합력하여 선으로 이루어 주시는 것입니다.

사실 살다 보면 믿음을 가질 수 없고, 믿을 수 없는 경우가 참 많습니다. 하지만 그것을 분별하고 판단할 수 있는 믿음의 눈을 갖기 위해서는 환경을 초월하는 기도를 할 줄 알아야 합니다.

환경을 뛰어넘는 기도

바로 앞 환경을 바라보지 말고, 그 환경을 뛰어넘는 기도는 우리에게 놀라운 기적의 응답을 보여줍니다. 그러므로 우리는 언제 어느 때라도 하나님께 입을 크게 열고 기도를 해야 합니다. 그러면 하나님께서 큰 은혜로 채워주시기 때문입니다.

"나는 너를 애굽 땅에서 인도하여 낸 여호와 네 하나님이니 네 입을 넓게 열라 내가 채우리라"(시81:10)

우리는 우리가 원하는 것보다 하나님의 뜻에 합당한 기도를 해야 합니다. 이런 점에서 전도를 위한 기도는 아주 소중하다고 할 것입니다.

"내가 진실로 진실로 너희에게 이르노니 내 말을 듣고 또 나 보내신 이를 믿는 자는 영생을 얻었고 심판에 이르지 아니하나니 사망에서 생명으로 옮겼느니라"(요5:24)

전도는 그리스도인이라면 마땅히 해야 할 일입니다. 은혜를 받은 사람은 그 은혜를 누군가에게 증거해야 진정으로 은혜 받았다고 할 수 있기 때문입니다. 은혜 받은 사람들이 예수를 증거함으로 이방인들에게 복음이 들어와 믿게 된 것입니다.

전도는 누가 시켜서 하는 것보다 성령의 역사로 하는 것이 가상 좋고 쉽습니다. 성령충만하지 못하면 전도의 열매가 적을 수밖에 없습니다. 따라서 전도를 하기 위해서는 무엇보다 나 자신이 성령의 지배하심이 있는 기도로 준비하고 나서야 열매를 맺을 수 있습니다.

"또한 우리를 위하여 기도하되 하나님이 전도할 문을 우리에게 열어주사 그리스도의 비밀을 말하게 하시기를 구하라 내가 이것을 인하여 매임을 당하였노라 그리하면 내가 마땅히 할 말로써 이 비밀을 나타내리라"(골4:2~3)

바울은 이 짧은 성경구절 안에 전도의 비법을 담고 있습니다. 사람들을 그리스도께 인도하려면 먼저 기도의 사람이 되어야 합니다. 기도와 전도, 이 둘은 떼려고 해도 뗄 수 없는 사이인 것입니다. 골로새 교인들을 향한 바울의 마지막 가르침은 바로 "기도로 완전히 준비하기 전에는 전도할 생각을 하지도 말라"는 것입니다.

바울의 이 가르침은 지금 바로 이 시간 우리에게도 그대로 적용됩니다. 친구나 가족을 주님께 인도하기를 원한다면 먼저 기도의 문부터 활짝 열어야 하는 것입니다.

기도의
열매와 축복

"너희 하나님 여호와께서 너희를 위하여 이 모든 나라에 행하신 일
을 너희가 다 보았거니와 너희 하나님 여호와 그는 너희를 위하여
싸우신 자시니라"(수23:3)

기도는 축복의 수도꼭지와 같습니다. 물이 수도꼭지 앞까지 꽉 차
있어도 수도꼭지를 틀지 않으면 나오지 않는 것처럼, 기도하지 않으면
축복은 오지 않습니다. 많은 사람들이 이와 같은 진리를 알고 있으면
서도 바쁘고 여유가 없다는 이유로 쉽게 실천에 옮기지 못하고 있으니
답답합니다. 우리가 아둔하고 미련하기 때문입니다.

"믿음의 기도는 병든 자를 구원하리니 주께서 저를 일으키시리라 혹시 죄를 범하였을지라도 사하심을 얻으리라"(약5:15)

하나님과 늘 교제하는 신앙

우리가 만유의 주, 하나님을 믿는다고 하면서도 기도에 너무나 게으르지 않는지 반성해 보시길 바랍니다.

핸드폰으로 유튜브를 보고, TV로 드라마나 영화를 보며 밤새울 시간은 있으면서 철야기도를 할 시간은 없다고 합니다. 몸매관리를 위해 새벽같이 일어나 헬스클럽으로 달려갈 시간은 있으면서 새벽기도 할 시간은 없다고 합니다. 게임과 인터넷 등 컴퓨터에 매달릴 시간은 있으면서 정작 하나님께 기도할 시간은 없다니 이 얼마나 안타까운 노릇인지 모르겠습니다.

잠언 24장 33~34절에 "네가 좀 더 자자, 좀 더 졸자, 손을 모으고 좀 더 눕자하니 네 빈궁이 강도 같이 오며 네 곤핍이 군사 같이 이르리라"고 했습니다. 하나님께서 성령의 역사로 우리에게 기도하라고 힌트를 주시는데도 우리가 그것을 깨닫지 못하고 그냥 있으면 축복의 때를 놓치게 되는 것입니다.

축복의 기회를 놓치게 되면 축복만 못 받게 되는 것이 아니라 불행의 나락으로 떨어질 수 있다는 사실을 명심해야 합니다.

요즘 세상이 너무나 악해서 사람들이 기도하면서 하나님 뜻대로 살기가 참으로 힘듭니다. 이런 세상에서 마귀가 설치면 육의 사람은 편하고 즐겁고 재미있게 사는 것처럼 느껴집니다. 하지만 그 같은 즐거움은 오래가지 못합니다. 성령 충만하면 가진 것이 없어도 항상 기쁘고 당당하지만, 마귀가 충만하면 가진 것이 많아도 근심걱정이 넘쳐나게 됩니다. 성령이 충만하면 영의 사람은 마음이 편하고 결국에는 모든 일이 합력해서 선으로 이루어지게 되는 것입니다.

될 수 있는 일을 되게 하는 것은 하나님의 능력이 아닙니다. 불가능한 일을 가능하게 만드는 것이 바로 하나님의 능력입니다. 인간이 천년을 노력해도 안 되는 일을 주님께서는 순식간에 해결해 주십니다. 우리가 주님께 구하지 않는다면 아무런 힘도 없는 사람에게 아쉬운 소리를 하게 될 것입니다.

"그러나 내가 하나님의 성령을 힘입어 귀신을 쫓아내는 것이면 하나님의 나라가 이미 너희에게 임하였느니라"(마12:28)

하나님께서는 기도하는 자의 편이십니다. 그러므로 누구에게든 이기려면 기도를 많이 해야 합니다. 기도 없이는 전도도 어렵습니다. 성령이 사람의 마음을 움직이기 때문입니다.

하나님께서는 마태복음 18장 19절에 "진실로 다시 희에게 이르노니 너희 중에 두 사람이 땅에서 합심하여 무엇이든지 구하면 하늘에 계신 내 아버지께서 저희를 위하여 이루게 하시리라"고 하셨습니다.

작은 일도 최선을 다해 충성해야

우리가 기도할 때 하나님의 역사가 일어납니다. 바꾸어 말하면 하나님께서 역사하실 때는 기도를 많이 시키신다는 것입니다. 기도를 많이 하는 자가 하나님의 일을 많이 하기 때문에 하나님께서는 기도가 많이 필요한 자를 응답선교회로 보내시곤 하셨습니다. 기도를 하는데 기도의 파수꾼, 기도의 동지가 있는 것은 참으로 좋은 일입니다.

"예루살렘이여 내가 너의 성벽 위에 파수꾼을 세우고 그들로 종일종야에 잠잠치 않게 하였으니라 너희 여호와로 기억하시게 하는 자들아 너희는 쉬지 말며"(사62:6)

작은 일에 최선을 다할 때 하나님께서 큰일을 맡겨 주십니다. 따라서 우리는 어떤 환경에서도 기도의 끈을 놓치지 말아야 합니다. 그러니 일이 잘 풀리고 환경이 좋아지는 것만이 꼭 좋은 일은 아닙니다.

잘 풀리지 않는 것 같아도, 환경이 점점 더 악화되는 것 같아도 기도의 끈을 놓지 않고 부르짖으며 기도하면 결국에는 하나님께서 좋은 것으로 허락해 주시기 때문입니다. 기도할 때 하나님의 역사가 일어납니다.

하나님 뜻대로 사는 것이 바로 그리스도인의 진정한 행복입니다. 기도는 영적 싸움입니다. 그런 영적 싸움에서 승리하여 응답을 받으려면 어떻게 해야 할까요.

기도 응답을 5만 번이나 받았다는 조지 뮬러는 먼저 자신에게 주어진 문제에 마음을 비우도록 노력했다고 합니다. 우리가 마음을 비우면 하나님께서 자신의 뜻을 보여주시기 때문입니다. 이때 결코 내 감정이나 생각이 개입되지 않도록 해야 합니다. 다음으로 하나님의 말씀을 통해 성령의 뜻이 무엇인지 찾아야 합니다. 성령과 말씀은 서로 연결되어 있기 때문입니다.

이렇게 조지 뮬러는 하나님과 성령의 뜻을 구해서 그것으로 두세 번 기도한 후에 마음에 평화가 계속 머물면 그 즉시 바로 실천에 옮겼다고 합니다.

조지 뮬러는 말 그대로 믿음의 사람이었습니다. 그는 기도라는 도구가 삶 속에 얼마나 강력한 능력을 발휘할 수 있는지를 확인하고 보여준 전형이라 할 수 있습니다.

그는 우리에게 "주 예수를 믿고 정직히, 마음에 죄악을 품지 않고 인내함으로 기다리며 하나님을 신뢰하면 기도는 반드시 응답받게 된다"는 것을 증거하고 있습니다.

하늘보좌를 움직여 응답되는 기도

기도는 하늘보좌를 움직여 축복의 길을 열고 기도의 분량 만큼 보상해 주십니다. "재앙은 죄인을 따르고 선한 보응은 의인에게 이르느니라"(잠13:21)는 말씀대로입니다.

누구나 복 받는 인생을 꿈꿉니다. 우리가 말씀을 들을 때 그것이 우리에게 약속이 되고, 그것이 실현이 되는 은혜가 있기를 원하는 것은 당연합니다.

고린도전서 3장8절에 "심는 이와 물 주는 이가 일반이나 각각 자기의 일한 대로 자기의 상을 받으리라"고 했습니다. 또 3장14절에는 "만일 누구든지 그 위에 세운 공력이 그대로 있으면 상을 얻고"라고 했습니다. 마태복음 10장 41절에는 "선지자의 이름으로 선지자를 영접하는 자는 선지자의 상을 받을 것이요 의인의 이름으로 의인을 영접하는 자는 의인의 상을 받을 것이요"라고 했습니다.

축복을 받으려면 그에 합당한 것을 해야 한다는 것입니다. 그렇다면 어떻게 축복의 보상을 받을 수 있을까요. 축복을 받으려면 첫째, 하나님께 사랑받는 사람이어야 합니다.

"그러므로 이스라엘의 하나님 나 여호와가 말하노라 내가 전에 네 집과 네 조상의 집이 내 앞에 영영히 행하리라 하였으나 이제 나 여호와가 말하노니 결단코 그렇게 아니 하리라 나를 존중히 여기는

자를 내가 존중히 여기고 나를 멸시하는 자를 내가 경멸히 여기리라"(삼상2:30)

하나님의 사랑을 받는 원리는 내가 하나님을 사랑할 때 하나님이 나를 더 사랑해주시고, 내가 하나님을 존중할 때 하나님이 나를 더욱 존중히 여겨 주신다는 것입니다. 내가 대접을 받고 싶은 대로 남을 대접하면 30배, 60배, 100배로 되돌려 받게 되는 것입니다.

46년 전, 어느 교회에 제가 건축헌금으로 50만원을 보낸 적이 있었습니다. 당시 그 액수는 제겐 아주 큰 돈이었습니다. 그런데 그 목사님이 우리가 기도원을 세울 때 5000만원을 헌금으로 보내주셨습니다. 정말로 하나님께서 100배로 되돌려 주신 것입니다.

축복을 받으려면 둘째, 겸손히 여호와를 경외해야 합니다. 잠언 22장 4절에 "겸손과 여호와를 경외함의 보응은 재물과 영광과 생명이니라"고 했고 야고보서 4장 6절에는 "더욱 큰 은혜를 주시나니 그러므로 일렀으되 하나님이 교만한 자를 물리치시고 겸손한 자에게 은혜를 주신다 하였느니라"고 했습니다.

겸손은 우리를 형통케 합니다. 겸손은 인간의 한계를 아는 것입니다. 하나님의 하실 일과 인간이 할 일을 아는 것이 겸손입니다. 겸손은 하나님 앞에 우리 자신을 낮추는 것입니다. 우리가 낮아질 수록 하나님께서 우리를 높여 주시고 축복해 주시기 때문입니다.

"그러므로 하나님의 능하신 손아래서 겸손하라 때가 되면 너희를 높이시리라"(벧전5:6)는 말씀대로 겸손함과 동시에 우리는 하나님을 경외해야 합니다.

경외함이란 존경하고 사랑하면서도 두려워하는 마음이 있는 것을 뜻합니다. 이사야 1장 4절에 "슬프다 범죄한 나라요 허물진 백성이요 행악의 종자요 행위가 부패한 자식이로다 그들이 여호와를 버리며 이스라엘의 거룩한 자를 만홀히 여겨 멀리하고 물러갔도다"라고 했습니다.

모든 범죄함이 바로 하나님을 두려워하지 않고 얕잡아보는 데서 비롯되기 때문입니다. 하나님을 경외하지 않고는 결코 하나님의 명령을 지킬 수 없습니다. 구약성경에서 하나님께서는 이스라엘 백성들에게 많은 것을 '하라' 또는 '하지 말라'고 명령하셨습니다. 이스라엘 백성들에게 하나님을 경외하는 마음이 없었다면 결코 그 많은 명령을 지킬 수 없었을 것입니다.

행함이 없는 믿음은 죽은 믿음

하나님 말씀을 준행하는 것 역시 마찬가지입니다. 하나님을 경외함 없이는 하나님의 말씀을 준행하는 것도 어렵습니다. 하나님으로부터 복 받는 비결이 바로 하나님의 명령과 말씀을 준행하는 것이기에 하나님을 경외함 없이는 축복을 받는 것도 불가능합니다.

축복을 받으려면 셋째, 우리는 하나님께서 인정하는 선행을 해야 합니다. 선한 행동에는 반드시 보응이 따르는 법입니다. 잠언 11장 18절에 "악인의 삯은 허무하되 의를 뿌린 자의 상은 확실하니라"고 했습니다. 여기서 헛되지 는다는 것은 우리의 선행이 헛수고가 아니라 반드시 보상을 받게 된다는 얘기입니다.

하나님께서는 우리의 믿음을 보시지만 선한 행위 역시 보십니다. 행함이 없는 믿음은 죽은 믿음이라고 한 것처럼, 믿음에는 선한 행위가 따라야 하나님의 축복을 보상으로 받을 수 있는 것입니다.

우리가 일상생활에서 하는 모든 행동이 그대로 흘러가 버리는 것이 아닙니다. 그 모든 것이 씨앗이 되어 우리에게 돌아오게 되어 있습니다. 축복을 받으려면 선한 행위로써 심어야 하는 것입니다.

헌신이란 한마디로 하나님의 자녀로 성화되어 하나님께 드려지기 위해서 그리스도와 함께 자신이 죽는 것입니다. 즉 자신의 가장 값진 생명을 내놓으신 그리스도처럼 그의 피로 인해 새 생명을 얻은 성도들은 주님의 희생, 헌신을 전수 받아야 하는 것입니다. 헌신하는 삶을 통해 온전히 주께 드려질 때 우리는 축복의 보상을 받을 수 있는 것입니다.

"가난한 자를 구제하는 자는 궁핍하지 아니 하려니와 못 본 체하는 자에게는 저주가 많으리라"(잠28:27)

하나님 앞에서 귀한 축복의 열매를 맺고 삶에서 은혜가 넘치는 여러분이 되시길 축원합니다.

응답선교회에서 일어난
하나님의 기적들

응답선교회에서 드리는 기도회가 이어진 지난 50년간 하나님의 놀라운 기적과 은혜가 쏟아졌습니다. 수많은 사모들이 하나님의 살아계심과 역사하심을 체험하고 하나님께 영광을 돌렸습니다. 그 간증을 일일이 다 수록하려면 책 몇 권은 써야 하지만 이 중에서 최근의 몇 분 간증만 간추려 소개하려고 합니다.

김** 사모

딸이 결혼한지 10년이 되도록 자녀가 없었다. 응답선교회에 나오면서 누구나 싫어할 선교회 화장실을 청소하면서 딸이 힘드니 한 번에 '쌍둥이 자녀'를 달라고 기도제목을 냈다. 이금자 목사와 회원들의 간절한 기도 결과로 정말 아들 딸 이란성 쌍둥이를 얻게 되었다. 할렐루야. 하나님께 영광을 올려 드린다.

장**사모

우리 교회 집사님이 딸 결혼식을 앞두고 쓰러지셨다. 결혼식은 토요일인데 화요일에 쓰러진 것이다. 목사님께서 급하게 응답선교회에 집사님의 쾌유를 위해 기도부탁을 하셨다. 병원에서는 수술이나 시술로 치료해야 한다고 했고 이 경우 딸의 결혼식에 갈 수 없는 절박한 상황이었다. 이금자 목사님과 회원들이 함께 간절히 기도했고 기적적으로 약물치료가 가능하게 되었다. 그 집사님은 딸의 결혼식에 잘 참석할 수 있었다. 할렐루야.

한**사모님

남편 목사님이 병으로 소천한 이후 그 충격으로 딸이 공황장애를 앓고 있었다. 이금자 목사님이 붓글씨로 쓰신 말씀을 딸의 방에 걸어두고 뜨겁게 기도하자 딸의 상태가 호전되었다. 요한복음 15장 16절 말씀이었다. 좋으신 하나님을 찬양한다.

"너희가 나를 택한 것이 아니요 내가 너희를 택하여 세웠나니 이는 너희로 가서 열매를 맺게 하고 또 너희 열매가 항상 있게 하여 내 이름으로 아버지께 무엇을 구하든지 다 받게 하려 함이라"

김** 사모

말레이시아 선교사로 사역하는 중에 사역비로 당장 1억원이 절실히 필요했다. 여러모로 돈을 구하기 위해 노력했지만 구할 수 없었다. 응답선교회에 기도 SOS를 보내면서 기도를 그냥 받으면 안되고 기도해주는 주의 종을 잘 섬겨야 한다고 생각해 이금자 목사님께 유정란을 계속 보내드렸다. 이 유정란을 이금자 목사님은 매일 드시면서 김사모를 위해 더 기도하게 되었다고 한다. 그런데 도저히 힘들 것 같았던 선교헌금이 주님의 은혜로 1억이 모아졌다. 이금자 목사님은 "이렇게 적극적으로 기도를 부탁하는 사람에게 더 많은 기도를 하게 되며 응답도 빠르다"고 하셨다.

김** 사모

교회와 사택의 사글세로 매월 100만원이 넘는 금액을 지불해야 했다. 그러나 교회의 능력으로 이 돈을 다 감당하기 힘들어 전세로 돌리기 위해 창피함을 무릅쓰고 이금자 목사님께 전세자금을 좀 빌려달라고 요청했다. 그러자 이 목사님은 "돈을 빌려줄 은사는 없으나 기도은사는 있으니 함께 기도하자"라고 하셨다. 그러던 어느날 추석 명절을 맞아 한 교회성도가 식사대접을 하겠다고 했고 식사 자리에서 어렵게 교회 상황 얘기를 꺼내니 며칠 후 그 성도가 자신의 팔찌, 반지, 목걸이 등 패물을 교회에 헌물했다. 그런데 이 패물을 정리한 액수가 전세자금 금액과 같았다. 진정 기도로 기적이 이루어진 것을 생생하게 목격할 수 있었다. 좋으신 하나님을 찬양한다.

이** 사모

아들이 아버지 뒤를 이어 목회를 절대 하지 않겠다며 군복무를 하면서 사업을 했다. 아들은 술 담배를 하면서 점차 주님과 멀어지게 됐다. 이후 사업이 순식간에 망하면서 빚을 지게 되었고 이로 인해 자칫 실형을 살 위기에 빠졌다.

고통받던 아들은 '자신의 채무 문제'가 해결되면 주의 종이 되겠다고 기도했다. 이후 이금자 목사님에게 기도를 받고 아들 역시 산에서 간절히 기도했다. 이후 모든 문제가 해결되었고 서원한 대로 아들은 아버지의 뒤를 이어 주의 종이 되었다. 현재 목회를 잘 이어가고 있으며 아들의 사업 실패는 결국 우리 가정에 축복이었다.

김** 사모

권사인 친정 어머니는 살아 생전 응답선교회에서 예배드리는 나를 따라와 두 번 예배를 드렸다. 이후 시골에 돌아가서 이금자 목사님을 위해 많은 기도를 하셨다. 어느덧 노환으로 소천할 준비를 하게 됐다. 코로나 기간이어서 가족도 못 만나고 병실에만 머물러 있어야 했다. 이금자 목사님은 어머니에게 전화로 마지막 기도를 해 주셨고 응답선교회 회원들도 중보기도를 했다. 기도 덕분에 친정어머니는 오랜 시간 고통받지 않고 편안하게 주님 품으로 가셨다.

발인 날 아침, 이금자 목사님이 새벽기도 후 '우리 다시 만날때까지' 찬송가를 부르며 어머님을 위해 기도하던 중 환상인지 꿈인지 권사님이 아름다운 모습으로 활발하게 "목사님 저를 위해 기도해 주셔서 고맙습니다. 우리 딸에게 제대로 사모교육을 못시켜 줬지만 목사님이 잘 교육시켜줘서 고맙습니다. 우리 딸 교회 세우려고 애쓰는데 목사님이 도와주시고 자녀들을 위해서도 기도 많이 해주세요"라고 부탁하는 음성을 들으셨다고 한다.

허** 사모

질병인 자궁경부암을 기도하는 가운데 깨끗하게 낫게 해 주시고 나이가 들었음에도 귀한 아들을 낳게 해 주셨다. 이금자 목사님에게 특별히 많은 기도를 받았는데 서울 서초구에 하나님께서 개척교회 할 수 있는 장소를 주셔서 예배 드릴 수 있었다. 어렵게 낳은 아들 100일 맞아 응답선교회에서 떡을 나누고, 개척한지 1년 만에 교회어려움을 해결해 주신 것과 남편 목사님이 은혜 가운데 40일 금식기도 잘 마치게 하심에 감사를 드렸다.

부족한 교회 재정을 걱정하던 중 집사님 한 분이 새로 출석하셔서 십일조를 많이 드려서 해결되었다. 이어 하나님의 은혜로 새 교회와 새 아파트를 다 구입할 수 있게 하심도 특별히 감사했다. 고난을 만나도 잘 참고 기도하면 그 과정이 통과되고 결국 복으로 돌아오는 진리를 깨닫게 되었다.

이** 사모

친정 식구들을 위해 기도하다가 세미나 7회부터 응답선교회에 나와 함께 기도하게 되었다. 친정어머니가 치매를 앓아 요양병원에 4개월 동안 계시다 예수 믿고 소망을 갖고 천국 가셨다. 이 장례과정에서 오빠도 예수 믿고 어머니를 기독교 방식으로 장례를 치르게 되어 감사했다. 장례 후 부의금 십일조를 드릴 수 있어 감사했고 부의금 남은 금액도 어머니 뜻에 따라 형제 자매 자녀 자손 모두에게 골고루 나눠주었다. 이 때 친정 식구들의 부흥이 이루어졌다. 아들도 기도 가운데 금융회사에 취직하게 되었다. 할렐루야.

김** 사모

교인 중 한 분인 할머니가 천국 가셨는데 이로 인해 두 가정을 구원받게 해 주셨다. 장례예배 집례를 목사님에게 하게 해주시고 모두의 합심기도 속에 은혜롭게 장례가 진행돼 감사했다. 그동안 응답선교회를 통해 약값을 해결하게 해 주시고 '유아상제' 말씀도 받게 해주시고 많은 것을 응답해 주신 것 감사했다. 시험 당할 즈음에 깨닫게 해주시고 이기게 해주시고 태산같은 능력을 주셔도 요동하지 않게 하심에 감사했다.

큰 아들 세 식구 일본선교 가서 어려운 문제 잘 해결하게 해주심에 감사하고 둘째 아들도 L.A로 유학 보내주시고 주의 종이 되게 하심도 은혜였다. 3남매 다 결혼시키고 손자, 손녀 7명을 선물로 주심도 감사하다. 남편 목사님이 협력하여 차량봉사 해주신 덕에 12년 개근할 수 있었고 코로나 시기에 3시간 동안 바자회를 열게 해 주시고 수익금과 쌀을 영등포역 노숙자 사역하는 광야교회에 선교할 수 있게 하심에 감사했다.

한** 사모

응답선교회에서 회원들과 뜨겁게 기도해 큰 딸이 회사 정식 직원으로 채용되게 되었다. 둘째 딸도 대학에 합격하게 해주셨고 청년들, 인재들을 교회에 많이 보내 주신 것 감사했다. 사택으로 이사하게 해 주시고 응답선교회 세미나 선물 추첨에서 특별히 냉장고를 뽑게 되어 이것도 은혜였다. 둘째 딸이 대학 2학기 학비를 장학금으로 해결하고 기숙사로 들어갔으며 아들의 적당한 때에 군대에 입대한 것도 감사했다. 모든 것이 기도 가운데 이루어지고 협력하게 하시니 감사의 조건이 넘치고 있다.

김**사모

목사님 위암 수술을 받을 때 모든 과정을 하나님께서 지켜주셨다.

이금자 목사님께서 특별히 목사님을 위해 기도해 주시고 물심양면으로 도와주셨다. 둘째 아들도 하나님 은혜로 결혼하게 되었고 많은 축하객을 보내주셔서 하나님께 영광을 돌렸다. 이금자 목사님이 기도해 주신 후 남편이 평안한 마음으로 천국 가게 되었고 손자가 태어나게 되었고 환갑이라고 미국에서 비행기 티켓이 와서 한 달간 미국에서 잘 지내고 온 것도 감사했다. 우리 기독교인에겐 돌이키면 감사로 받지 못할 것이 없다. 모든 것이 은혜이다.

凡 事 感 謝

너는
복의
근원이
될지라

오직

예수

창세기 십이장 일절

Part 5

묵향으로 퍼지는
은혜

文岩 李金子

이천십육년 여름
문암

오직

예

수

二〇一六年 文岩

붓으로 옮겨진
하나님의 말씀들

"이러므로 우리가 하나님께 쉬지 않고 감사함은 너희가 우리에게 들은 바 하나님의 말씀을 받을 때에 사람의 말로 아니하고 하나님의 말씀으로 받음이니 진실로 그러하다 이 말씀이 또한 너희 믿는 자속에서 역사하느니라"(살전2:13)

제가 붓글씨를 쓰다가 더 열심히 하게 된 계기는 우연히 들린 레스토랑 한구석에 초라하게 걸려 있던 한 작은 액자 때문이었습니다.

어느 날 교회 집사님께서 운영하시는 레스토랑에 식사 초대를 받았습니다. 초대된 레스토랑은 오픈한지 얼마 되지 않았고 우아하고 고상한 분위기를 자아내는 멋진 곳이었습니다.

들어서자마자 첫눈에 들어오는 것이 식당 정면 상석에 있는 아름다운 풍경화였습니다. 평화로운 배경과 잔잔한 호숫가 전경의 유화가 그림을 잘 모르는 저를 매료시킬 정도로 멋졌습니다.

안타까움으로 시작된 붓글씨

그런데 이날 식사하기 위해 자리에 앉아 뒤쪽을 바라보니 작은 액자에 성경 말씀이 걸려 있었는데 보기에도 너무나 초라해 보였습니다. 주인인 교인이 예수를 믿는다는 표증을 보이려 했는지 몰라도 허름한 액자에 적당하게 쓴 글씨가 앞의 풍경화와 너무 대조되어 보였습니다.

그 순간 십자가에서 온갖 천대와 멸시와 핍박과 고난을 다 감당하시기까지 우리를 사랑하신 예수 그리스도의 모습이 갑자기 뜨겁게 떠올랐습니다.

'나를 위해, 인류를 위해 죽으셔서 부활하신 주님이 왜 지금도 저렇게 천시를 받으며, 소홀히 다루어져야만 하나….'

세상 그림은 상석에 우아하게 놓였는데 정작 하나님의 말씀은 저렇게 방치되어야만 하나 싶어 조용히 그 집사님에게 물어 보았습니다.

그러자 그 집사님은 "몇 백만 원짜리 그림은 멋있고 고급스럽지만, 말씀 글씨는 촌스러워서 상석에 놓을 수가 없었다"고 대답했습니다.

그 말에 저는 크리스천으로서 마음 한구석이 강하게 저려 오는 것을 느꼈습니다. 그 자리에서 저는 좋은 자리에 하나님의 말씀을 걸어 놓도록 멋진 작품을 만들고 싶다는 비전을 가지게 되었던 것입니다.

원래 글씨 못 쓰기로 소문난 저였습니다. 그래서 붓글씨를 배우다 가 이 날을 계기로 더 열심히 배우게 된 것입니다. 처음엔 집에서 혼자 연습했는데 당연히 만족스럽지 못했습니다.

이렇게 제가 붓글씨를 쓰기 시작했을 때, 남편은 집에서 살림이나 하지 왜 그런 것을 하느냐며 부정적인 입장이었습니다. 또 제가 쓴 글 씨를 보고 직설적인 성격의 남편은 "발가락으로 써도 그것보다 잘 쓰 겠다"고 말해 나의 사기를 꺾어놓기도 했었습니다.

하지만 서예로 하나님 말씀을 좀 더 깊이 있게 대하게 되고, 그것 으로 하나님의 놀라운 기적의 역사가 일어나는 것을 직접 보게 되면서 후일 남편은 더없이 든든한 후원자가 되어 주었습니다.

이렇게 글씨 실력이 진전되지 않아 고민하던 중 먼 친척 오빠 되시 는 분이 붓글씨를 매우 잘 쓰신다는 사실을 알게 되어 시간 나는 대 로 찾아가 틈틈이 붓글씨를 배우며 제가 쓴 것을 교정받기도 했습 니다.

1978년부터 본격적으로 하루에 서너 시간씩 붓글씨 연습에 전념하 면서 좋은 결과를 얻기 위해 간절히 기도했습니다. 붓글씨는 인내와 노력이 필요한 고행의 작업이었습니다.

저를 지도해 주신 분의 호는 목제, 존함은 이배원 선생님이셨습니 다. 그분은 7살 때부터 남다른 천부적인 재질이 있어 하루도 빠짐없이 붓을 놓지 않으셨다고 합니다.

선생님께서는 한문 서예는 힘들고 어려워서 배우는 사람이 적으며, 배운다고 하더라도 중간에 도중하차 하는 사람들이 대부분이라고 하셨습니다. 그러시면서 그 어려운 서예를 왜 하려고 하느냐고 오히려 만류하시며 기도나 열심히 하라고 하셨습니다. 서예가 얼마나 힘든데 하려고 하느냐고 조언하셨습니다.

그래도 저는 한번 해보겠다고 다짐했습니다. 힘이 들어도 꾸준히 노력하리라 결심하며 붓글씨 수업을 정식으로 받기 시작했습니다. 그러면서 제가 좋아하는 성구를 또 한번 외쳤습니다.

"할 수 있거든이 무슨 말이냐 믿는 자에게는 능치 못할 일이 없느니라"(막9:23)

서예 말씀으로 일어난 기적들

늘 이 말씀을 마음 판에 새기고 항상 서예를 연구하면서 글씨를 어느 정도 보기 좋게 쓸 때가 되면 하나님께 영광을 돌리겠다고 기도했습니다. 하나님께서는 내 기도에 응답하시어 부족한 글씨지만 거기에 하나님의 말씀을 담게 되자 놀라운 기적이 일어나곤 했습니다.

많은 분들이 제가 써드린 서예 말씀을 통해 병이 나았고 문제가 해결되었습니다. 내가 쓴 하나님의 말씀을 통해 구원에 이르는 신앙고백을 하는 영혼들을 보면서 큰 기쁨과 보람을 느꼈습니다.

1980년부터는 성경 서예작품을 이용한 본격적인 전도를 시작했습니다. 서예대전에 성경 말씀으로 된 서예작품을 출품해 그것을 전도에 이용하는 것이었습니다.

출품된 작품을 주최측에 기증하게 해서 사람들이 많이 모이는 지하철역이나 기차역, 경찰서, 유치장, 시·구청 민원봉사실, 병원, 터미널 등에 걸어놓도록 하는 것이었습니다.

이 방법은 더없이 좋은 전도열매를 맺었습니다. 지방 기차역에 말씀이 담긴 서예 작품을 걸어놓으면 열차를 기다리면서 사람들이 누구나 한번쯤 그것을 읽어보게 될 것이고, 그 말씀이 그들의 마음을 변화시킬 수 있기 때문이었습니다.

그러다가 유명하신 월정 정주상 선생님의 지도를 받게 됐습니다. 서예 사무실에서 글씨를 쓰고 문을 열어 놓았는데, 지나가던 정주상 선생님께서 "글씨에 매료되어 여기까지 오게 되었다"며 칭찬을 해주셨습니다. 원래 칭찬에 인색한 분께 칭찬을 받게 되니 너무나 기뻤습니다.

지도를 받던 어느 날 정주상 선생님은 내 글씨를 보시면서 "명필이 되겠구먼"이라고 하셨습니다. 그 소리를 듣고 너무나 기분이 좋아 뒷걸음질로 나오다가 그만 복사뼈를 어딘가에 호되게 부딪쳤습니다.

그날 밤에 다친 곳이 좀 아프긴 했지만 아침에 일어나니 괜찮아졌기에 평상시와 똑같이 생활했는데, 오후가 되니 다리가 붓기 시작했습니다. 너무 아파서 병원에 가보니 인대가 늘어나서 2주는 기브스를 하고 입원을 해야 한다는 것이었습니다. 혹시라도 제가 교만해질까봐 하나님께서 미리 경고의 메시지를 주신 듯 했습니다.

그러나 입원을 하면 교회 일이나 집안 일, 선교회 등의 일이 원활하게 돌아가지 않을 것 같아서 입원하지 않고 간단히 통근치료만 받기로 했습니다. 그래도 하나님께서 주의 일을 먼저 생각하는 내 믿음을 보시고 생각보다 빨리 낫게 해주셨습니다.

'유유야소'에 임한 하나님의 은혜

나는 사업을 하는 성도들 사업장에 걸어두도록 '유유야소(唯有耶蘇)', 즉 '오직 예수'라는 글을 주위에 자주 써주곤 했습니다.

이 글은 "이 땅에서 소원을 이루어주실 분은 예수님밖에 없다", "이 땅에서 사람을 소생시킬 분은 예수님밖에 없다", "이 땅에서 교회를 부흥시킬 분은 예수님밖에 없다"고 다양하게 해석할 수 있습니다.

한 성도는 이 글씨를 걸어놓고 기도했더니 부도 직전의 위기에 몰렸던 회사가 다시 일어서게 됐다고 간증하기도 했습니다. 보통 하루에 기도하는 마음으로 평균 4시간 정도 글씨를 썼습니다.

서예는 신앙인들에게 아주 적합한 취미입니다. 마음을 가라앉히고 주님을 향해 기도하는 마음으로 말씀 구절을 정성스레 쓰다 보면 하나님의 뜻이 무엇인지 금방 와 닿는 것만 같아 응답선교회의 몇몇 사모님들도 함께 글쓰기에 동참했는데 오래지 않아 모두들 두 손을 들곤 했습니다.

전도하기 위해 동네 아주머니 몇 분에게 붓글씨를 가르치기도 했는데, 함께 붓글씨를 쓰던 사람들 중에 불면증에 시달리는 사람이 있었습니다. 그 사람은 작품 하나가 끝날 때마다 가위에 눌리고 악한 귀신에게 시달린다고 했습니다.

제가 그분을 위해 기도하자 하나님께서 "나의 말을 쓰면서 마귀의 이름을 찍는다"고 하셨습니다. 글씨를 다 쓰고 나면 낙관을 찍는데, 귀신에 시달린다는 분의 호가 '운술(雲戌)'이라 그것이 문제였습니다. '운술'이란 호를 '평강(平康)'으로 바꾸어 낙관을 찍으니 그 다음부터는 귀신에게 눌리는 일이 없었습니다.

대한민국 서예전람회서 입선과 특선

한번은 은행에서 돈을 찾으려고 출금용지를 내밀었는데 은행직원이 거기에 쓰인 제 글씨를 보더니 다른 손님들에게 견본으로 사용할 수 있게 다섯 글자만 써달라고 부탁을 하는 것이었습니다. 그 자리에서 써주었더니 그 뒤로 저는 그 은행의 VIP가 됐습니다.

이처럼 하나님의 말씀을 좀 더 깊이 있게 대하고, 그것으로 전도를 하겠다는 붓글씨를 50년 동안 써왔는데, 감사하게도 하나님께서 저를 점점 높여주셨습니다.

한국에서 가장 권위있는 한국서가협회가 주최하는 제17회 대한민국 서예전람회 공모에서 행서(行草書) 부문 특선을 차지하게 된 것입니다. 한국서가협회 특선작이 되려면 4회 이상의 입선 경력과 함께 출품한 작품을 심사위원 앞에서 다시 한 번 써보여야 합니다.

이 경우 짧은 시간에 작품을 완성해야 하기 때문에 긴장해서 제 실력을 발휘하지 못하고 낙선하는 경우가 많습니다. 나 역시 너무나 떨렸지만 하나님께서 담대함을 주셔 붓을 잡고 순식간에 내려 쓸 수 있었습니다. 시간이 넉넉이 남을 정도로 빨리 작품을 제출할 수 있었습니다.

이같이 서예대전에서 상을 받은 이후 여기저기에서 말씀을 전해 달라고 부탁을 해왔습니다. S교회에서 평신도 금요예배를 인도해 달라고 연락이 왔습니다. 그냥 편하게 지나온 이야기만 하면 된다고 해서 제 삶을 간증했더니 감사하게도 성도들이 은혜를 많이 받았다고 했습니다.

성경서예로 전도

한 때 제가 성경서예대전을 함께 기획해 운영하기도 했습니다. 국전 서예 분야와 거의 동일한 수준으로 준비됐었고 다른 점은 성경 말씀만 출품하며 작품을 전도에 사용한다는 것이었습니다.

기독교의 연중행사로 계속 발전시켜 나감으로 성경을 붓으로 쓰는 사람들이 많이 나타나 말씀을 생활화하는 데 유익했으면 하는 바람을 가졌습니다.

이 성경서예 개인전의 목적은 출품한 작품, 특히 상을 받은 작품들을 주최 측에 기증하게 해서 사람이 많이 모이는 곳에 작품을 걸어 놓아 그 말씀을 읽을 때마다 죄에 오염되지 않도록 자신을 돌아보며 살아 있는 말씀을 가까이 할 수 있도록 하는 데 있습니다.

이러한 사역을 전국적으로 확산시키려면 여러 가지 방법을 모색해야 합니다. 예를 들어 지방 기차역에 말씀이 담긴 서예 작품을 걸려면 그곳에서 가까운 교회나 성도의 협조가 필요합니다.

작품 안에 교회와 이름을 표시하고 글씨는 선교회 회원들이 쓰도록 하면 됩니다. 만약 서울역 신우회에 작품을 기증하여 그 역에 걸 수 있도록 한다면 몇 년 안에 전국적으로 확대될 수 있습니다.

지방 역에서는 보통 한 시간 정도 차를 기다리는 사람들을 흔히 볼 수 있습니다. 그때 좋은 작품이 걸려 있으면 읽지 말라고 해도 누구나 한 번은 읽게 됩니다. 시간을 보내거나 지루함을 잊기 위해서 읽는다 할지라도 말씀은 읽는 자들에게 다가가 역사할 것이라 믿습니다.

이에 뜻있는 분들이 많아지면 지방마다 따로 지부를 두고 지방 전시를 하면서 전도할 수 있을 것이라 여기고 준비를 했었습니다. 이러한 전도는 1980년부터 부분적으로 실시해 왔는데 그때는 종파에 너무 치우친다 해서 말씀을 거는 것을 꺼려했습니다. 그러나 지금은 직장마다 신우회가 조직되어 있어서 회원들이 자기 직장에 걸어 놓을 수 있기 때문에 가능해졌습니다.

1981년에는 신우회 조직이 잘된 경찰서 유치장 24곳(당시 서울)에 말씀이 전부 다 걸려 있어 좋은 반응을 보였던 적이 있습니다.

오늘날은 말씀이 더욱 필요한 때입니다. 말씀을 더욱 의지해야 할 때입니다. 왜냐하면 세상의 소리가 너무나 커서 주님이 우리를 부르셔도 그 음성을 듣지 못하고 있기 때문입니다.

자신의 본분을 잊어버리고 사는 성도들이 너무나 많습니다. 하나님 말씀에 바로 설 때만이 자신을 바로 볼 수 있기 때문에 성경서예대전이 다시 준비되어 활동하게 되길 기도하고 있습니다. 하나님께서 인도해 주실 것을 믿습니다.

앞으로 저도 더 열심히 기도하고 말씀을 쓰면서 하나님께 영광이 되길 노력하려고 합니다. 주님께서 지혜와 능력을 주시면 서예를 통해 더 많은 곳에 복음을 전하고 싶습니다. 좋으신 하나님을 찬양합니다.

서예를 통한
신앙성장과 복음전파

    제가 붓글씨를 시작한지 50여년 가까이 되었습니다. 참 긴 시간이었습니다. 앞 글에서 제가 서예에 입문하게 된 계기와 활동을 좀 소개했지만 주위에서도 '참 대단하다'란 소리가 나올 정도로 노력에 노력을 거듭해 지금 정도 만큼의 수준에 오르지 않았나 싶습니다.

    서예가들이 서예를 계속하려면 3가지가 있어야 한다고 말하곤 합니다. 그것은 인내와 돈과 건강입니다. 인내는 여러차례 강조한 부분이지만 차분함과 인내력이 없으면 글씨가, 작품이 나오지 않습니다. 쓰고 또 쓰고 써야만 하기 때문입니다. 쓰는 만큼 느는 것이 서예입니다. 수천 장 아니 수만 장을 연습해도 부족하게만 느껴지는 것이 서예입니다.

돈도 고급 붓 값이니 먹과 벼루 값, 종이값도 만만치 않기에 하는 이야기일 것입니다. 전시회 준비나 표구비에도 상당한 비용이 듭니다. 마지막 건강은 글을 쓸 때 초 집중을 해야 하고 몸도 구브리거나 손끝에도 엄청나게 힘을 주어야 하기에 건강이 받쳐주지 않으면 작품 활동을 할 수 없기에 하는 말입니다.

그렇지만 제게 50년 전으로 돌아가 그 때도 '정말 서예를 다시 하겠느냐'고 묻는다면 저는 힘들고 고생스러웠지만 그 만큼의 의미와 신앙성장, 선교열매가 있었던 시간이기에 다시 '서예'를 하겠다고 자신있게 대답할 것 같습니다.

서예는 긴 인내를 요하는 나와의 싸움이기도 하지만 글씨에 나의 마음 상태가 투영되어 나타나곤 합니다. 그리고 말씀은 글씨 속에 생명력이 있어 자꾸 보고 읽고 머리 속에 담아내다 보면 그 말씀이 내 안에서 역사하는 힘을 갖는 것입니다.

저도 오랜 기간 글씨를 쓰다 보니 글씨에도 살아있는 글씨와 죽은 글씨가 있는 것을 느끼게 됩니다. 깊은 기도 가운데 성령이 충만해서 글을 쓰면 그 글에도 힘이 들어가고 나중에 보아도 은혜가 느껴집니다.

저는 성경구절을 주로 많이 썼고 지난 10년간 성경 66권 전권을 글씨로 써서 이를 총 10권의 두꺼운 책으로 제본을 해 놓았습니다. 정말 인내하지 못하면 쓸 수 없는 긴 시간이었고 엄청난 노력을 해야 했습니다.

오랜 시간 공들여 쓴 이 성경 전권을 보며 많은 분들이 '보기만 해도 은혜를 받는다'고 합니다. 이 역시도 저로선 감사합니다. 사실 신앙의 힘으로 성경 전권을 쓸 수 있었던 것이지 개인의 의지로는 할 수 있는 작업이 아니었습니다.

◀ 이금자 목사가
성경 전권을 서예로 써
제본한 10권

▼ 직접 쓴 서예성경 본문

하나님이 내게 맡겨주신 사명

어찌되었든 하나님께서는 1년 내내 부흥회 사역으로 바쁘기만 했던 남편에 대해 불평하지 않고 나 만의 시간을 가질 수 있도록 내게 서예의 길을 열어 주셨고 때 맞추어 저명한 서예 스승들을 보내 주시어 내가 서예가로써 일취월장하는데 도움을 주셨습니다.

이 모든 것이 하나님의 은혜가 아닐 수 없습니다. 하나님은 제게 사모들의 기도모임인 응답선교회를 인도하게 하시고 이 서예를 통해 신앙성장과 전도를 하는 터를 만들어 주셨습니다. 시너지 효과를 있게 하신 것입니다. 이는 내겐 또 다른 사명이었습니다.

저는 서예를 하면서 점점 권위 있는 서예대전들에 출품해 입선 특선을 거쳐 초대작가가 되었고 2차례의 개인전을 열고 각 종 초대전에 출품하기도 했습니다.

특히 대한민국서예전람회와 국제난정필회에서 많은 활동을 했습니다.

국제난정필회(國際蘭亭筆會)는 1986년 봄, 일본과 대만의 서예계 유력자와 관계자가 중국의 절강 고원인 난정(蘭亭)에 모여서, 서로 힘을 모아 '서예'를 사랑하는 사람들의 영역을 세계로 넓히자는 취지로 결성된 국제서법교류의 역사적 NGO 조직입니다.

회원들은 한국, 일본, 대만의 3개국을 중심으로 3개국 대도시를 돌아가며 국제교류전을 개최했습니다. 나중에는 멀리 유럽의 이탈리아 나폴리, 프랑스 파리, 이집트 카이로, 독일의 뒤셀도르프 등에서도 전시회를 열었습니다. 저도 이 전시회 출품을 하곤 했는데 100장 이상 쓴 작품에서 골라 출품했고 전시회에서도 호평을 받아 아주 기분이 좋았습니다.

제가 대한민국서예전람회 특선 작가 심사를 받던 날이었습니다. 이 곳은 현장에서 직접 글씨를 써서 심사위원들에게 제출해 제가 특선이 된 글씨와 현장에서 쓴 글씨가 맞는지 대조를 하게 됩니다.

서울 예술의전당 서예실에 모여 앞 뒤로 도장이 찍힌 국전지를 받고 나니 몹시 떨렸습니다. 그런데 제겐 예수를 안 믿는 다른 사람들에게 없는 '기도'라는 무기가 있었습니다.

차분하게 평소 실력을 다 발휘해 하나님께 영광 돌리게 해달라고 기도했더니 마음이 차분하게 가라앉으며 담대한 마음이 막 솟아나왔습니다. 바로 글씨를 척척 써 내려갔고 누구보다 가장 빠르게 제1착으로 작품을 제출하고 심사를 통과할 수 있었습니다.

많은 사람들이 서예글씨에 관심이 많지 않습니다. 보통 학창 시절 미술시간에서나 한 번 써 본 이후 서예전시회를 한번도 안간 사람이 훨씬 더 많은 편입니다. 서예에는 여러 서체가 있는데 이 중 5가지 서체만 잘 숙지해도 서예를 보는 관객 수준이 높아집니다. 이 글씨체들을 소개하고자 합니다.

중국 서예의 역사와 글씨체
서예에 관심을 갖고 공부하거나 오랜 기간 서예에 입문해 글씨를

전서   예서   행서

한자 서체의 종류   초서   해서

쓴 사람은 글씨를 보고 무슨 체인지를 쉽게 알 수 있지만 그렇지 않고는 어떤 종류의 글씨체가 있는지도 모르는 이들이 대부분입니다.

제가 쓴 글씨 중 일부분을 이 책에 소개하기 앞서 서예에 대해 조금 이해하고 본다면 작품이 더 깊이 있게 다가올 것이라 여겨집니다.

우선 중국 서예의 서체(書體)는 전서(篆書) 예서(隸書) 초서(草書) 해서(楷書) 행서(行書)로 나뉘어 집니다. 각 서체의 형성은 다른 서체와 뗄 수 없는 긴밀한 관계를 가지고 있지만, 각 서체마다 독특한 형체와 특징을 가지고 있으며, 예술적 표현 역시 각각 다르게 나타납니다. 작가에 따라 서체의 깊이가 아주 다르게 느껴지고 붓이 주는 그 힘의 느낌이 명필가(名筆家)가 왜 탄생하는지 알게 해 줍니다.

먼저 전서는, 상(商)나라 때의 갑골문과 주(周)나라 때의 금문(金文), 전국(戰國)시대의 전서(篆書), 진(秦)나라 때의 소전(小篆)을 포괄합니다. 이들 서체는 서사도구가 각기 달라 미감 역시 다르게 나타납니다.

갑골문은 딱딱한 거북이 껍질과 동물의 뼈 위에 칼로 새긴 것이므로 가늘면서도 딱딱하면서, 모가 나 있고 직선이 많다는 것이 특징입니다. 반면에 금문은 청동기를 주조할 때 새긴 것으로, 갑골문에 비하여 유창하고 자형이 단정합니다.

예서는, 좌서(佐書)·사서(史書)라고도 합니다. 소전(小篆)을 계승하여 통행되었던 서체인데, 진나라의 관리들이 산적한 행정업무를 신속하게 처리하기 위하여 기존의 소전을 흘려 쓰면서부터 생겨났다고 합니다. 따라서 이 서체는 전국시대 진(秦)나라 때 생겨나 한(漢)나라 때 정체로 정해져 성행하였음을 알 수 있습니다.

해서는, 정서(正書) 또는 진서(眞書)라고 하는 것으로 법칙을 준수하여 모범이 될 수 있는 표준체를 말합니다. 해서는 한나라 때에 이미 초보적인 형태가 등장하였고, 예서가 변형되어 생긴 것입니다.

이 서체는 위진남북조(魏晉南北朝)에 발전하기 시작하여 당나라 때에 최고 성행하였고 왕희지(王羲之)·왕헌지(王獻之)·우세남(虞世南)·구양순(歐陽詢)·저수량(褚遂良)·안진경(顔眞卿) 등 중국의 서예 대가들은 모두 해서에 능했습니다.

초서는, 아주 일찍 등장했습니다. 글자를 간편하게 흘려 쓰는 습관은 전서(篆書)시대에도 이미 나타났지만 초서가 독립적인 서체로 발전한 것은 한나라 때입니다. 초서는 장초(章草)·금초(今草)·광초(狂草) 3단계로 발전했습니다.

행서는, 행압서(行押書)라고도 하는데 해서와 초서 사이에 끼어 있는 서체로서 간결하면서도 유창합니다. 행서는 한나라 때 생겨나 위진남북조시대에 성행하였습니다. 행서의 발전은 해서의 발전과 밀접한 관계가 있습니다. 해서를 간략하게 쓰면서 획과 획 사이를 물 흐르듯이 다닌다고 하여 '행서'라고 했습니다. 왕희지의 난정집서(蘭亭集序)를 천하 제일 행서로 평가합니다.

서예의 모든 영광은 하나님께

이번 저서, '사역 50주년 기념집'에는 제가 2016년에 발간한 '문암 이금자 서집(文岩 李金子 書集)에 수록된 작품 27점을 빼어 함께 소개하려고 합니다. 대부분의 성경말씀과 기독교 신앙을 주제로 한 글씨들이며 글과 연결되는 신앙적인 내용도 첨언해 실었습니다.

독자들이 글씨를 보고 또 해설과 설명도 읽으시면서 함께 은혜를 나누었으면 합니다. 모든 영광을 오직 한 분, 오직 예수님께 올려 드립니다.

지난 2023년 11월 4일, 일본 오사카에서 개최된 제39회 국제난정필회 전시회에 초청된 이금자 목사(오른쪽)가 즉석에서 '성령충만(聖靈充滿)'이란 한문 휘호를 쓰고 있다.

凡事感謝

너는 복의 근원이 될지라

창세기 십이장 일절

서예작품

나는
길이요
진리요
생명이로다

이천십육년 여름
문암

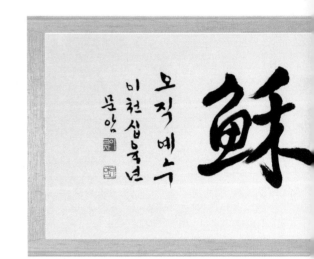

惟有耶蘇 (유유야소)

이 사자성어(四子成語)는 내가 가장 좋아하는 표현으로 가장 자주, 많이 쓴 서예 글씨다. 그래서 이 글씨를 주위 사람들에 주로 많이 나눠 주었고 이 글씨를 보며 기도하면서 은혜가 되었다는 간증도 많다. 이 사자성어는 역사적으로 이어 내려오는 한자가 아니라 기독교인들이 만들어낸 한문 표현이다. 짧게 직역하면 이 책의 제목인 '오직 예수'이고 풀어서 표현하면 '이 세상에서 이 땅에서 나를 소생시키고 일으키실 분은 오직 한 분 예수님'이란 뜻이다. 이 표현은 다양한 해석을 해도 다 말이 된다. 예수를 믿으면 이 땅에서 결국 만사가 형통되기 때문이다.(35×112cm)

郎 者 惟

爾所學所受所聞所見
於我者皆當行之則
康之上帝必偕爾

錄達腓立比人書第四章九節 文常 李子金子

빌립보서 4장 9절

爾所學所受所聞所見於我者 (이소학소수소문소견어아자)
皆當行之則平康之上帝必偕爾 (개당행지즉평강지상제필해이)

"너희는 내게 배우고 받고 듣고 본 바를 행하라 그리하면 평강의 하나님이 너희와 함께 계시리라"란 성경말씀을 한문으로 풀어냈다. 인간이 어떤 삶을 살아야 할지, 그 사용설명서인 성경은 하나님이 인간에게 지시하신 귀한 가르침이 가득하다. 이 말씀들을 마음판에 새기고 지켜 행하면 은혜와 평강의 하나님께서 우리와 함께 하셔서 우리의 앞길을 인도해 주신다는 귀한 말씀이다.(140×54cm)

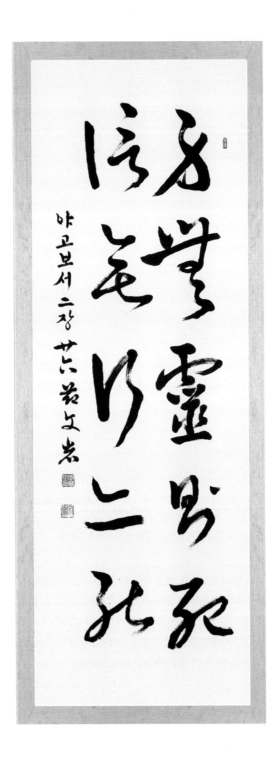

야고보서 2장 26절

"영혼 없는 몸이 죽은 것 같이 행함이 없는 믿음은 죽은 것이니라"

身無靈則死 (신무령즉사)
信無行亦死 (신무행역사)

신앙은 믿음과 행함이 일치되어야 한다. 거듭나고 성화되기까지 우리는 훈련과 연단을 받는다. 축복받는 비결은 말씀대로 사는 것이며 본인의 믿음이 무엇보다 중요하다. 훈련받을 때는 기회가 될 때마다 부지런히 심고 기도하며 주님의 뜻을 준행해야 한다. 디모데 후서 3장14~17절 말씀은 이 야고보서 말씀을 뒷받침해 주고 있다.
"그러나 너는 배우고 확신한 일에 거하라 너는 네가 누구에게서 배운 것을 알며 또 어려서부터 성경을 알았나니 성경은 능히 너로 하여금 그리스도 예수 안에 있는 믿음으로 말미암아 구원에 이르는 지혜가 있게 하느니라 모든 성경은 하나님의 감동으로 된 것으로 교훈과 책망과 바르게 함과 의로 교육하기에 유익하니 이는 하나님의 사람으로 온전하게 하며 모든 선한 일을 행할 능력을 갖추게 하려 함이라"(103×35cm)

凡事感謝 (범사감사)

"항상 기뻐하라 쉬지 말고 기도하라 범사에 감사하라 이는 그리스도 예수 안에서 너희를 향하신 하나님의 뜻이니라"는 데살로니가전서 5장16~18절 말씀에 등장하는 3가지 명령 중에서 '범사 감사'는 기독교인이 평생 눈을 감을 때까지 가져가야 할 덕목이다. 내게 주어진 어떤 상황도 '감사'하면 문제가 될 것이 없다. 감사 앞에 불평은 사라지고 감사 앞에 문제는 더 이상 문제가 아니다.(28×116cm)

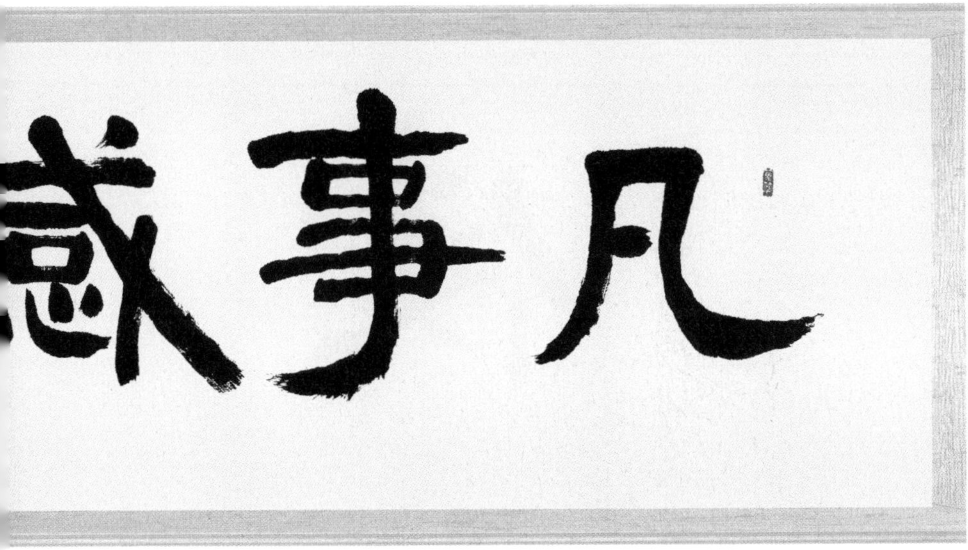
凡事

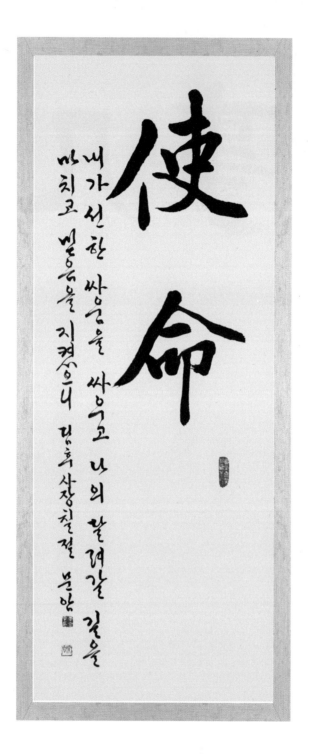

使命

내가 선한 싸움을 싸우고 나의 달려갈 길을 마치고 믿음을 지켰으니 이후 사장친 절 문암

使命 (사명)

"내가 선한 싸움을 싸우고 나의 달려갈 길을 마치고 믿음을 지켰으니"(딤후4:7)
우리 모두는 주님의 은택을 입은 구원받은 백성이며 모두 영생의 소망을 가진 사람들이다. 그렇기에 베드로는 "오직 너희는 택하신 족속이요 왕 같은 제사장들이요 거룩한 나라요 그의 소유된 백성"(벧전 2:9)이라고 했다. 그러므로 이 아름다운 땅, 대한민국에 태어나게 하시고 하나님의 은총을 힘입은 우리는 분명히 하나님이 주신 '사명'이 있다. 따라서 생을 무의미하게 허비해서는 안되며 촌각을 아껴 주의 일에 힘쓰는 자가 되어야 한다. 거창한 주의 일이 아니더라도 삶의 시간을 극진히 아껴서 힘쓰고, 노력하고, 일하며 봉사하여, 열매있는 삶을 살아야 한다. 바울의 권면이 우리 각 자에 주어진 사명을 일깨워주고 있다.
"그러므로 내 사랑하는 형제들아 견고하며 흔들리지 말며 항상 주의 일에 더욱 힘쓰는 자들이 되라 이는 너희 수고가 주 안에서 헛되지 않은 줄을 앎이니"(고전 15:58).
(88×30cm)

惟我上帝 (유아상제)

'나의 하나님'이란 뜻으로 이 글씨 역시 내가 자주 쓰고 좋아하는 휘호다. 그래서 2010년에 쓴 나의 신앙칼럼집 제목을 '나의 하나님'으로 정하기도 했다. 좀 더 풀면 '오직 한 분이신 좋으신 나의 하나님'이란 뜻이다. 하나님은 우리 각 자에게 참으로 귀하고 좋으신 분이시며 하나님을 의지하고 믿고 기대하는 삶은 행복하고 즐겁고 은혜가 넘친다.(40×149cm)

當切心痛悔毋庸裂衣而誠心

上帝盖主乃仁慈懷矜憫

舍忿不授怒大施恩直至於空

興回心不降主或回心首顧遺佐福

約珥第二章 自 乙酉孟夏 文岩 李全子

約珥 (요엘) 2장 13~14절

當切心痛悔毋庸裂衣歸 (당절심통회무용렬의귀)
誠於主爾之上帝盖主乃 (성어주이지상제개주내)
仁慈懷矜憫含忍不據怒大施 (인자회긍민함인불거노대시)
恩惠者故所定之災回心 (은혜자고소정지재회심)
不降主或回心留遺餘福 (불강주혹회심류유여복)

요엘의 말씀을 한자로 풀어냈다. 남을 의식하고 기도하는 외식주의자가 되지 말고 진정 애통한 마음으로 오늘의 문제들을 위해 기도하라는 메시지이다. 오늘날 처럼 지구촌이 기근과 홍수, 전쟁과 기아 속에 위기를 맞은 적이 없었다. 주님을 향한 절실한 기도가 필요한 때이다.

"너희는 옷을 찢지 말고 마음을 찢고 너희 하나님 여호와께로 돌아올지어다. 그는 은혜로우시며 자비로우시며 노하기를 더디 하시며 인애가 크시사 뜻을 돌이켜 재앙을 내리지 아니하시나니 주께서 혹시 마음과 뜻을 돌이키시고 그 뒤에 복을 내리사"
(210×68cm)

箴言第十五章十六節

少有財寶、敬畏耶和華、強如多有財寶、煩擾不安。

二〇〇六年仲秋 文岩

箴言 (잠언) 15장 16절

"가산이 적어도 여호와를 경외하는 것이 크게 부하고 번뇌하는 것보다 나으니라"

多有貨財 煩擾不安 (다유재화 번요불안)
不如少有而畏主 (불여소유이외주)

이 말씀은 오늘을 사는 현대인들에게 주는 경고와도 같은 말씀이다. 오늘도 수 많은 사람들이 부귀 영화와 명예를 탐하며 불나방처럼 달려들고 있다. 더 많이 가지면 더 크게 하나님의 일을 할 수 있겠다고 큰소리 치지만 주의 일은 믿음의 그릇과 분량에 따라 하는 것이다. 그러므로 그릇이 작은 자에게 부요는 개인의 입장에선 오히려 독이 될 수 있다. 큰 그릇이 먼저 준비되고 그 그릇에 담겨지는 대로 여호와를 경외하고 섬기는 신앙인이 되자. 그러므로 "주님이 주시면 크게 사역을 하겠다"고 하지 말고 "크든 작든 주시는 대로 이 안에서 하나님의 일에 최선을 다하겠다"고 기도하자.(71×64cm)

智慧之子使父親喜悦
昧之子為母憂戚

箴言第十章一節
戊子十二月十六日
少軒南宅
文岩李金子

箴言 (잠언) 10장 1절

"지혜로운 아들은 아비를 기쁘게 하거니와 미련한 아들은 어미의 근심이니라."

智慧之子 使父喜樂 (지혜지자 사부희락)
愚昧之子 爲母所憂 (우매지자 위모소우)

이 말씀은 우리의 삶에서 지혜가 참으로 중요하다는 것을 가르쳐 준다. 그렇다면 하나님이 주시는 지혜는 어디서 오는 것일까. 그것은 말씀(성경)을 수시로 읽고 묵상하며 깊은 기도 속에서 하나님과 교통하면 성령으로 충만해져 지혜가 따라오게 된다.
성령충만 하면서 영이 맑으려면 진실하고, 성실하고, 깨끗하고, TV와 인터넷, 유튜브와 거리를 두어야 한다. 말씀과 상관 없는 일만 하고 있으면 지혜가 사라진다. 미디어로는 세상 돌아가는 정도만 알면 된다. 현대인들은 너무 많이 알고 너무 생각이 많아서 문제다, 주경야독을 하되 야독은 성경을 읽으라. 세상 이치가 순리적으로 풀어지고 지혜가 생긴다.(135×30cm)

當盡心靈求將彌力凡事感謝此乃主因基督耶穌形示如此志

達帖撒羅尼迦人前書第五章文牽李童子

데살로니가 전서 5장 16~18절

"항상 기뻐하라 쉬지말고 기도하라 범사에 감사하라 이는 그리스도 예수안에서 너희를 향하신 하나님의 뜻이니라"

當常喜樂 祈禱不已 凡事感謝 (당상희락 기도불이 범사감사)
此上帝因基督耶蘇欲爾如此者 (차상제인기독야소욕이여차자)

이 말씀에 대한 보충 메시지는 갈라디아서 5장22-26절 말씀이다. 기도하고 감사하면 성령으로 충만해진다.
"오직 성령의 열매는 사랑과 희락과 화평과 오래 참음과 자비와 양선과 충성과온유와 절제니 이같은 것을 금지할 법이 없느니라 그리스도 예수의 사람들은 육체와 함께 그 정욕과 탐심을 십자가에 못 박았느니라 만일 우리가 성령으로 살면 또한 성령으로 행할지니 헛된 영광을 구하여 서로 노엽게 하거나 서로 투기하지 말지니라"(140×54cm)

너는
복의
근원이
될지라

창세기십이장 일절

문암 이금자

창세기 12장 1절

"너는 복의 근원이 될지라."

이 말씀은 목회자들의 설교 주제 성구로 많이 사용되고 있다. '믿음의 조상'이라 불리는 아브라함에게 하나님은 그를 '복의 근원'으로 세우시겠다고 약속하셨다. 하나님은 복의 근원이 시작되는 첫걸음은 묵은 땅, 묵은 관습, 묵은 의식, 묵은 관계로부터의 떠남에서 비롯된다고 말씀하신다. 아브라함은 이 약속을 믿고 정든 본토, 친척, 아비의 집을 떠났고 이런 그를 향해 하나님은 '너는 복의 근원이 될지라'고 선포하셨던 것이다. 이후 아브라함은 하나님으로부터 받은 복으로 주변 사람들과 다른 족속들을 복되게 만들었다. 아브라함은 어디를 가든지 다른 사람들에게 복을 주는 삶을 살았다. 우리도 하나님으로부터 복을 받고 나누며 베푸는 삶을 살아야 할 것이다.(35×74cm)

救援 (구원) - 은총

우리는 구원받은 백성이요, 하나님의 은혜와 은총으로 하루 하루를 살아가고 있다. 신앙인이 갖는 가장 큰 특권은 고난을 만났을 때 비신앙인은 크게 충격을 받지만 주님을 믿고 의지하고 있으며 체험적 신앙을 가진 크리스천은 모든 일에 담대하며 의연하게 대처한다는 점이다. 그리고 그 어려움을 기도로 극복하고, 믿음으로 이겨내 결국에는 축복이 된다. 눈서리 지나야 매화꽃 피고, 비가 많이 와야 난이 잘 크고, 바람이 불어야 국화꽃 피고, 나무에 비바람이 불어야 씻겨지고, 바다도 뒤집어져야 깨끗해진다.

(69×35cm×2)

敬神愛隣 (경신애린)

뜻은 '하나님을 공경하고 이웃을 사랑하라'다. 모든 권위의 근원이 하나님이신 것을 인정한다면 우리는 하나님 앞에서 복종 즉 참된 순종을 해야 한다는 결론이다. 하나님의 권위에 복종하는 것이 중요하다. 성경은 또 '네 이웃을 네 몸같이 사랑하라'(마22:39)고 가르치신다. 그리스도 안에서 한 형제, 한 자매가 된 우리들은 초대교회처럼 모든 것을 나누고 통용하고 섬김으로 진정한 그리스도의 사랑이 어떠한 것이었는가를 보여줄 수 있어야 한다.(24×118cm)

敬神

怠惰者往觀蟻之動作可浮智慧

箴言六章六節
文岩李金子

箴言(잠언) 6장 6절

"게으른 자여 가서 개미의 하는 것을 보고 지혜를 얻으라"

怠惰者歟 (태타자여)
爾往觀蟻之動作 (이왕관의지동작)
可得智慧 (가득지혜)

이 메시지는 여러 가지 심오한 뜻이 있다. 게으른 자는 개미가 하는 행동을 잘 보고 지혜를 얻으라는 것이다. 사람이 미천한 곤충에게 배울 지혜가 과연 무엇인가? 개미는 지휘관이나 감독관이 없어도 스스로 부지런히 일한다. 반면 만물의 영장인 인간일지라도 게으른 자는 감독관이 있어도 자기가 할 일이 무엇인지 깨닫지도 못하고 있고 하려고도 하지 않는다. 인간 중에 가장 어리석은 자는 일하기 싫어하는 자, 자기가 할 수 있는 일을 회피하고 자발적으로 일하지 않는 자이다. 게으른 자의 특성은 때를 모르고 잠자기를 좋아하고 자기 직분과 사명을 망각하고 그저 쉬는 것과 놀기를 좋아한다. 하나님을 믿는 성도는 기도하는 사람, 부지런히 일하는 사람, 순종하는 사람, 자발적인 사람, 핑계 대지 않는 사람, 힘이 들어도 인내하며 묵묵히 스스로 자기 일을 찾아 성실하게 행하는 사람이다.(143×34cm)

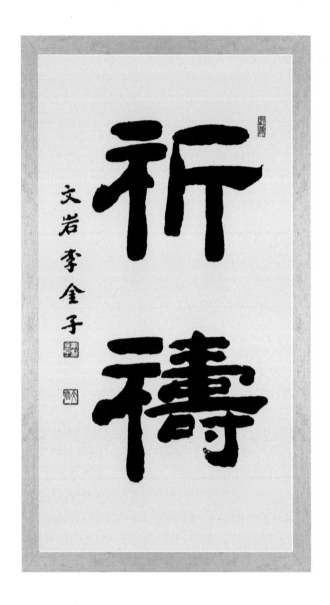

祈禱

文岩 李金子

祈禱 (기도)

크리스천의 사명 중 하나는 어디서나 하나님 앞에 기도로 부르짖는 것이다. 기도는 선한 싸움을 싸우는 무기이자 마귀를 물리치는 원자탄이다. 기도와 말씀, 찬양은 넘어지려는 자의 지팡이이다. 기도는 건강을 지켜주는 보약이다. 기도는 풍랑을 피하는 항구다. 기도는 축복을 쌓아두는 창고다. 기도는 환란의 먹구름을 막는 것이다. 기도는 삶을 튼튼하게 하는 행복이다. 기도는 장소와 환경에 구애받지 않고 어느 곳에서든 가능하다. 기도로 성화되지 않는 자에게는 하늘나라의 축복은 다가오지 않는다.(67×34cm)

彼因我愆尤而被傷　獨緣我罪惡而受折磨　彼遭刑責我乃得安　因彼鞭扑我即醫痊

以賽亞書第五十三章五節　丙申夏　文岩　李金子

이사야 53장 5절

"그가 찔림은 우리의 허물 때문이요 그가 상함은 우리의 죄악 때문이라 그가 징계를 받으므로 우리는 평화를 누리고 그가 채찍에 맞으므로 우리는 나음을 받았도다."

彼因我愆尤而被傷殘緣 (피인아건우이피상잔연)
我罪惡而受折磨彼遭形 (아죄악이수절마피조형)
罰使我得平康彼見鞭撻 (벌사아득평강피견편달)
使我得醫痊 (사아득의전)

예수님의 십자가 사건과 구원의 은혜를 표현한 감동의 신앙구절이다.(140×47cm)

怒하기를 더디하는 者는
勇士보다 낫고 自己의 마음을
다스리는 者는 城을 빼앗는
者보다 나으니라 잠언十六-卅二

성복교회 문암 이금자

箴言(잠언) 16장 32절

"怒(노)하기를 더디하는 者(자)는 勇士(용사)보다 낫고 自己(자기)의 마음을 다스리는 者(자)는 城(성)을 빼앗는 者(자)보다 나으니라"

신앙은 자신과의 싸움이다. 기도하고 말씀 읽고, 주님이 가르치신대로 행하는 것은 편한 것, 쉬운 것, 재미있는 것을 추구하려는 자아를 이겨내야 한다. 선한 끝은 있어도 악한 끝은 없다. 인생은 살아가는 것이 아니라 싸워가는 것이다. 그러므로 믿는 사람이 된다는 것은 군인이 되는 것과 다름이 없다. 나의 큰 방해자는 바로 나다. 자기와의 싸움이 제일 어렵다. 자기를 이겨내는 자가 결국은 신앙에서도 삶에서도 성공한다. (75×35cm)

나는
길이요
진리요
생명이로다

이천십육년 여름
문암 [이름자인] [문암]

나는 길이요 진리요 생명이로다

이 말씀은 요한복음 14장 6절 말씀인데 그 하반절까지 읽어야 그 의미가 확실히 깨달아진다. "예수께서 가라사대 내가 곧 길이요 진리요 생명이니 나로 말미암지 않고는 아버지께로 올 자가 없느니라" 이 말씀은 기독교 복음에 있어 너무나 중요한 말씀이자 핵심이다. 우리는 예수님께서 말씀하신대로 누구든지 예수님의 품 안에만 있으면 안전하다. 가난하든지 병들었든지 슬픔 속에 있든지 누구든지 "길이요 진리요 생명"이신 구세주 안에 있으면 마음의 평안과 구원을 선물로 받는다.(45×34cm)

阿勒盧亞 (아륵로아)
할렐루야

기독교인들에게 '할렐루야'는 모든 상황에 다 쓰이는 단어다. 할렐루야 뜻은 '너희는 하나님을 찬양하라'다. 히브리어 '할렐루야'의 '할렐'은 '찬양하다. 밝게 비추다'라는 뜻이며 '루'는 '너희'이며 '야'는 '야흐' 또는 '야훼'라는 줄임말로 하나님을 뜻한다. 성경 시편에 계속 반복적으로 나오는 '할렐루야'는 우리의 믿음을 하나님 앞에 반복적으로 고백하는 것이다. '아멘'과 함께 신앙인들이 가장 많이 사용하는 '할렐루야'는 인사를 나누거나 기쁨, 감사, 은혜를 표현하는 감탄사로도 사용된다.(30×125cm)

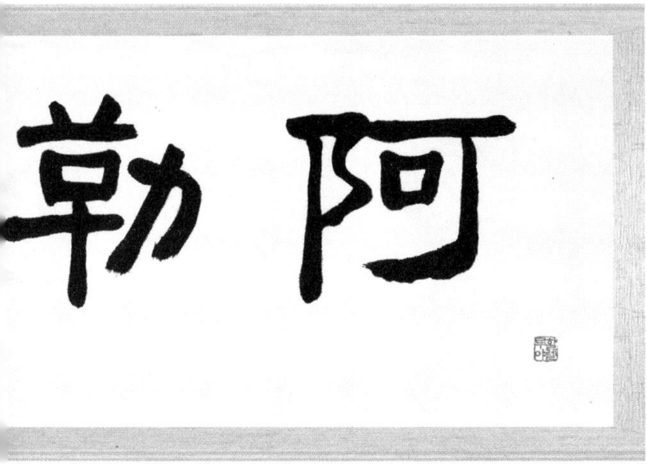
勒 阿

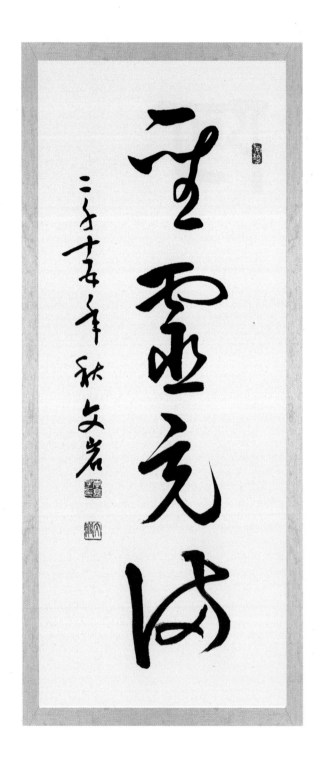

聖靈充滿 (성령충만)

기독교인에게 늘 강조되는 메시지가 있다면 성령충만이다. 하나님께서 우리에게 허락하신 '성령'은 우리 인간에게 지혜와 믿음과 바른 언행과, 나아갈 길을 보여주는 신앙의 동반자다. 성령을 설명하려면 고린도전서 2장 10~14절 말씀이 가장 정확하다.

"오직 하나님이 성령으로 이것을 우리에게 보이셨으니 성령은 모든 것 곧 하나님의 깊은 것까지도 통달하시느니라 사람의 일을 사람의 속에 있는 영 외에 누가 알리요 이와 같이 하나님의 일도 하나님의 영 외에는 아무도 알지 못하느니라 우리가 세상의 영을 받지 아니하고 오직 하나님으로부터 온 영을 받았으니 이는 우리로 하여금 하나님께서 우리에게 은혜로 주신 것들을 알게 하려 하심이라 우리가 이것을 말하거니와 사람의 지혜가 가르친 말로 아니하고 오직 성령께서 가르치신 것으로 하니 영적인 일은 영적인 것으로 분별하느니라 육에 속한 사람은 하나님의 성령의 일들을 받지 아니하나니 이는 그것들이 그에게는 어리석게 보임이요, 또 그는 그것들을 알 수도 없나니 그러한 일은 영적으로 분별되기 때문이라"(83×33cm)

夫書先默坐靜思随意
所適言不出口氣不盈
息沉密神彩如對至尊
則無不善美

蔡邕筆論句 文岩李金子

筆論句 - 蔡邕 (필론구 - 채옹)

夫書先黙坐靜思隨 (부서선묵좌정사유)
意所適言不出口氣 (의소적언불출구기)
不盈息沈密神彩如 (부영식침밀신채여)
對至尊則無不善矣 (대지존즉무불선의)

무릇 책(書)라는 것은 먼저 묵묵히 앉아 생각을 고요히 하며 의지하는 바에 따르고 입
밖으로 말을 하지 않으며 기를 가득히 내뱉지 않으며 신채(神彩)를 깊이 간직하여 지
존을 대하는 듯 하면 좋지 않은 것이 없을 것이다.(140×68cm)

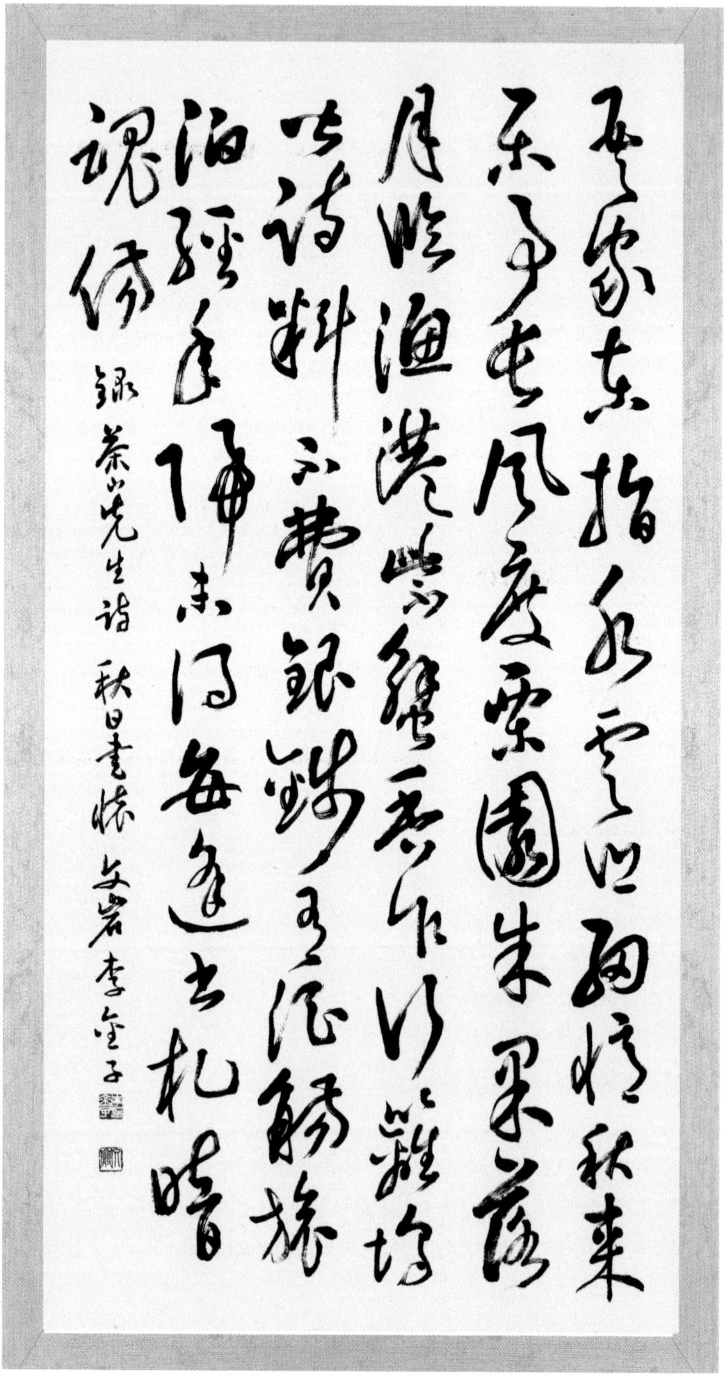
錄 茶山先生詩 秋日書懷 安岩 李金子

秋日書懷-丁若鏞 (추일서회 정약용)

吾家東指水雲鄉 (오가동지수운향)
細憶秋來樂事長 (세억추래낙사장)
風度栗園朱果落 (풍도율원주과락)
月臨漁港紫蟹香 (월림어항자해향)
乍行籬塢皆詩料 (사행리오개시료)
不費銀錢有酒觴 (불비은전유주상)
旅泊經年歸未得 (여박경년귀미득)
每逢書札暗魂傷 (매봉서찰암혼상)

내 집 동쪽에는 물안개 피는 곳이라
생각하니 가을이 오면 즐거운 일 많았었지.
밤나무 밭에 바람 불면 붉은 열매 떨어지고
갯마을에 달뜨면 붉은 가재 향기로웠지.
울 따라 잠깐 걸으면 모두가 詩心이라
은전 쓰지 않아도 술 마실 곳 되겠네.
객지 생활 몇 해인데 돌아가지 못하니
고향 편지 올 때마다 마음만 상하네.(135×68cm)

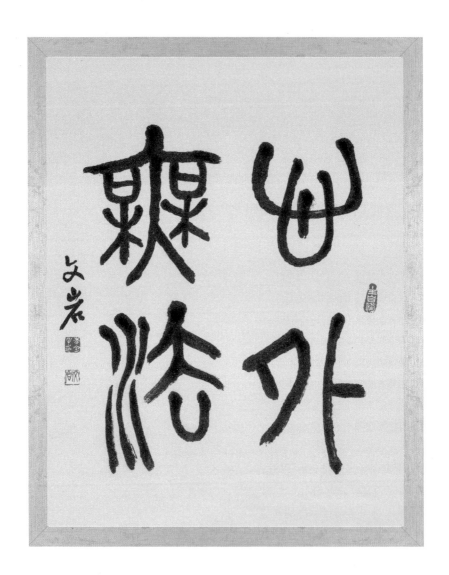

오직 예수

心外無法 (심외무법)

'모든 것은 모두 마음이 만드나니 마음밖에 다른 법은 없다.' 라는 뜻이다. 모든 것은 마음이 원인이 되고 마음이 결과를 만든다. 희망과 절망도 바로 이 '마음' 안에서 나온다. 성경 잠언 4장 23절에 "무릇 지킬만한 것보다 더욱 네 마음을 지키라 생명의 근원이 이에서 남이니라"고 했다.(45×35cm)

吾唯知足

二千十六年
丙申春
文岩

吾唯知足 (오유지족)

'나는 오직 족함을 알 뿐이다.'란 뜻이다. 남과 비교하지 말고 오직 자신에 대해 만족하며 살라는 가르침이다. 즉 쓸데없는 욕심이나 요행, 일확천금을 꿈꾸지 말고 현재 가신이 가지고 있는 것에 만족하면서 살아야 한다는 의미다. 우리 기독교인도 자신의 상황과 형편에 맞지 않는 무모한 도전을 '믿음'으로 연결시켜 기도하는 이들이 있다. 자신의 그릇을 먼저 준비하고 그 그릇에 담겨질 하나님의 은혜와 복을 기대해야 한다.

(35×62cm)

山北山南細路分松花

舍雨菴續紛道人汲

井田茅舍一帶青

煙染白雲

壬午仲秋
文岩李金子

題僧舍-李崇仁 (제승사 이숭인)

山北山南細路分 (산북산남세로분)
松花含雨落繽紛 (송화함우락빈분)
道人汲井歸茅舍 (도인급정귀모사)
一帶靑煙染白雲 (일대청연염백운)

산 아래 위쪽으로 오솔길이 나 있고
송홧가루 비 머금고 어지러이 떨어지네.
도인은 물을 길어 띠집으로 돌아가더니
한 줄기 푸른 연기 흰구름을 물들이네.
(135×70cm)

仁者

无敵

丙申夏日
文岩

仁者無敵 (인자무적)

'맹자'에 나오는 이 표현은 모든 사람에게 어질게 대하는 사람에게는 적이 없다는 뜻과 더불어 인(仁)보다 강한 무기는 없다는 뜻도 갖는다. 고사를 읽어 보면 양나라 혜왕이 맹자에게 물었다.

"예전에는 천하를 호령하던 진(晉)나라가 지금에 이르러서는 주위 나라들에게 땅을 빼앗기는 수모를 겪고 있다. 과인은 이를 수치로 여겨 그들을 물리치려는데 방법이 없을까요?"라고 하자 이에 맹자는 "만일 대왕께서 어진 정치를 베푼다면 이 땅의 모든 사내들은 비록 몽둥이 밖에 든 게 없다 할지라도 갑옷을 입고 칼을 든 적군을 물리칠 것입니다. 옛말에 '어진 사람에게는 대적할 자가 없다'고 한 것은 바로 이런 경우를 일컫습니다."라고 대답했다.

어진 사람은 적이 없다고 한다. 하나님을 모르는 자를 깨우치려면 힘들다. 교만하며 떠들고 있는 체하고 좋은 옷 입었어도 열매가 없으면 필요없는 것이고 허름한 옷에 별 것 아닌 것 같아도 열매가 있으면 된다. 하나님은 기도하는 자를 쓰신다.(34×80cm)